有轨线路系统工程

(第 2 版)

周立新　编著

内 容 简 介

本书以有轨交通为主线,全面介绍了国内外有轨交通发展历程和现代各类有轨交通线路的特点,并且将有轨交通的列车牵引计算与线路选线设计的基本理论和方法融合在一起介绍。主要内容包括:线路种类,线网的建设程序与规划方法,列车运行计算原理与方法,线路结构及选线原则与设计方案比选方法,线路平面、纵断面、横断面设计等。此外,书中还配有专题讲解和相关知识点视频,扫描相应二维码即可观看。

本书可作为高等院校交通工程、交通运输、物流工程、城市规划等非线路工程专业教材,也可供有关教学人员以及从事相关设计、研究和运营管理工作的人员学习和参考。

图书在版编目(CIP)数据

有轨线路系统工程 / 周立新编著. —2版.—上海:
同济大学出版社,2019.12
 ISBN 978-7-5608-8869-9

Ⅰ.①有… Ⅱ.①周… Ⅲ.①轨道(铁路)-铁路工程
-高等学校-教材 Ⅳ.①U213.2

中国版本图书馆 CIP 数据核字(2019)第 267241 号

有轨线路系统工程(第2版)
周立新　编著

责任编辑　杨宁霞　李杰　　**责任校对**　徐春莲　　**封面设计**　陈益平

出版发行	同济大学出版社　www.tongjipress.com.cn
	(地址:上海市四平路1239号　邮编:200092　电话:021-65985622)
经　销	全国各地新华书店
排　版	南京文脉图文设计制作有限公司
印　刷	常熟市华顺印刷有限公司
开　本	787 mm×1092 mm　1/16
印　张	14.5　插页2
字　数	362 000
版　次	2019年12月第2版　2019年12月第1次印刷
书　号	ISBN 978-7-5608-8869-9
定　价	45.00元

本书若有印装质量问题,请向本社发行部调换　　版权所有　侵权必究

第 2 版前言

2012年,《有轨交通线路工程》第1版教材面世。7年来,我国铁路和城市轨道交通发展迅猛,高速铁路营业里程以逾世界60%的比例雄居第一。为了适应新型线路设计的需要,近年来,国家铁路局、铁路集团有限公司、住房和城乡建设部等部门于2017年前后在总结我国轨道交通设计与实践经验的基础上,先后颁布了多项有关轨道交通方面的新设计规范,对原先的设计规范的部分技术条件与标准或规定进行了调整。为了适应上述情况的变化,作者再次收集了大量最新的资料,对原编教材进行了较大篇幅的更新与补充。

同济大学浙江学院的"线路工程"课程已列入浙江省"十三五"精品建设课程名录。本教材是该课程的配套教材,也是学校"十三五"规划重点支持教材。与第1版相比,新版的特点如下:

(1) 仍围绕系统概述、列车运行计算和选线设计三大方面展开,但内容上根据新颁布的多部规范或管理规定,对旧版内容进行了调整、补充。

(2) 吸纳了最新的有轨线路规划与设计的科研成果,增补了动车组运行的牵引与制动计算的相关参数与计算示例。

(3) 增加了列车制动限速表内容,并通过示例演绎了表格的使用方法,增加了该教材的实用性。

(4) 根据修改内容,对原有例题和习题也同步进行了调整、丰富与完善,并且增补了部分习题的答案提示,便于学生课后自我练习。

(5) 结合精品课程建设,开发了微课视频。读者可扫描书中的二维码,观看相关专业知识点教学视频,为学生自主学习提供了新途径。

本书第2版的修订工作由同济大学浙江学院周立新教授主持、统稿。其中,宋唯维高级工程师对第一章内容提出了有益的修改建议;中国铁路上海局集团公司金祖德高级工程师修编了第三章第一节内容;同济大学浙江学院的李海锋副教授负责第四章、第十五章、附录的修编;其他章节内容均由周立新修编。

在本书编写过程中,参考了已出版的相关专业教材,如《列车牵引计算》《铁路选线设计》等,还引用了线路工程相关的设计规范、技术标准、专著或论文的部分内容。中铁上海设计院集团有限公司刘晓东工程师和上海隧道工程轨道交通设计研究院余潇源工程师为本书修编提供了轨道交通设计新规范的数种文本。在此向相关作者和资料提供者致以衷心的感谢。

由于作者水平所限,书中缺点和错误在所难免,敬请读者批评指正。

编 者

2019 年 6 月

第 1 版前言

十年前,作者曾编著过一本《有轨交通线路工程》教材(上海交通大学出版社)。进入 21 世纪,我国铁路和城市轨道交通发展迅猛,出现了城际(高速)铁路、客运专线铁路(包括 200 km/h 快速铁路)、高速铁路等技术特征迥异的有轨交通线路。为了适应新型线路设计的需要,铁道部、建设部等相关部门也先后颁布了相关的设计规范。根据上述情况,作者在收集了大量最新的资料基础上,对原教材进行较大篇幅的改编,改名为《有轨线路系统工程》。

本书已列入同济大学"十二五规划教材"。与前面一本书相比,本书的特点有:

1. 优化了章节结构。重新调整了章节次序,形成三大板块:系统概述、列车运行计算和选线设计,每一板块内容既有区别,也相互呼应。

2. 增添了新的内容。增加了有轨交通系统的线网规划理论与方法和客运专线(铁路)及高速铁路的主要技术特征的介绍;将有轨交通线路工程最新的设计规范内容收纳进来,使本书的内容更加充实与实用。

3. 编写了例题和习题。为了便于自学和教学效果的考核,在本次改编中,主要章节中增加了例题。比如在列车运行计算板块中,设计了连贯系列型习题,涵盖了列车运行受力分析、列车区间运行时分计算、列车牵引能源消耗计算等内容;在选线设计板块中,设计了铁路定线作业,可以使学生得到扎实的工程设计与计算的综合训练。

4. 重视计算机工具在有轨交通线路工程规划与设计中的应用。书内较为简洁地介绍了当前列车运行计算和线路设计的流行软件的原理和主要功能。

本书共三篇十五章,由同济大学周立新教授担纲主编。除叶玉玲(编写第二篇第五章、第六章);李英(编写第三篇第十一章)外,其余内容均为周立新编写。朱明坤研究生参与了本书编写部分资料收集、整理及校对工作。

在本书编写过程中,参考了相关的专业教材(如《列车牵引计算》、《铁路选线设计》等),还参考和引用了线路工程相关的设计规范、技术标准和专著或论文(见本书末的参考文献),在此对相关作者致以衷心的感谢。

由于作者水平所限,书中缺点和错误在所难免,敬请读者批评指正。

编 者
2012 年 4 月

目 录

第2版前言
第1版前言

第一篇　有轨交通系统概述

第一章　有轨交通种类 ·· 2
　　第一节　铁路 ··· 2
　　第二节　城市轨道交通 ··· 6
　　第三节　其他有轨交通 ··· 7
　　复习思考题1 ·· 12

第二章　线网建设 ··· 13
　　第一节　线路项目建设管理程序 ··· 13
　　第二节　线网规划理论与方法 ·· 15
　　第三节　线路项目可行性研究 ·· 22
　　复习思考题2 ·· 29

第三章　轨道交通线路设计技术标准 ··· 30
　　第一节　普速铁路技术标准 ··· 30
　　第二节　其他铁路技术标准 ··· 36
　　第三节　城市轨道交通线路技术标准 ··· 39
　　复习思考题3 ·· 42

第四章　线路基础 ··· 43
　　第一节　轨道 ··· 43
　　第二节　路基及桥梁、隧道、涵洞 ·· 53
　　第三节　轨道几何尺寸与限界 ·· 58
　　复习思考题4 ·· 62

第二篇　列车运行计算

第五章　列车受力分析 ········· 64
- 第一节　机车牵引力 ········· 64
- 第二节　列车运行阻力 ········· 69
- 第三节　列车制动力 ········· 74
- 复习思考题 5 ········· 82

第六章　列车运动方程及运行时分解算 ········· 83
- 第一节　单位合力曲线图 ········· 83
- 第二节　列车运动方程 ········· 86
- 第三节　列车运行时分解算 ········· 87
- 复习思考题 6 ········· 91

第七章　列车运行计算原理应用 ········· 93
- 第一节　列车制动解算 ········· 93
- 第二节　列车制动限速表 ········· 98
- 第三节　列车牵引质量确定 ········· 104
- 第四节　列车牵引能源消耗计算 ········· 107
- 复习思考题 7 ········· 110

第八章　动车组运行计算特点 ········· 111
- 第一节　动车组牵引特性 ········· 111
- 第二节　动车组运行计算 ········· 114
- 复习思考题 8 ········· 117

第九章　列车运行仿真计算 ········· 118
- 第一节　概述 ········· 118
- 第二节　列车运行仿真计算软件简介 ········· 119

第三篇　有轨交通线路选线设计

第十章　铁路选线 ········· 122
- 第一节　铁路选线概述 ········· 122
- 第二节　铁路定线原则 ········· 138
- 第三节　铁路定线方法 ········· 144

  第四节 主要自然条件的铁路定线 …………………………………… 148
  第五节 铁路线路设计方案比选方法 …………………………………… 154
  复习思考题10 …………………………………………………………………… 158

第十一章 城市轨道交通选线 ………………………………………………… 160

  第一节 城市轨道交通网络规划 ……………………………………………… 160
  第二节 城市轨道交通线路走向选择 …………………………………………… 163
  第三节 车站分布与站位选定 ………………………………………………… 167
  复习思考题11 …………………………………………………………………… 170

第十二章 线路平面设计 ……………………………………………………… 171

  第一节 概述 …………………………………………………………………… 171
  第二节 区间线路平面设计 …………………………………………………… 171
  第三节 车站正线平面设计 …………………………………………………… 185
  第四节 线路设计平面图 ……………………………………………………… 186
  第五节 城市轨道交通线路平面设计 …………………………………………… 188
  复习思考题12 …………………………………………………………………… 191

第十三章 线路纵断面设计 …………………………………………………… 192

  第一节 区间线路纵断面设计 ………………………………………………… 192
  第二节 车站正线纵断面设计 ………………………………………………… 203
  第三节 线路设计纵断面图 …………………………………………………… 204
  第四节 城市轨道交通线路纵断面设计 ………………………………………… 206
  复习思考题13 …………………………………………………………………… 207

第十四章 线路横断面设计 …………………………………………………… 208

  第一节 线路横断面组成 ……………………………………………………… 208
  第二节 路基横断面设计 ……………………………………………………… 210
  复习思考题14 …………………………………………………………………… 214

第十五章 线路计算机辅助设计 ……………………………………………… 215

  第一节 概述 …………………………………………………………………… 215
  第二节 CARD/1软件简介 ……………………………………………………… 216

参考文献 ………………………………………………………………………………… 218
答案提示 ………………………………………………………………………………… 220
附录 铁路选线作业任务书 ………………………………………………………… 224

第一篇
有轨交通系统概述

第一章 有轨交通种类

专题1 轨道交通种类及其发展

有轨交通是以固定轨道为导向运行的交通系统。有轨交通按不同服务区域或技术特征有不同的称谓。

1. 按导轨的数量分类

(1) 双轨交通，指铺设有两条轨道的交通系统。常见的铁路(含高速铁路)、地铁、轻轨等都属于此类。

(2) 单轨(或称独轨)交通，是一种车辆依附于一根轨道运行的交通系统。重庆轨道交通2号线即属此类。

2. 按轮轨和导向关系分类

(1) 钢轮钢轨交通，这是最常见的有轨交通，绝大部分铁路和城市轨道交通(包括有轨电车)都属于此类，且一般多为双轨式。

(2) 磁浮交通，是一种车辆依靠电磁力悬浮并行走的交通系统，如上海浦东磁浮交通线。

(3) 胶轨钢筋混凝土轨交通，是利用橡胶材质导向轮导向的城市快捷交通系统，如上海浦江线胶轮路轨列车。

3. 按有轨交通的服务范围分类

(1) 城市对外轨道交通，指连接不同城市的有轨交通，如(普速)铁路、高速铁路、城际铁路等。

(2) 城市内部轨道交通，指连接城市不同区域、副中心、城乡(区镇)的有轨交通，如城市轨道交通、市域或市郊铁路等。

为了表述方便，本书以第三种划分为基础，兼顾不同有轨交通之间的技术特点介绍各类有轨交通系统。

第一节 铁 路

一、世界铁路建设与发展

世界铁路建设从经济发达的西方国家开始。自1825年英国达林顿—斯托克顿诞生了世界第一条21 km的铁路后，当时经济比较发达的美国、法国、德国、俄国等，纷纷效仿修建本国铁路。在19世纪后半叶至20世纪初，在铁路运输与水运的竞争中，由于铁路运输在速度与价格方面表现出极大的优越性，美国等西方国家在政府投资导向的支持下，进入铁路修建的高潮期。1881—1890年的10年里，美国平均每年建成铁路10 000 km。20世纪20年代后，在公路运输崛起以及铁路盲目建设过快的情况下，铁路发展基本呈停滞状态。特别是第二次世界大战后,欧洲主要经济发达国家在战后重建中,公路和航空运输发展迅猛,铁路与公路、航空竞争更加激烈,铁路客、货运输量锐减,铁路无利可图甚至出现亏损严重的状况,造成美、英、德、法、意等国封闭和拆除铁路。但一些发展中国家开始重视铁路的建设。

20 世纪 70 年代,在世界石油危机影响下,铁路以其能源消耗少并可采用电能、对环境污染影响小、运输能力大、用地节省、安全可靠等特点,得到了新的发展机遇。尤其是铁路广泛采用先进技术、改革牵引动力(如发展电力牵引)、改进通信信号系统(如列车速度自动控制系统)、加强轨道结构(如采用重型钢轨和超长无缝线路)、革新运输组织方式(如集装箱和驮背运输)等,大大提高了铁路在现代交通运输系统中的竞争能力,使铁路作为陆上运输的骨干地位重新被确认。

当今铁路发展的两大趋势是客运高速和货运重载。1964 年,日本修建的世界第一条高速铁路——东京—大阪(515.4 km),最高速度达 210 km/h,使人们对铁路有了焕然一新的感觉。由于第二次世界大战之后世界经济的复苏及重要经济区和大城市间人口流动日益增加,人们对陆上高速化和大容量交通需求的迫切性也大为上升,从此揭开了高速铁路发展序幕。法国、意大利、德国等经济发达、资金雄厚的西方国家纷纷新建或改建高速铁路线(表1-1)。目前,法国的 V150 超高速度列车于 2007 年创造了 574.8 km/h 轮轨黏着铁路系统最高行车试验速度。中国在 2008 年北京举办奥运会之际,建成了首条高速铁路——京津城际铁路,实现了中国高速铁路零的突破。

表 1-1　　　　　　　　　　　世界各国首条高速铁路线简况

建设年份	国　家	线　名	类别	最高速度/(km·h^{-1})	长度/km
1964	日本	东海道新干线	新建	210	515
1981	法国	TGV 东南线	新建	260	301
1981	意大利	罗马—佛罗伦萨	改造	200	150
1984	俄罗斯	莫斯科—圣彼得堡	改造	200	650
1988	德国	汉诺威—维尔茨堡	新建	280	90
1989	瑞典	斯德哥尔摩—哥德堡	改造	200	456
1992	西班牙	马德里—塞维利亚	改造	250	471
2008	中国	北京—天津	新建	350	120

在发展高速铁路客运的同时,铁路货物重载运输也在世界各国受到广泛重视。重载运输最大的特点是通过增加列车的牵引质量和列车编组长度,提高线路的运输能力或降低铁路运营成本,充分发挥铁路在长距离运输大宗货物方面所具有的全天候、速度快、成本低的优势。

按列车运行组织方式划分,重载列车有以下三种形式。

(1) 单元列车:编组固定、运送货物品种单一、运量大而集中、在装车地和卸车地之间循环往返运行的重载列车。它通过货物集中发送、快速装卸来加快列车周转,降低运输成本,获得更大的运输效益,从而提高铁路竞争能力。这种列车在美国、加拿大、南非、澳大利亚等国较普遍。我国新建大秦铁路(653 km)自2004年起,常规组织开行1万t和2万t单元列车,最高每天开行100对不同吨位级的重载列车,列车运行间隔时间保持在13～15 min。在装车组织上,大力推进战略装车点建设,形成了较大发运能力的装车体系,日运输能力超过120万t。2010年完成货运量超过4亿t,成为中国西煤东运的主要通道。

(2) 组合列车:由不同装车地组织单元列车、最终集结而成的重载列车。将两列以上的普通货物列车组合成一列超长超重列车(列车质量甚至超过10 000 t),占用一条列车运行线,以不停车方式通过能力紧张区段,可以解决某些繁忙干线的能力不足问题。2014年4月2日,大秦线3万t重载列车运行试验取得圆满成功,创造了我国铁路重载组合列车牵引质量的新纪录。

(3) 单列式(整列式)列车:单列式重载列车由单机或双机牵引,使列车质量在原3 000～4 000 t的基础上提高到5 000 t及以上,是一种通过提高列车牵引质量达到提高既有线输送能力的重载运输组织形式。它曾经是我国京广铁路(石家庄—江岸西)、京沪铁路(济南西—南翔)、陇海铁路(郑州—徐州北)等繁忙干线为解决客车与货车争能矛盾所采取的重要举措。

高速和重载运输是铁路现代化的重要标志,同时也带动了铁路运输各生产部门设备和管理现代化,当然也对线路设计提出了更高要求。

二、中国铁路的建设与发展

中国的铁路建设曾走过一段漫长而曲折的道路。上海吴淞铁路(14.5 km)是中国大陆出现的第一条铁路,比世界铁路的问世整整晚了51年。在这以后的70余年里,中国铁路建设发展缓慢,数量少,到1949年才2万多千米;布局偏,东北地区铁路占中国铁路总长度的40%以上;各线间标准低且不统一,宽轨、准轨、窄轨并存;当时帝国主义列强分割经营及战乱造成全路管理混乱。

中华人民共和国成立后,中国铁路的发展取得了长足的进步,表现在以下四个方面。

(1) 重点突出,铁路建设高潮迭起。建国初期,在修复遭战乱破坏的既有铁路的同时,在西南和西北地区展开了大规模的新线建设,如成渝、天兰铁路;20世纪60～70年代,重点放在西南"三线"铁路建设上,如成昆、川黔、贵昆等铁路相继开工建设;"六五""七五"期间,根据国家晋煤外运的需要,以及为了缓解东南部经济发达地区的铁路能力紧张的问题,展开了"北战大秦,南攻衡广,中取华东"铁路建设新战役,打通了晋煤外运东南方向的3条通道(大秦运煤铁路专线、大同—太焦线—焦柳线—黎湛线煤炭南运通道、月山—新荷线—石臼所煤炭东西走廊),建立了淮南线与鹰厦铁路连接的"华东"第二通道,提高衡广铁路南段"卡脖子"区段通过能力;"八五"期间,为适应国民经济发展速度的加快,铁路又掀起了"强攻京九、兰新,速战侯月、宝中,再取华东、西南、配套完善大秦"的建设新高潮;进入"九五"期间,铁道部根据中央战略部署,制定了"决战西南,强攻煤运,建设高速,扩展路网,突破七万"的跨世纪规划。到2009年,我国大陆铁路运营里程就达8.6万km,位居亚洲第一、世界第四。其中,复线里程达3.3万km,复线率38.8%;电气化里程36 000 km,电气化率达41.7%。进入21世纪,中国高速铁路建设吹响了新的号角。

(2) 初步形成了横贯东西、沟通南北、连接亚欧的路网骨架。铁路已覆盖了全国各省、自治区首府和直辖市。21世纪初,我国铁路网主要纵向干线为:京沪线,京九线,京广线,同蒲线、太焦、焦柳线、宝成线、成昆线、京哈线等;主要横向干线为:滨洲、滨绥线,京包、包兰线,大秦线,石太、石德、胶济线,侯西、侯月、新菏、兖石线,兰新、陇海线,沪汉蓉线,甬温福线,广梅汕、三茂、黎湛、南昆线等。

(3) 依靠科技,提高建设水平。建国70年来,特别是改革开放40余年来,铁路建设依靠科技进步,积极采用新技术、新工艺、新设备和新材料,攻克了一道道设计和施工的难题,绘就了铁路建设的美丽画卷。2006年,兰新线上的乌鞘岭双线隧道(20.05 km)是当时世界上最长的铁路隧道之一;大秦双线单元重载电气化运煤专线开行了2万 t级组合重载列车;2010年开通运营的沪杭高速铁路最高试验行车速度达416.6 km/h;2016年7月15日,我国自主设计研制的中国标准动车组成功完成了世界首例420 km/h的交会试验。在铁路线路基础、通信信号、牵引供电、调度指挥、旅客服务等方面所取得的一系列重大技术创新成果,都标志着我国铁路建设水平正向世界前列迈进。

(4) 高速铁路网建设带动了铁路向现代化迈进。进入21世纪,中国铁路拉开了不断提高列车运行速度的大幕。继6次大提速后,2007年第一次引进200~250 km/h的动车组,形成了以北京、上海为中心,在环渤海、长三角、珠三角以及华东、中南、西北、东北地区重点城市间的快速客运通道。截至2018年,全国铁路运营里程达到13.1万 km,其中高铁里程超过2.9万 km,单列平均运营时速250~350 km/h,成为世界上高铁运营里程最长、运营时速最高的国家。根据2016年新的建设规划,远期将形成4.5万 km"八纵八横"的高速铁路网(图1-1)。

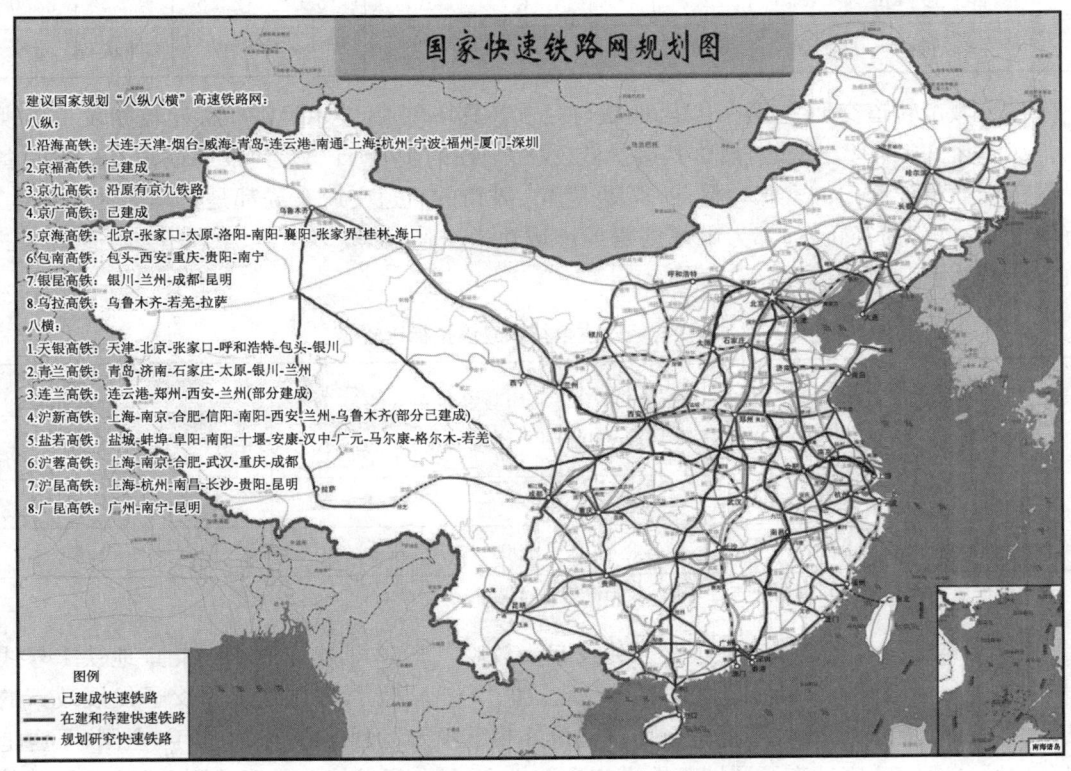

图1-1 中国"八纵八横"快速铁路网规划图

(图片来源:国家铁路局)

第二节　城市轨道交通

城市轨道交通指服务于城市内部的轨道交通系统,是城市公共交通系统的重要组成部分。按照技术特征,它有地铁、轻轨、有轨电车、独(单)轨、自动导向系统、市域快速轨道交通系统之分。过去,汽车恶性膨胀带来了交通堵塞、道路行车速度下降、环境质量下降等众多不利影响,西方经济发达的大城市开始重视城市快速轨道交通系统的建设(表1-2)。在世界拥有城市轨道交通系统的320座城市中,已修建地铁的城市占1/4,同时拥有地铁和轻轨的城市超过11%。

表1-2　世界部分城市地铁、轻轨情况

	城市名称	伦敦	芝加哥	巴黎	柏林	纽约	东京	莫斯科	首尔	香港
地铁	起始年份	1863	1892	1900	1902	1904	1927	1935	1974	1979
	线路长度/km	392.0	157.1	199.0	134.5	385.0	153.7	251.8	116.5	38.6
	车站数	248	143	298	159	463	140	148	102	37
轻轨	城市名称	神户	鹿特丹	慕尼黑	墨尔本	南特	马尼拉	温哥华	开罗	香港
	起始年份	1968	1969	1977	1981	1984	1985	1986	1987	1988
	线路长度/km	18.5	22.5	27.0	17.1	10.6	15.0	22.5	42.5	23.0
	车站数	25	23	33	5	22	18	16	34	41

作为城市轨道交通主要的工具,地铁与轻轨各具特色,其技术经济指标比较如表1-3所示。20世纪60年代出现的轻轨,其造价低(仅为地铁的1/5~1/3),建设周期短,见效快,备受城市交通建设部门的青睐。目前,世界上各大城市的轨道交通布局都是繁华地区为地铁、有轨电车,近郊为轻轨,远郊为市郊铁路或市域轨道交通,形成多层次、立体化、四通八达的轨道交通体系。

表1-3　地铁与轻轨主要技术经济指标比较

指标	最高或设计行车速度/$(km \cdot h^{-1})$	旅行速度/$(km \cdot h^{-1})$	最小间隔时间/min	平均载客量/$(人 \cdot 车^{-1})$	一般列车编组/$(辆 \cdot 列^{-1})$	单向高峰小时能力/$(万人 \cdot h^{-1})$	一般每公里造价/亿元
地铁	90~120	30~45	1.5	150~310	8~10	6~8	8.0
轻轨	80~100	25~30	2	190~330	4~6	1~3	1.6~3.2

注:表中造价是参照1995年后国内外轨道交通建设情况推算而得。

由于历史原因,我国城市轨道交通建设起步较晚。1969年建成通车的北京地铁1号线(北京站—苹果园,23.6 km)结束了中国无地铁的历史。随后,在国家城市交通发展政策的支持下,天津、上海、广州也陆续进行地铁建设并相继投入运营。截至2018年,全国(不含港澳台地区)共计36座城市开通城市轨道交通并投入运营,运营线路长度达到5 758.5 km,其中运营线路长度超过100 km的城市有:北京、上海、深圳、广州、南京、重庆、武汉、天津、大连、成都等。城市轨道交通以其快速、准点、安全、舒适、运量大、能耗少、低污染、节省土地资源等优势,正成为中国大城市公共交通网络发展的重点。

第三节　其他有轨交通

一、单轨交通

1. 概述

单轨交通是车辆依托一根轨道运行的轨道交通系统。根据轨道与车辆关系,有跨座式(车辆跨坐在轨道梁上行驶)和悬挂式(车辆悬挂在轨道梁下方行驶)两种(图 1-2)。轨道有钢梁、钢筋混凝土梁等形式。大多数单轨系统采用橡胶轮胎、电力牵引和盘形制动。

(a) 跨座式

(b) 悬挂式

跨座式单轨列车

图 1-2　单轨交通

2. 单轨交通的特点

(1) 单轨铁路占地少。单轨铁路可利用城市道路中央隔离带设置结构墩柱,高架单轨不需要很大空间。由于采用单一轨梁,其相对于城市轻轨轨道所占的空间更小。区间双线跨座式单轨轨道结构宽约 5 m,悬挂式单轨宽约 7 m,结构宽比地铁或轻轨缩减 41%～44%。

(2) 运能较大。单轨列车一般由 4～6 辆组成,运输能力为 0.5 万人～2 万人/h,运送速度一般在 30～40 km/h。

(3) 能适应复杂地形。由于单轨列车使用橡胶轮胎,可以适应复杂地形,适宜在狭窄街道的上空穿行,可减少拆迁,降低造价。线路允许采用的弯道最小半径可小至 30～50 m,最大坡度可达 6%,这是其他轨道交通无法办到的,也是山城重庆轨道交通 2 号线选择单轨交通的主要因素之一。

(4) 建设工期短,造价低。单轨系统作为由高架类型发展而来的快速轨道交通,土方工程量不大,建设成本较低。单轨交通的车辆和轨道容易检查和维修保养,轨道使用寿命长,运营管理费用也相对较低。另外,单轨交通结构比较简单,标准轨道梁可在工厂预制,现场拼装,既保证了精度,又便于施工,从而可缩短建设工期。

(5) 能保证运输安全。由于车辆与轨道的特殊结构,在轨道梁两侧均有起稳定作用的导向轮[图 1-2(a)],不会发生行车颠覆,能确保运行安全。

(6) 噪声小、振动小,且无排气污染等公害。由于单轨车辆采用了橡胶轮胎和空气弹簧转向架,在运行时振动小、噪声小,而电力牵引则保证了没有污染空气的废气排出。

(7) 对日照及城市景观影响小。由于高架单轨占用空间小,沿线不会投下很大的遮光阴影,并且对城市景观还能起到一定的点缀作用。

然而,单轨交通也存在不足之处,如:列车在空中行驶,一旦在区间发生故障,救援工作比较复杂;单轨交通的道岔系统构造比较复杂,特别是跨座式单轨道岔形体比较笨重,转换一次道岔的时间一般都需要 10 s 以上,而且列车减速通过道岔,降低了列车平均运速,导致列车折返时间较长(一般约 3 min);单轨交通受轮胎承载力的限制,载客量和车辆长度均受到制约,线路运能受到限制;使用寿命比钢轨短。

3. 单轨交通的适应性

由于单轨交通运能有限,且运行速度难以大幅度提高,多用于市区内次要交通干线或作为市区通往机场、码头等大型对外交通枢纽,以及用于娱乐场所的交通工具。如:日本东京的浜松町站—羽田空港的羽田线(16.9 km),大阪的大阪空港—门真市线(21.2 km);美国佛罗里达迪士尼乐园也建有 8.0 km 的单轨交通线,为主干道游客往来提供交通服务。

二、磁浮交通

1. 概述

磁浮交通是依靠电磁力来悬浮车辆并使其行走的一种交通方式。其基本原理是:在车辆与导轨无接触的情况下,利用电磁系统产生的吸引力或排斥力使车辆悬浮,利用电磁力进行导向和驱动,使车辆不偏离既定轨道运行。

当前磁浮交通有两种技术模式:以德国为代表的常导型(如 TR 系列磁浮车)和以日本为代表的超导型(如 MLU 磁浮车)。

(1) 常导吸引式磁浮。一般采用"T"形导轨,车辆环抱导轨运行(图 1-3)。导轨上的驱动、悬浮绕组安装在导轨侧翼底部,车辆上的驱动、悬浮绕组安装在车辆下翼的上缘,通过电磁作用,将列车向上吸起悬浮于轨道上,使车体与导轨之间保持约 10 mm 的间隙。车辆和轨面之间的间隙与吸引力的大小成反比。轨道绕组中的电流产生一个电磁行波场,作用于车上的悬浮电磁铁,驱动列车前行。改变行波磁场的方向,将使电动机变为发电机,对列车实施无接触再生制动,制动的能量可反馈回电网。

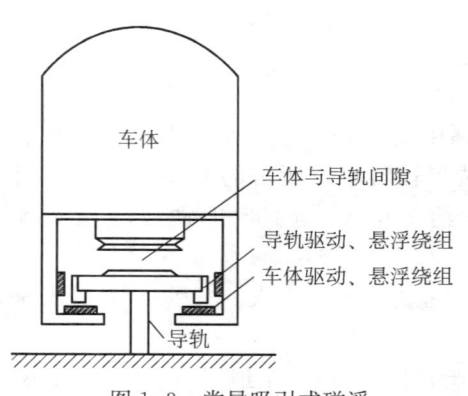

图 1-3 常导吸引式磁浮

磁浮列车

(2) 超导型磁浮。所谓超导现象,就是当某种金属处于极低温度(比如 -269 ℃)下,就会产生电阻为零的现象。给这种金属通电,电流就会毫无损耗地永久流动。当列车运动时,车载磁体(低温超导线圈或永久磁铁)的运动磁场在安装于线路上的悬浮线圈中产生感应电流,二者相互作用,地面绕组产生的磁场与车辆绕组产生的磁场同性相斥,当两个磁场产生的排斥力大于车辆重量时,车辆就会浮起来,间隙可达 100 mm 左右(图 1-4)。这个间隙与列车运行速度高低有关。一般列车运行速度达到 100 km/h 时车体才能悬浮。因此,超导型磁浮列车必须在车辆上装设机械辅助支承装置,如辅助支持轮及相应的弹簧支承等,以保证精确控制列车安全可靠地起动或停车。

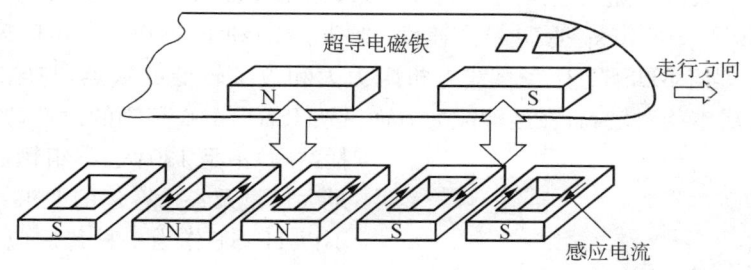

图 1-4　超导磁斥式磁浮

相对于超导磁浮交通,常导磁浮交通系统结构相对简单,不需要设置专用的着地支撑装置和辅助的着地车轮,对控制系统的要求也稍低一些。上海浦东磁浮交通线采用的就是常导型磁浮。

2. 磁浮交通的特点

(1) 速度快。最高速度可达 400～500 km/h,而且加速快(5 km 之后,速度可增至 300 km/h),中长距离运输优势明显。

(2) 安全性高。磁浮列车采用跨座式单轨结构,不会发生脱轨和颠覆事故。

(3) 噪声源少。由于磁浮列车运行没有机器内部产生的噪声,也没有轮轨接触和受电弓的机械接触产生的噪声,所以,除了空气动力原因造成的噪声外,并无其他噪声源。

(4) 维修少。由于列车是无接触运行,因此固定安装的导向轨形位受影响小,可节省维修工作和维修费用。

(5) 舒适度良好。固定的车道结构,使全区段长度上的动力影响一致,从而提高了列车运行的平顺性,保证了旅客舒适度。

(6) 选线自由度大。实践证明,磁浮列车的爬坡能力可达 4%～10%;曲线地段最大横坡角可达 12°,从而可采用较小的曲线半径。

(7) 能耗小。根据比较研究,磁浮列车的能耗较传统高速铁路列车约低 1/3。

然而,磁浮交通因采用跨座式单轨形式,其同样存在单轨交通的短处。此外,磁浮交通完全依赖电磁力实现悬浮、导向和驱动,若一时失电,安全保障难,如制动问题的解决;磁浮系统复杂,特别是超导磁浮,除线路上部和下部结构外,还需设置庞大的冷却系统,初期投资大;因制式的独特性,存在不能与其他有轨交通线路兼容运行的缺憾。

3. 磁浮交通的适应性

当前磁浮交通有高速和中低速之分。

(1) 高速磁浮列车作为一种新型高速交通工具,为当今世界高速交通系统增添了新成员。按最高速度(500 km/h)计算,其市场有利竞争距离在 1 000～1 200 km,可与航空运输相媲美。已建成的上海浦东磁浮线(30 km)仅为一条示范线。2019 年 5 月 23 日,我国时速 600 km 的高速磁浮试验样车在青岛下线,这标志着我国在高速磁浮技术领域实现了重大突破。

(2) 中低速磁浮列车一般采用短定子/常导型,最高速度在 300 km/h 以下。其速度低,造价降低,可服务城区中短距离的客运。

日本于 1988 年在崎玉博览会展示了 HSST-05 型磁浮车。在 191 天展览会开放日里,共运送了 12.6 万人次。随后还研发了 HSST 系列产品,如 HSST-300 市际列车(最高速度 330 km/h)、HSST-200 市郊列车(最高速度 230 km/h)和 HSST-100 市区列车(最高速度 130 km/h)。但是,因 HSST 存在直线电机阻力大和效率较低的缺点,与轮轨交通系统相比,能耗及运营成本相对较高;在运输能力方面,按 HSST-100 车辆的设计,其平均定员(包括站席)不足 130 人,编组辆数有限,不能满足大运量及长途客运的要求。因此,日本并不以 HSST 作为一种普遍应用的城市轨道系统,而只是在博览会等特定条件下,作为旅程不长的一种城市交通补充工具。

2016 年 5 月 6 日,中国首条具有完全自主知识产权的常导型全高架中低速长沙磁浮快线开通运营。该线全长 18.55 km,连接长沙高铁南站和长沙黄花国际机场,设车站 3 座(预留车站 2 座),列车 3 节编组,设计速度 100 km/h(图 1-5)。

图 1-5　长沙中低速磁浮机场线

三、自动导向交通

1. 概述

自动导向交通采用混凝土道床,轨道中央或两侧侧墙上安装有导向轨;车辆采用橡胶轮胎,通过导向轮引导车辆运行;列车运行自动控制,可实现无人驾驶,自动化程度高。

这种城市轨道交通制式起源于不同的国家,故有不同的称谓。如:旅客自动捷运系统 APM(Automated People Mover)、自动导轨交通 AGT(Automated Guideway Transit)、法国 VAL(Vehicule Automatique Legar)等。我国《城市公共交通分类标准》(CJJ/T 114—2007)(简称《公交分类标准》)统一命名为"自动导向轨道交通"。2018 年 3 月 31 日开通试运营的上海地铁浦江线,是上海建成运营的首条 APM 轨道交通线(图 1-6),它最突出的技术特点是无人驾驶、胶轮、单轨导向和全自动运行。世界部分国家自动导向轨道交通情况如表 1-4 所示。

上海 APM 浦江线

图 1-6　上海浦江线列车

表 1-4　　　　　　　　　　世界部分国家自动导向轨道交通情况

参数	日本			法国	美国	中国
线别	大阪南港港城线	广岛市Astram线	山万桉树丘线	里尔1号线（VAL）	奥兰多机场线	上海浦江线
通车年份	1981	1994	1982	1983	1981	2018
运营里程/km	6.6	18.4	3.4	13.3	1.8	6.644
车站数	8	21	6	18	4	6
平均站间距/m	940	920	683	783	590	1 329
线路形式	双线	双线	单线环形线	双线	双线	双线
导向方式	两侧导向	两侧导向	中央导向	两侧导向	中央导向	中央导向
供电	交流 600 V	直流 750 V	直流 750 V	直流 750 V	—	直流 750 V
编组辆数	4	6	3	2~4	4	4
列车最大容量	297	286	215	262~524	800	566
输送能力/(人·h^{-1})	4 430	5 720	1 630	5 000~20 000	32 000	8 000
驾驶方式	ATO 无人	ATC 单人	ATC 单人	ATO 无人	ATO 无人	ATO 无人
旅行速度/(km·h^{-1})	27	30	24	34	—	33
最高速度/(km·h^{-1})	60	60	50	80		80

2. AGT 种类

自动导向轨道交通 AGT 大体可分为两种。

(1) 穿梭式或环形式短途交通。指往返于固定起讫点之间的 AGT，列车往返或周而复始环线运行。如美国迈阿密、西雅图、亚特兰大等机场所建的 AGT 系统。

(2) 中运量城市客运交通。为了增加 AGT 的运输能力，日本建设的 AGT 多采用 60~70 人的 4~6 辆编组系统，形成了城市中等客运交通系统。日本第一条 AGT 线建于神户的三宫—中公园(6.4 km)，采用高架式，6 节编组，橡胶轮胎（侧导向），共设 9 个车站，最高速度 60 km/h，运输能力 8 100 人/h。日本还于 1983 年制定了统一的 AGT 技术标准，如表 1-5 所示。

表 1-5　　　　　　　　　　日本 AGT 标准主要项目

项目	内容
运输能力	2 000~20 000 人/h
运行	可以无人驾驶
速度	最高速度 50~60 km/h；旅行速度 30~40 km/h
车辆	定员约为 75 人/辆（4~6 辆编组），采用橡胶轮胎
导向方式	侧导向方式
道岔方式	水平可动导向板方式

续 表

项目	内 容
供电方式	原则上为 DC750 V
轨道和路基	建筑限界：高 3 500 mm×宽 3 000 mm，左右导向侧面间隔 2 900 mm；站台高度 1 070 mm
设计载重	车辆轴重 9 t

3. AGT 的特点

（1）自动化驾驶和自动控制的安全保障措施，使 AGT 可以自动地按指令准确运行，避免人工驾驶疲劳带来的行车安全危险。

（2）自动化运行可使 AGT 根据客流变化，灵活调整列车运行方案，更适合于突发性客流场所（如公园、剧院、机场、客运站）的旅客运输。

（3）因车辆体型相对较小、重量轻、列车编组短等特点，AGT 不仅工程造价较低，而且牵引动力能耗较小。

（4）AGT 采用电力牵引，对环境污染小。

（5）车辆采用橡胶车轮，增大了摩擦力，不仅爬坡能力强，而且对车内和周围环境产生的噪声和振动影响都较小。

（6）由于 AGT 双向运行，前后轴都能转向，能通过 30 m 的小曲线半径，易于在建设密度较高的市区绕避需要保留的建筑物，减少拆迁成本。

4. AGT 的适应性

AGT 因行车密度调节范围大，车体大小和列车编组又可在一定范围内改变和调整，扩大了其适用范围。既可当作城市中运量轨道交通，还可用于短距离、行车密度大、客运强度较高的交通枢纽（机场、车站）的接驳运输以及博览会或游乐园等内部交通。

复习思考题 1

[1-1] 简述我国高速铁路建设与发展的主要特征。

[1-2] 何谓自动导轨交通？该模式在我国应用的范围与条件是什么？

[1-3] 比较分析常导型和超导型磁浮交通的优劣所在。

第二章 线 网 建 设

专题 2　线路建设程序

第一节　线路项目建设管理程序

轨道交通网络由多线路组成。一条线路建设项目从提出项目设想—开发—建设—施工—投入使用的全过程称为项目发展周期或建设程序。在这个过程中的各个时期又有许多不同的工作和活动。

轨道交通线路建设项目涉及工程内容多、技术复杂，一般投资较大。通常每公里线路建设成本都达千万甚至上亿元。如上海地铁 1 号线仅建设造价每公里约 3.3 亿元。所以轨道交通线路建设项目都属于大型、特大型基本建设项目。

一、基本建设一般程序

基本建设是国民经济各部门为发展生产而进行的固定资产的扩大再生产。所谓基本建设程序，就是基本建设工作必须遵循的先后次序，它是客观存在的自然规律和经济规律。根据我国几十年的基本建设实践，基本建设工作的全过程一般划分成以下四个步骤。

第一步，根据国家长期发展规划、区域规划和资源情况，通过项目可行性研究，编制和提出建设项目计划（设计）任务书，确定要建设的项目并选择建设地点。

第二步，根据计划（设计）任务书的要求，通过招投标，确定工程设计单位，进行工程地质和水文地质的勘察工作，落实外部建设条件；进行项目的初步设计，编制项目的总概算。

第三步，初步设计和总概算批准后，建设项目才能列入国家年度基本建设计划，由工程设计单位进行项目的施工图设计；通过招投标和评标工作选择施工单位，由工程施工单位进行设备订货，展开施工。

第四步，工程竣工后，进行验收交接，交付生产单位使用，形成新的生产能力。

以上前两个步骤属于建设前期工作，后两个步骤为建设期工作。

二、轨道交通建设阶段和任务

轨道交通线路基本建设就是将一定的建筑材料和设备，通过建造和安装活动，转化为固定资产的过程。在建设过程中，每一阶段都是以前一阶段的工作成果为依据，同时也是后一阶段工作的基础，该阶段工作的优劣直接影响后一阶段工作的质量，乃至基本建设任务完成的效果。

（一）铁路基本建设程序

根据国家基本建设程序的有关规定，结合铁路部门的情况和特点，铁路建设大致可分为三个阶段十一个环节。

1. 建设前期—计划管理阶段

（1）规划编制阶段。根据国家经济发展规划，自然资源分布和开发利用情况，工业布局和运量发展趋势,通过全面调查,编制铁路网中长期发展规划。中国国家铁路集团公司(简称"国铁集团公司")提出铁路线修建(改造)时机和顺序,使铁路网布局趋于合理。路网规划是铁路基本建设程序的首要环节,也是进行项目(预)可行性研究的基础。

(2) 项目建议书阶段。在路网规划的基础上,由国铁集团公司发展和改革部按照任务的轻重缓急,编制年度勘察设计计划,提出预可行性研究计划项目。通过招投标,项目由铁路勘察设计院或有资质的研究机构承接。经国铁集团公司建设管理部组织咨询评估,最终形成项目建议书。

(3) 可行性研究阶段。由承接可行性研究编报单位在调查和现场踏勘的基础上,研究项目技术可行性、经济有利性,结合项目的环境评价,明确提出项目是否可行的意见。对于可行的项目,还要进行多方案比选,推荐最佳方案和最佳投资时机,为国铁集团公司启动项目工程设计提供主要依据。

2. 工程实施—建设管理阶段

(1) 初步设计。项目设计中标单位通过深入的调查与勘测,进行不同技术特征和工程数量的多方案研究与比选,依据批准的建设项目《环境影响报告书》和《水土保持方案报告书》,推荐经济效益最佳的工程实施技术方案。

(2) 施工图设计。项目设计中标单位根据批准的初步设计,编制项目施工可依据的全套详细的设计图纸和必要说明。

(3) 建设阶段。项目的建设安装施工由施工单位组织实施。中标的施工单位要与建设单位签订建设安装施工承包合同,共同提出开工报告,做好施工准备工作,按照设计文件规定的内容与要求,在工程监理员的督导下,合理组织施工。与此同时,建设单位根据建设项目的生产技术特点做好运营准备工作,包括管理机构的筹建、职工人员培训等。

(4) 工程初验。铁路建设项目一般按整个项目进行验收。初步验收是指建设项目静态验收和动态验收合格后,由初步验收单位对静态验收、动态验收结果进行检查和确认。

3. 投产运营—运营管理阶段

(1) 工程移交。铁路建设项目初验合格后,可移交给项目运营管理单位进行试运行管理,进一步检查建设项目是否合格。

(2) 试运行。指铁路的土建工程与机电工程初验合格,并完成系统联调后的非载客运行。试运行期间,将对铁路各设备系统和整体系统进行可用性、安全性和可靠性测试及考核;并对运营作业人员培训、故障模拟和应急演练等情况进行检验;发现问题,及时进行整改直至满足要求。试运行是轨道交通从建设阶段过渡到载客运营阶段必须经历的一个中间环节。

(3) 竣工验收。铁路建设项目初步验收、试运行一年后,由项目审批部门对项目进行整体验收,对建设项目的工程质量、运行环境协调性等建设成果以及初步验收结论进行整体评价,形成《正式验收证书》,明确验收结论。

(4) 后评价。在铁路运营一段时间后,由建设单位会同有关部门,对工程质量、技术指标和经济效益等进行考察验证,以评价设计和施工质量,验证结论上报国家有关部门。

(二) 城市轨道交通建设程序特点

城市轨道交通项目建设必须严格执行国家基本建设程序,主要工作程序(阶段)包括:线网规划、建设规划、项目可行性研究、工程勘察设计、项目建设、工程竣工验收、联调联试、试运营和项目后评价。

(1) 线网规划、建设规划、可行性研究、工程勘察设计、试运营应依据国家有关法规取得相关政府授权部门的审批或许可。

(2) 城市轨道交通工程可行性研究阶段应编制客流预测专题报告，应依据项目具体情况和国家相关法规规定进行环境影响评价、地质灾害评估、地震安全性评估、土地预审、安全预评价、抗灾设防专项论证等专题研究报告，作为可行性研究报告的支持性文件。

(3) 城市轨道交通工程设计应依次做好总体设计、初步设计和施工图设计工作。对工程复杂的项目，可作试验段工程，试验段工程应在总体设计指导下进行。

(4) 城市轨道交通项目竣工验收后，应依据国家政府投资建设项目监管有关规定，由地方政府组织进行后评价。后评价应遵循"客观、独立、科学、实用"的原则。

为了防止一些城市盲目开展轨道交通建设，加强城市轨道交通的建设管理，促进其健康发展，国务院办公厅于2003年专门发文《国务院办公厅关于加强城市快速轨道交通建设管理的通知》（国办发〔2003〕81号），规范城市轨道交通项目的建设管理。为进一步促进城市轨道交通规范有序、持续健康发展，2018年国务院办公厅再次发文《国务院办公厅关于进一步加强城市轨道交通规划建设管理的意见》（国办发〔2018〕52号），加强城市轨道交通规划建设管理，强调发展城市轨道交通必须坚持"有序"，即有管理秩序、有建设标准和合理节奏。主要要求如下：

(1) 量力而行，有序推进。坚持实事求是，从实际出发，科学开展前瞻性规划研究工作，以城市财力和建设运营管理能力为实施条件，合理把握建设规模和节奏，切实提高城市轨道交通发展质量，确保与城市发展水平相适应。

申报建设地铁的城市一般公共财政预算收入应在300亿元以上，地区生产总值在3 000亿元以上，市区常住人口在300万人以上。引导轻轨有序发展，申报建设轻轨的城市一般公共财政预算收入应在150亿元以上，地区生产总值在1 500亿元以上，市区常住人口在150万人以上。拟建地铁、轻轨线路初期客运强度分别不低于每日每公里0.7万人次和0.4万人次，远期客流规模分别达到单向高峰小时3万人次以上和1万人次以上。以上申报条件将根据经济社会发展情况按程序适时调整。

(2) 因地制宜，经济适用。坚持近远期结合，统筹考虑交通、环境、工程等各方面因素，选择适宜的轨道交通系统制式和敷设方式，宜地面则地面，宜地下则地下，合理确定建设标准，着力提高综合效益。

(3) 衔接协调，集约高效。坚持多规衔接，加强城市轨道交通规划与城市规划、综合交通体系规划等的相互协调，做好沿线土地、空间等统筹利用，发挥轨道交通对城市交通运输发展的支撑引导作用。

第二节　线网规划理论与方法

轨道交通系统是具有大运量、快速度、独立专用轨道的交通运输系统。轨道交通线网规划就是依据资源分布和产业布局特点，以促进资源开发、满足经济发展为目标，通过运输需求的预测，统筹考虑轨道交通系统的技术经济优势及与其他交通方式协调发展所进行的轨道交通网络空间布局规划。轨道交通线网是一个有机的整体，其中每一条线路都是不同层次路网中的一部分，不可能脱离整体而独立生存。因此，良好的、有远见的轨道交通线网规划对轨道交通线路建设具有指导意义和约束作用。当前无论是铁路还是城市轨道交通线路工程项目建设,国家都要求先完成线网规划,所建设的项目必须是线网规划的有机组成部分。

一、线网规划技术路线

轨道交通线网规划一般以运输需求分析为基础,采用定性与定量相结合、近期与远景相结合的技术路线。线网规划主要研究的内容包括:规划背景研究、运输需求预测、布局方案研究、规划方案评价和规划实施建议。总体规划的一般流程如图 2-1 所示。

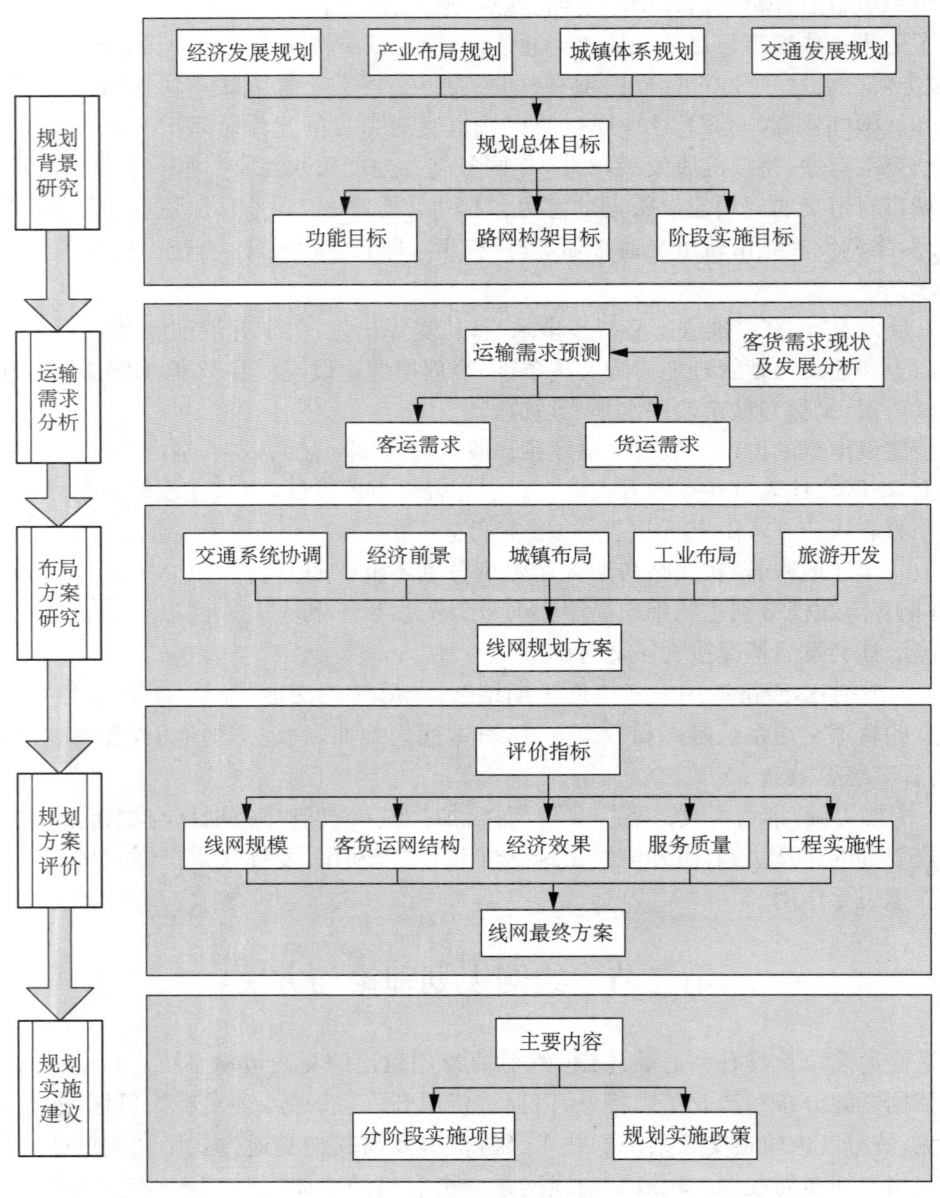

图 2-1　轨道交通线网总体规划流程

（一）规划背景研究

规划背景研究是轨道交通系统线网规划的前提。不同的规划对象需要调研的范围和内容大同小异。背景研究主要关注以下四项内容。

(1) 经济发展规划。中国经济发展规划分近期规划和中长期规划。由于轨道交通系统建设项目大多属于百年建筑，一经建成，改建难度较大。所以主要依据应是国家和规划区域内的中长期经济发展规划。

(2) 产业布局规划。规划区域内工业、能源等行业的生产与发展，对地区资源开发和货运流量、流向有着重要影响。

(3) 城镇体系规划。规划区域内的城镇布局，对轨道交通系统线网布局和技术选型有着重要影响。

(4) 交通发展规划。交通项目建设是为了增加交通运输供给能力，实现交通与经济协调发展。交通运输系统是由多种交通方式构成的综合体，各种交通方式都有自身的技术经济优势。轨道交通系统的建设与发展必须建立在能够充分发挥轨道交通优势的基础上。

规划背景研究需要充分研究规划范围内的经济和社会发展内涵，深入剖析现有交通运输系统存在的问题和发展趋势，结合国家的经济发展战略与目标要求，形成线网规划的原则目标，如功能目标、路网构架目标、阶段实施目标等。

（二）运输需求分析

运输需求分析是轨道交通系统线网规划的基础。分析的核心是客货运需求预测。需要在系统分析规划区域内客货运输特点的基础上，确定轨道交通系统在整个综合运输体系中的功能定位，把握运输需求发展规律，运用一定的预测模型和方法，确定规划区域内轨道交通应承担的份额，研究分析规划年度内轨道交通规划线网上的客货运量。对于城市轨道交通、客运专线铁路，则仅需研究客流的分布。

（三）布局方案研究

布局方案研究是轨道交通线网规划的核心。城市轨道交通系统和城市对外铁路系统的布局要求差异较大。

(1) 城市轨道交通系统。轨道交通线网规划需要在城市总体规划的基础上，以城市远景规划用地性质、范围及人口发展预测为基础，以满足城市主客流输送需要、提高轨道交通使用便捷性为目标，进行线网布局。

(2) 城市对外铁路系统，包括普速铁路、城际铁路和高速铁路。根据规划区域内社会经济发展、能源供给、旅游开发等方面对城市对外铁路运输需求的特性，充分考虑与既有铁路网融合，促进规划区域内交通运输系统协调发展，形成规划区域内的线网布局形态和主要规划建设项目（集），即规划方案。

（四）规划方案评价

规划方案评价是轨道交通线网规划的重要环节，是检验规划方案的功能性、技术性、经济性和可实施性的必要过程。需要针对不同的规划对象，从线网规模及覆盖范围、客货运线网结构合理性、经济效益大小、服务质量高低、建设项目可实施性等方面建立合理的评价指标体系，以确定规划方案是否达到规划预期的目标。最终得出"系统优化、综合协调"的最佳线网布局方案。

(五)规划实施建议

轨道交通线网规划的实施需要循序渐进。根据规划区域内经济发展规划和轨道交通线网规划总体目标以及项目的紧迫性和建设资金安排,分阶段确定建设(项目)任务、建设目标和配套的政策建议,使线网规划逐步得到落实。

二、线网规模确定方法

在进行轨道交通线网规划中,首先遇到的问题是线网的建设规模该有多大。根据规划区域内社会经济、城市、交通运输系统现状及其规划、区域交通需求、区域经济发展前景等因素,从宏观上合理地确定轨道交通线网规模,是较为困难的事情,因为运输需求和运输供给需要维持的是动态平衡。合理的线网规模是指一个轨道交通线网,不仅可以提供足够的运输供给能力,满足规划区域内日益增长的运输需求,而且投入较少,为轨道交通系统的运营管理创造条件。

常见的线网规模匡算方法有需求推算法和密度推算法。

(一)需求推算法

需求推算法是指由规划区域内交通运输需求总量和线网合理负荷强度关系,进行线网规模推算的方法。

1. 城市轨道交通线网

城市轨道交通线网规模(即总长度)L 可由式(2-1)计算:

$$L = \frac{Q \cdot \alpha \cdot \beta}{\gamma} \quad (\text{km}) \tag{2-1}$$

式中 Q——城市公共交通日总出行量,万人次;

α——城市轨道交通出行量占城市公交总出行量的比例,%;

β——乘客完成一次交通出行的公共交通平均换乘次数;

γ——城市轨道交通线路负荷强度,万人次/(km·d)。

2. 铁路线网

铁路线网担负着旅客和货物两大类运输任务。旅客运输量与旅客的出行频度和出行距离有关;货物运输量与产业布局、能源分布和供给条件有关。显然,在同样的运输量条件下,运输距离越长,铁路线网承担的运输负荷越高。为了计算方便,铁路一般用换算周转量(换算单位:1 人·km=1 t·km)来表示运输量。铁路线路的输送能力与线路正线数目、线路列车开行方案密切相关。这里用线路平均容量[万 t·km/(d·km)]来表示线路运输能力大小。铁路线网规模(即总长度)L(km)可通过式(2-2)求解:

$$\begin{cases} L = \sum l_k \\ 365 \sum l_k \cdot \lambda_k \cdot \theta_k = Q_1 \cdot L_1 \cdot \sum \varphi_{1k} + Q_2 \cdot L_2 \cdot \sum \varphi_{2k} \end{cases} \tag{2-2}$$

式中 l_k——线网中第 k 类线路长度,km;

λ_k——线网中第 k 类线路平均运输容量,万 t·km/(d·km);

θ_k——线网中第 k 类线路能力利用率,%;

Q_1——铁路旅客年运输量,万人;

Q_2——铁路货物年运输量,万 t;

L_1,L_2——铁路旅客和货物的平均运输距离,km;

$\varphi_{1k},\varphi_{2k}$——线网中旅客和货物在第 k 类线路中预测承担的运量比例,%。

(二)密度推算法

根据规划区域内面积和线路分布密度的要求,推算线网规模:

$$L = \sum S_i \cdot \sigma_i \quad (\text{km}) \tag{2-3}$$

式中 S_i——城市轨道交通或铁路规划第 i 类区域面积,km²;

σ_i——城市轨道交通规划或铁路第 i 类区域线网规划密度指标,km/km²。

三、线网规划方法

轨道交通线网规划是一项非常复杂的系统工程,除自身的技术因素外,还受规划区域的自然条件、城镇规划与布局、经济发展变化、资源分布、既有交通运输系统状况等多重因素的综合影响,没有一种定式。从理论上讲,大致可归纳为以下三类规划方法。

(一)点线面要素层次分析法

该方法的特点是:以规划区域内城镇结构形态和客(货)流需求的特征为基础,对基本的客(货)流集散点、主要的客(货)流分布、重要的对外辐射方向及线网结构形态,进行分层研究,注重定性分析与定量分析相结合,静态与动态相结合,近期与远期相结合,运输供给与运输需求相协调,经多方案比选而成。线网构架研究中,须分"点""线""面"三个不同类别、不同层次进行深入研究。

(1)"点"的分析。"点"代表的是局部和个性问题。轨道交通线网中的"点"在铁路线网中代表城镇旅客和货物的集散点、中转点;在城市轨道交通线网中代表客流集散点,即客流发生点、吸引点和客流换乘点。规划时,尽量将主要的客(货)流集散点和交换点用最短捷的线路连接起来,为旅客和货主提供最便利的运输服务。

(2)"线"的分析。"线"代表方向性问题,即轨道交通运输走廊的布局问题。在铁路线网中,"线"分析应关注规划区域中主要城镇分布和客(货)流经路,特别是既有交通运输线网中已凸显的运输走廊或运输能力供应不足地带,为线路定位提供依据。在城市轨道交通线网中,"线"的研究重点是基于城市道路交通网络,寻找客流主方向及交通走廊,并将城市内大客流集散点串联起来。轨道交通线路走向与主客流方向一致,可增加乘客的直达性,既方便乘客,又可提高轨道交通经济效益。

(3)"面"的分析。"面"代表整体性、全局性的问题,即线网的结构与形态和内外衔接关系的处理问题。在进行线网构架方案研究时,城市地位与分布、城市规模与形态、内外交通衔接、规划区域的自然条件、土地利用格局、交通需求特性、线网规模等诸多因素都是控制线网构架和形态的决定性因素。在铁路线网中,铁路枢纽是线网中各线的交汇点,也是城市对外交通铁路与城市内部交通的重要衔接点。需要从局部"面"角度,深入分析铁路引入城市的方式(如线路敷设方式)和专业车站(如客运站、货运站、编组站)及其相关附属设施(如机务段、车辆段、动车维修基地等)的布局问题。在城市轨道交通线网中,不同的城市规模和城市布局将直接影响轨道交通线网的形态。放射线形、棋盘形、放射线形(棋盘形)+环线形线网等形态的选择需要充分分析城市布局、客流方向、城区改造、换乘枢纽设置等因素,通过客流预测,确切把握规划年度内的客流需求特点,使线网的总体构架能与城市发展相协调。

点线面要素层次分析法更适合于"从无到有"的轨道交通线网规划。我国大部分城市轨道交通线网规划都采用此方法。2004年,中国中长期铁路网规划中的快速客运网络规划就是以此方法为基础,逐点、逐层展开分析,确立了连接全国主要省会城市的"四纵四横"客运专线网。

(二)逐线规划扩充法

该方法的特点是:以既有轨道交通线网为基础,进行线网规模扩充,以适应规划区域发展引发交通运输需求增长的需要。为此,必须在已建线路的基础上,调整规划中已有的其他未建线路,来扩充新的线路,并将每条线路依次纳入线网后,形成最终的线网规划方案。该方法的优点是投资效益高,便于迅速缓解城市交通拥堵路段或主要运输走廊的运能紧张;缺点是不易从总体上把握线网构架,不易与规划区域内城镇总体布局相协调。

逐线规划扩充法一般可作为线网补充手段。如2008年中国中长期铁路网规划调整中,在2004年方案的基础上,运用"干线网补充、系统网完善"的做法,对"四横四纵"的客运专线网进行补充与完善,增加了南昌—九江、柳州—南宁、绵阳—成都—乐山、哈尔滨—齐齐哈尔、哈尔滨—牡丹江、长春—吉林、沈阳—丹东等客运专线,扩大客运专线的覆盖面。上海城市轨道交通线网2008年年底动工修建的轨道交通13号线,就是为了解决上海市东西方向轨道交通2号线城市中心区段高峰运能严重不足的问题而新补的规划线路。

(三)主客(货)流方向线网规划法

这是根据城市(群)客(货)运需求特点,以最大限度满足干线(通道)交通运输需求、远期引导合理的城市布局调整和线网交通结构形成为原则规划线网的方法。在运量预测分析基础上,确定主客(货)流方向,然后沿主客(货)流方向布线提出若干线网规划方案,综合比选后确定线路网络结构。

京沪通道是我国重要的东部南北干线通道,一直是铁路运能最紧张的干线,其中两端又地处中国经济最发达的城市圈:津京塘和长三角。这条通道的铁路规划在过去20年中几经调整,先后经历改造既有京沪铁路、修建京津城际(高速)铁路、沪宁城际(高速)铁路、京沪高速铁路等多次规划调整。为了进一步促进长三角经济一体化发展,还规划了沪通铁路、沪镇铁路,进一步强化了沪宁轨道交通通道的运输能力。沪宁通道上的苏州、无锡等城市,也规划将城市轨道交通外延,实现跨行政区的连接,如上海城市轨道交通11号线延伸至昆山花桥。这些规划都是进一步强化上海北翼(江苏)接入上海的交通条件。

四、运量预测方法

(一)预测概述

交通运输需求预测是轨道交通线网规划的重要组成部分。预测准确与否,直接关系到轨道交通线网规划的质量。交通运输需求预测的内容有以下三个方面。

(1) 交通运输需求量,指在一定时期内、一定社会经济结构下进行社会经济活动所产生的交通运输需求的数量。对车站来说,它是客发量、货发量;对线路或线网来说,它是客运(周转)量、货运(周转)量。

(2) 交通运输需求空间分布,指线网中源汇点之间的客(货)流向及流量,即通常所说的OD流。

(3) 交通运输需求时间分布,指在某个具体时间段上客(货)运输需求量。运输时间的波动性是影响轨道交通线网能力配备的重要因素之一。城市轨道交通的运能一般需要按照城市高峰小时的乘客出行量来配备。

(二) 预测方法

交通运输需求预测是在把握历史运量规律的基础上,对未来运量的发生与发展进行外推,求得未来的运量预测值。预测方法按大类可分为定性预测方法和定量预测方法。可用于交通运输需求预测的方法列于表 2-1。

表 2-1　　　　　　　　　　　交通运输需求预测方法

类别	预测方法	方法特点
定性预测方法	趋势外推法	假定运量发展趋势比较稳定,根据历史运量推测未来运量的发展情况
	专家意见调查法	利用专家的知识与经验,经信息反馈和处理,取得多位专家对未来运量发展趋势的预测意见(如 Delphi 法)
定量预测方法	增长率法	假定预测期的运量增长率等于历史期的平均增长率,由此对未来运量进行预测
	弹性系统预测法	假定运量与某一社会经济参数之间存在一定的变化比率关系(正相关或负相关),以此比率关系预测未来运量
	回归分析法	假定运量与某一个或多个社会经济参数之间存在一定的关联关系,通过求解关联参数来预测未来运量
	平滑预测法	主要有移动平均法和指数平滑法。二者都是根据历史期运量序列数据,通过"平滑"技术,过滤一些随机因素对运量预测误差的影响,实现对未来运量的预测
	产运系数法	假定运量与某类产品的产量或产值之间存在一定的数量关系,根据这类产品未来生产量的变化,预测由此产生的运量
	重力模型法	效仿牛顿万有引力定律原理,建立两地点交通运输的发生量与吸引量的计算模型,预测两地间的 OD 运输量
	四阶段法	在 OD 运量现状调查基础上,通过预测源点的运量发生、运量在各 OD 间分布、运输方式选择、线网各线分配,实现预测期内整个运输线网的 OD 流量及流向的预测

五、线网方案评价方法

线网方案的评价是一项复杂而且难度较大的工作。评价需要通过系统评价方法从众多备选方案中找出所需的更优方案。线网评价主要涉及两方面内容:建立评价指标体系,选择评价模型。

(一) 评价指标体系

评价指标体系是根据评价目标选择的若干个评价指标的集合。不同的评价对象(如铁路快速线网、城市轨道交通线网等)、不同的评价时期,由于评价目标的不同,选择的评价指标也会有所差异。如城市轨道交通线网一般的评价指标体系包括:

(1) 线网结构技术指标。良好的线网结构是实现其交通功能和其他功能的重要保证,从不同的层次出发,选取的指标有线网覆盖率、中心区线网密度、线网平均换乘系数、主要集散点连通率、轨道交通站点与城市公共活动中心空间耦合度等。

（2）交通功能指标。线网交通功能的实现程度是线网优劣的重要衡量标准。从客运服务能力和服务水平两个方面出发，选取的指标有线网日客运总量、线网平均负荷强度、客流断面不均衡系数等。

（3）社会效益指标。城市轨道交通线网的社会效益指标主要包括居民出行时间的节约、出行质量的提高，以及城市道路交通的改善等。选取的指标有居民公交出行时间节约、公交出行比例、平均出行速度等。

（4）建设可实施性指标。线网的规划方案首先必须是可行的、可实施的才具有价值。选取的指标有施工难易程度、分期建设计划的合理性等。

（5）与城市发展协调性指标。合理的线网规划应与城市总体规划相协调，与城市交通规划相协调，支持和引导城市发展，促进城市交通规划战略目标的实现。选取的指标有与城市总体布局的耦合性、与城市对外交通设施的协调性、与城市自然和文化景观的协调性等。

（二）评价方法

由评价指标体系可知，轨道交通线网方案评价是一个多目标的优化问题。对于多目标问题，理论上比较成熟的决策方法有以下几种：

（1）分层序列法：按目标的重要等级，依次处理各目标。

（2）化多为少法：将多个目标简化成单个目标后，再求解。

（3）目的规划法：事先划定一组预定的目标，通过合理安排有限的资源，使决策结果尽可能接近这组目标。

（4）理想点法：寻找在约束条件下距离"理想点"（即最优值）最近的决策结果。

（5）效用理论：在建立目标属性的效用函数基础上，通过定量分析，按目标综合效用值的大小，给出方案的排序。

（6）层次分析法：依靠决策者对多属性的主观评判，通过对目标重要度的赋值，建立比较矩阵，再对目标进行分层处理及综合，最终得到方案排序。

（7）模糊综合评价法：考虑到评价目标（如舒适度）定量计算的困难，可通过构造模糊评价矩阵，用综合评价分数确定方案的排序。

第三节 线路项目可行性研究

一、可行性研究概念

可行性研究是在具体实施某一建设项目前，综合运用技术、经济、管理等多学科的决策技术，对建设方案是否可行以及潜在的效果进行分析、论证和评价的工作。它是建设项目前期工作的核心内容。对项目进行可行性研究的最终目的是用目前有限的资源（人、物和财力）保证所选择的项目能够最大限度地满足项目投资者所追求的目标。

二、可行性研究阶段

轨道交通项目可行性研究一般分为预可行性研究（简称"预可研"）和工程可行性研究（简称"工可"）两个阶段。

(1) 预可研阶段：重点研究项目的必要性，对建设规模、建设地点、投资可能性、技术标准和经济效益做粗略的分析，最后编制预可研报告。审批后的预可研报告，作为编制项目建议书的依据。

(2) 工可阶段：项目建议书批准后，就进入了工可阶段。工可阶段的主要工作是通过必要的测量和地质勘探，充分调查研究，对可行的项目方案进行技术经济综合论证，提出最佳方案和投资控制数，作为编制设计任务书的依据。

三、可行性研究主要步骤

轨道交通项目可行性研究工作主要有以下五个步骤。

（一）筹建可行性研究项目组

轨道交通建设项目可行性研究必须由相应资质的设计或研究单位承担。受委托单位须成立由专业技术、经济管理、运输规划等方面的专家组成的项目组。

（二）研究准备阶段

为了保证项目可行性研究的顺利推进，需要做好以下准备工作：

(1) 根据任务要求，明确研究目的和范围；

(2) 编制研究大纲，确定主要研究内容和工作要求；

(3) 编制工作计划和实施进度，确定各阶段具体实施的时间进度，分配好项目组所有人员的工作；

(4) 如果需要任务外分包，应以合同方式办理好分包手续、处理好分包关系。

（三）调研与资料收集阶段

根据可行性研究任务，拟订调查研究提纲，组织有关人员赴现场进行实地调查，包括经济调查（含地区远景规划），区域交通运输现状、地形图、地质调查，与项目建设有关的资源条件调查等，尽可能收集满足研究深度所需的各项资料和数据，并且力求准确。

（四）分析研究阶段

在对收集资料进行整理、分析、计算的基础上，开展深入的项目分析、研究工作。主要研究内容如下。

1. 运量研究

(1) 研究项目在政治、经济、国防、城市发展中的意义；

(2) 研究项目在交通网络中的地位和作用；

(3) 研究项目沿线区域的社会经济特征，如产业与人口分布、既有交通运输资源情况等；

(4) 研究有无其他可替代该项目的方案，包括其他交通运输方式（或工具）建设或能力加强方案；

(5) 预测和分析线路近远期运输量，在线路吸引范围内，结合线路网络客（货）流的规划，以运输需求为出发点，预测设计线路客（货）运输量水平。

2. 技术研究

(1) 调查建设项目沿线的自然特征、环境与建设条件（如城市规划），重点调查工程艰巨地段情况；

(2) 调查建设项目相邻轨道交通线路的主要技术标准和运输能力，根据运输量、投融资

能力以及线路网络规划要求,确定项目建设规模和主要技术标准;

(3) 对新建线路走向与位置或既有线路的改建方案进行多方案的技术经济比选;

(4) 检算建设项目能力并就建设顺序方案作出规划;

(5) 分析项目对相关线路、枢纽、公交换乘的影响,研究需要同步改扩建工程等问题;

(6) 确定项目实施计划,主要是确定项目分期、分段实施方案,筹划工期;

(7) 分析项目对环境的影响,提出环境保护方案;

(8) 新技术引进或采用的设想,立足国内,努力提高项目的国产化水平;

(9) 管理机构定员编制、来源和培训计划的拟订。

3. 财务研究

(1) 投资估算;

(2) 运营收入和支出估算;

(3) 税金、折旧、利息的估算;

(4) 建设资金筹措和债务偿还方式的确定;

(5) 财务报表编制的分析。

4. 经济评价研究

(1) 财务评价;

(2) 国民经济评价;

(3) 不确定性经济评价;

(4) 最佳投资时机的选择。

5. 综合评价和研究结论

(1) 多目标的综合评价;

(2) 作出项目是否可行的研究结论;

(3) 提出能使项目有效实施的合理建议。

(五) 编写报告文本及绘制附表、附图

组织研究人员编写详尽的可行性研究报告,并且附以必要的图和表。研究报告的格式按相关编制办法编写。

可行性研究报告编写完毕后,建设单位应专门组织有关人员进行预审。确认报告内容齐全,符合委托协议(合同)规定和要求后,再呈报上级主管部门审批。

四、可行性研究的运量调查与预测

(一) 调查区域

交通运输线路是地区间社会经济联系的纽带。线路项目建设的目的是连接大小城镇,形成区域交通网络和区域经济网络,促进生产资源的合理流动、高效配置和区域内社会经济的快速增长,进而引起运输量的变化。因此,交通运输建设项目可行性研究中的社会经济调查研究主要指区域经济与运量调查。调查区域根据其与建设项目的关系,分为直接影响区和间接影响区。

1. 直接影响区

直接影响区是指项目建设会对该地区经济发展有直接影响的区域。其确定的原则如下:

(1) 项目实施后,会使这些地区或区域的社会经济显著受益,即促进了该区域生产资源的合理流动和高效配置,使区域内的经济总量和居民收入水平显著增加。

(2) 项目实施后,该项目承担的大部分运量来自这些区域(始发量、终到量),即交通量的发生源或汇集点大部分在这些区域。

(3) 项目实施后,会大大缓解这些区域内其他交通运输方式或线路的运输紧张状况。

从地理范围看,直接影响区一般指沿建设线路项目呈带状形态的区域。直接影响区不宜过大,否则会增加可行性研究的工作量,造成人力、物力的浪费和时间延长。

2. 间接影响区

间接影响区是指在直接影响区范围外,凡建设项目所波及的区域,皆为间接影响区,如线路项目沿线的线路交叉和辐射地区。相对于直接影响区而言,间接影响区社会经济调查分析可粗略些。

在项目影响区的运量调查分析中,OD运量是交通运输项目评价的重要基础资料。摸清客(货)流的流量与流向,对确定线路项目的站点分布、线路走向具有重要意义。

(二) 调查主要内容

1. 区域的自然资源条件

区域的自然资源是指在一定时间、一定地点条件下,能产生经济价值,为人类社会当前和将来创造福利的资源,主要有以下三类。

(1) 矿藏资源。主要指煤炭、石油、盐、铁、铜等矿产资源。调查分析的内容包括:资源的储量、业已开发的规模以及计划开发的规模和前景、资源的服务区域等。

(2) 旅游资源。调查的主要内容有:区域内旅游风景名胜及文物古迹、旅游点(区)的等级和性质、旅游开发情况等。

(3) 土地资源。调查的主要内容有:区域的地理面积(如平原、山地及流域面积,土地可开发或待开发面积)、区域土地功能面积(如工业用地、商业用地、绿化、住宅用地等面积)等。

对自然资源的调查可以根据建设项目的客(货)运功能不同而有所侧重。

2. 区域的人力资源条件

人既是生产者,又是消费者,是交通运输建设项目客运量预测的最主要依据。调查的主要内容有两项。

(1) 总量指标。总人口及其结构,如农业人口和非农业人口,城镇常住人口、暂住人口和流动人口,就业人数等。

(2) 相对指标。人口密度、人口自然增长率等。

3. 区域内的经济发展情况

(1) 经济发展水平。如国内生产总值(GDP)、主要工业产品量、国民收入、社会商品零售额等。

(2) 经济结构。主要指三大产业结构。

(3) 经济布局。该项调查的主要内容是地区重要物质生产部门(大中型企业)在空间(地理位置)上的分布及生产专业化程度(生产水平)。

(4) 投资与外贸。该项调查的主要内容有全社会固定资产投资额,国外贷款与投资,进出口贸易量与贸易地区等。

(5) 经济发展规划与政策。该项调查的基本内容有区域产业、经济发展构想与展望,经济发展目标及水平,经济增长速度,建设投资额,投资重点和重点项目等。

4. 区域交通状况

(1) 各种运输方式的运网分布、里程、客(货)总运量、总周转量及其增长率,区域内外货物交流量(如到发点、数量等)。

(2) 各类运输线路的等级、主要技术标准和输送能力,运输成本、运价以及装卸中转等杂费标准,各种运输工具的规格和数量等。

(3) 各种运输方式间的联合运输情况,如中转地点、转运量和装卸能力等。

(三) 调查方法

项目可行性研究的社会经济调查一般需要组织一次专门的调查活动。调查方法主要有以下三种。

(1) 直接观察法,即由调查人员到现场对调查对象进行观察计量的方法。虽然此方法能够保证所搜集资料的准确性,但需要大量的人力、物力、财力和时间投入。

(2) 报告法,是利用调查区域内企业、事业单位和政府机关已有的统计报表资料和其他方式积累资料的方法。这种方法可以节省资料收集的时间,但存在数据难以与研究要求相统一缺陷。

(3) 采访法,是根据被询问者的答复来收集统计资料的方法。常用的有口头询问法和被调查者自填法两种。这种方法主要用于抽样调查,调查的准确性取决于调查内容的设计和被调查者的诚实与配合程度。

由于社会经济现象本身的复杂性和表现特征的多样性,采用的调查方法应根据实际情况,灵活运用,有时需要将几种方法结合起来以适应调查任务和对象特点的要求,并且随着客观情况和工作条件的变化,需要不断改进和完善。

(四) 运量预测

线路项目的运量预测分为正常运量、转移运量和新增运量三类。线路的总运量为三类运量之和。

(1) 正常运量,指即使没有新的投资,不增加新项目,利用现有的设施也同样会增长的运量。这类运量的预测可以采用时间序列分析预测法、回归分析预测法、灰色预测法等。

(2) 转移运量,指因新建项目改善了运输条件,从其他运输方式(或同一运输方式中其他运输工具)转移过来的运量。以确定的交通运输网络和 OD 流为基础,可以采用 Logit 模型、马尔可夫预测法,计算新建项目吸引从其他交通工具(线路)转移过来的运量。

(3) 新增运量(或称诱发运量),指因新运输项目的建设而引起的新增运量。一般以有-无分析为原则,用定性的预测方法(如产运系数法、专家意见调查法)进行运量预测。

五、可行性研究经济效益评价

(一) 经济评价的种类

交通运输建设项目经济评价要求从国民经济和项目(企业)财务两个方面进行评价。

(1) 国民经济评价,是从国家、社会整体的角度研究项目需要国家付出的代价及其对国家的贡献,以判别项目投资的经济合理性。由于轨道交通线路项目属于国民经济的基础设施,因此,建设项目的取舍以国民经济评价结论为主要依据。

(2) 财务评价,是依据国家现行的财税制度和现行价格,从项目(企业)财务角度分析、测算项目的费用与效益,考察项目的获利能力、清偿债务能力等财务状况,以判别项目在财务上的可行性。

国民经济评价与财务评价的主要区别如表 2-2 所示。

表 2-2　　　　　　　　　国民经济评价与财务评价的区别

序号	区别	国民经济评价	财务评价
1	评价角度不同	站在国家的角度评价项目对国民经济的贡献和国家需要付出的代价	从企业或项目本身的角度评价其财务状况、获利和偿贷能力
2	效益和费用的含义不同	根据项目对社会提供的服务及项目所消耗的全社会有用资源,研究项目的效益与费用,以增加或减少国民收入为主要鉴别原则	根据项目实际发生的货币支付及现金流量来确定效益和费用,以企业盈利为考核标准
3	采用的价格不同	采用反映资源的机会成本和供求关系的影子价格	采用现行市场价格
4	采用的主要参数不同	采用影子价格、影子汇率、影子工资和社会折现率等国家统一测定的参数	采用现行价格、官方汇率以及因行业而异的财务折现率等参数

(二) 经济评价指标

经济评价指标指反映项目经济效益的数量指标。由于交通运输项目的复杂性,单一指标很难全面、系统地评价项目,故一般需要采用多个评价指标,从多方面对项目的经济合理性进行分析与考察。常用于轨道交通线路项目评价的经济指标有净现值、投资回收期、内部收益率和效益费用率。

1. 净现值

净现值(Net Present Value,NPV)指项目整个计算期(n)内各年度的净现金流量,按要求的投资收益率(即折现率 i),折算到计算期初的现值累计代数和。

$$NPV(i) = \sum_{t=0}^{n}(CI_t - CO_t)(1+i)^{-t} \qquad (2-4)$$

式中　CI_t,CO_t——项目计算期内第 t 年的现金(经济)收入和现金(经济)支出,万元。

判别标准:$NPV(i) \geqslant 0$,项目在经济上可以接受,最大者为最优方案。

2. 投资回收期

投资回收期(返本期)指以项目净收益抵偿其全部投资所需要的时间,一般以年为计算单位。根据对计算期内资金时间价值的处理,计算分以下两种情况。

(1) 静态投资回收期。不考虑项目计算期内各年度收支资金的时间价值。

$$\sum_{t=0}^{T_p}(CI_t - CO_t) = 0 \qquad (2-5)$$

式中　T_p——项目的静态回收期,即累计现金流量等于零的时点。

(2) 动态投资回收期。考虑项目计算期内各年度收支资金的时间价值。

$$\sum_{t=0}^{T_p'}(CI_t - CO_t)(1+i)^{-t} = 0 \qquad (2-6)$$

式中 T'_p——项目的动态回收期,即用项目各年收益的现值来回收其全部投资现值所需要的时间。

判别标准:投资回收期越短,项目投资回收期效果越好。设基准投资回收期为 T_c,若 T_p(或 T'_p) $\leqslant T_c$,则该项目在经济上是可以接受的。

3. 内部收益率

内部收益率(Internal Rate of Return,IRR)指项目计算期内净现值为零的贴现率(有时也称作内部报酬率)。

$$\sum_{t=0}^{n}(CI_t-CO_t)(1+IRR)^{-t}=0 \tag{2-7}$$

式(2-7)是一个高次方程,一般用试差法按式(2-8)计算。设折现率 $i_2 > i_1$(要求 $|i_2-i_1| \leqslant 5\%$),$NPV_1 > 0$,$NPV_2 < 0$,则有:

$$IRR = i_1 + (i_2-i_1)\frac{|NPV_1|}{|NPV_1|+|NPV_2|} \tag{2-8}$$

判别标准:设社会折现率为 i_c,当 $IRR \geqslant i_c$ 时,表明该投资项目具有较强的投资偿还能力,在经济上可以接受此项目。

4. 效益费用率

效益费用率(Benefit-Cost Ratio,BCR)指项目计算期内的收入现值和与支出现值和之比。

$$BCR = \frac{\sum_{t=0}^{n}CI_t(1+i_c)^{-t}}{\sum_{t=0}^{n}CO_t(1+i_c)^{-t}} \tag{2-9}$$

判断标准:当 $BCR \geqslant 1$ 时,表示在经济上可以接受此项目。

(三)项目不确定性分析

项目不确定性分析是以分析各种不确定因素的可能变化对项目经济效益的影响程度为目标的一种经济分析方法。在项目可行性研究阶段,项目的经济评价是建立在研究人员对项目未来的经济状况所作的预测和判断的基础之上的。项目并未上马,所有的经济数据,如投资、收入、经营费用、寿命期等都是经预测、判断得来的。由于经济系统的复杂性,在项目论证阶段还需要进行不确定性分析。

常用的不确定性分析方法如下:

(1)盈亏分析。适用于对项目方案中有关参数值的变化毫无头绪、一无所知时,进行项目风险"倾向性分析"。

(2)敏感性分析。适用于对项目方案中某些参数值不确定,也不知其发生概率,只知其变化范围时,进行参数变动范围对项目投资效果的影响分析。

(3)概率分析。适用于对项目方案中有关参数值不确定,但知晓其可能发生的概率时,进行项目的风险分析。

复习思考题 2

[2-1] 我国轨道交通项目建设周期一般要经历哪几个阶段？
[2-2] 铁路线网规划主要研究内容有哪些？
[2-3] 比较线网规模匡算的需求推算法和密度推算法不同之处及各自适用性。
[2-4] 轨道交通线路工程项目可行性研究的目的和作用是什么？
[2-5] 试评述轨道交通项目经济有利性常用的分析方法及其适用条件。

专题3 线路设计技术标准

第三章 轨道交通线路设计技术标准

我国轨道交通系统大致可分为普速铁路、重载铁路、城际铁路、高速铁路和城市轨道交通。由于服务对象与需求的不同,它们在基础设施条件、运营组织、运营速度、车辆结构等方面存在着差异,所以各类线路的技术标准也有所不同。

第一节 普速铁路技术标准

普速铁路指铁路网中旅客列车与货物列车共线运营、旅客列车设计速度在 200 km/h 及以下的铁路,也常称为客货共线铁路。

主要技术标准的选择是一个综合性的技术问题,需要考虑众多因素(如线路在铁路网中的作用、运输需求和输送能力、地形和地质条件等),需要多专业通力合作,经过综合比选才能做出合理选择。

一、铁路等级

(一)等级划分

我国疆域辽阔,地形复杂,人口、资源和生产力分布不均衡,各地区的经济与文化发展水平差异较大,从而造成不同铁路线在路网运输系统中的地位与作用也差异甚大。铁路等级是决定铁路主要技术标准的最重要依据。在满足铁路建设的运输功能基础上,划分不同线路等级,有利于针对不同运输需求选择相应的技术标准,使铁路运输能力得到经济合理的使用,既保留必要的能力储备,又不至于选用过高的铁路等级,造成能力过剩、资金积压。我国《铁路线路设计规范》(TB 10098—2017)(简称《线规》)规定:新建和改建铁路(或其区段)的等级,应根据其在路网中的作用、性质、旅客列车设计速度和客货运量确定。客货共线铁路的具体规定如下:

Ⅰ级铁路:铁路网中起骨干作用的铁路,或近期年客货运量大于或等于 20 Mt 者;

Ⅱ级铁路:铁路网中起联络、辅助作用的铁路,或近期年客货运量小于 20 Mt 且大于或等于 10 Mt 者;

Ⅲ级铁路:为某一地区或企业服务的铁路,近期年客货运量小于 10 Mt 且大于或等于 5 Mt 者;

Ⅳ级铁路:为某一地区或企业服务的铁路,近期年客货运量小于 5 Mt 者。

(二)设计年度

铁路的设计年度分为近期和远期。近期为交付运营后第 10 年,远期为交付运营后第 20 年。

（三）运量确定

近、远期运量均采用预测运量。年客货运量为重车方向的货运量与由客车对数折算的货运量之和，1对/d旅客列车按1.0 Mt年货运量折算。

二、旅客列车设计速度

行车速度是铁路运输质量的重要标志之一，因为它直接关系到铁路的运输能力、机车车辆的购置与运用、运输成本、投资效益等一系列运营和经济指标。旅客列车设计速度是该线列车的最高运行速度，它是确定线路平面最小曲线半径、缓和曲线长度、夹直线和圆曲线最小长度以及竖曲线半径等标准的主要技术参数，也是确定轨道类型的主要依据。旅客列车设计速度的确定受机车牵引力、机车车辆的构造速度、列车制动能力等多方面的限制。

从运行安全性、平稳性以及经济有利性考虑，《线规》规定的客货共线铁路旅客列车最高设计行车速度宜按表3-1规定的数值选用。对于跨越多种地形、地貌单元的线路，为减少工程量和提高部分路段的行车速度，可分段确定行车速度标准，但路段长度不宜过短。

表3-1　　　　　　　　　旅客列车设计行车速度

铁路等级	Ⅰ	Ⅱ
设计速度/(km·h^{-1})	200，160，120	120，100，80

三、正线数目

新建铁路正线数目选择一般有按单线设计，按单线设计、预留双线，按双线设计三种情况。

（一）新建铁路正线数目的选择

新建铁路应按线路的作用和功能需求选择正线的数量。

1. 旅客列车设计速度

旅客列车设计速度在160 km/h及以上的新建铁路，一般多位于经济较发达、客运量较大且有一定货物运输需求的地区。为充分发挥线路客运效率和保障线路必要的通过能力，新建铁路旅客列车设计速度为200 km/h，应一次修建双线；旅客列车速度大于或等于160 km/h，宜一次修建双线。

2. 客货运输量

线路的运输量及其未来增长速度也是正线数目选择的重要依据。对于新建铁路，因地区运量发展的滞后性，一般按单线设计；远期运量增长较快且增长幅度较大的线路（或区段）在单线建设的同时应预留好第二线的位置。

随着国民经济的发展，铁路运输量日益增长，对于某些新建铁路，单线不能满足输送能力要求，需一次建成双线或按双线铁路设计。如侯月线（侯马—月山）、西宁线（西安—南京）、京九线京商段（北京—商丘）等均按一次修建双线设计。我国重要的煤炭运输铁路干线大秦线（大同—秦皇岛），一次建成双线电气化铁路。

双线铁路与单线铁路相比，建设投资一般比两条平行单线减少约30%，但通过能力远超过两条平行单线。如一条单线半自动闭塞，平行运行图通过能力为42～48对/d，双线自动闭塞，平行运行图通过能力为144～180对/d，旅行速度比单线高30%，运营费用比单线低

20%。因此,《线规》规定:平原、丘陵地区和山区的新建铁路近期年客货运量分别大于或等于 35 Mt 和 30 Mt 时,宜一次修建双线;远期年客货运量达到前述标准者,其正线数目宜按双线设计,分期实施。

（二）关于设计能力储备问题

铁路运输业的特点是其产品（人·km，t·km）不可储存。为了满足不同时期、不同地区的运输波动或特种运输（如临时性军事运输、专列运输）需要,只能通过储存产品的生产能力——运输能力来解决,这种能力的储存在各线间具有不可移动性（或调剂性）,因此,在考虑运量波动的基础上,单、双线铁路的储备能力在扣除综合维修"天窗"时间后,应分别采用 20% 和 15%。运量波动性的计算采用波动系数法。运量波动系数指一年内最大月运量与全年平均月运量的比值。

四、最小曲线半径

铁路曲线半径不仅影响行车安全、旅客乘车舒适性等行车质量指标,而且影响行车速度、运行时间等技术指标和工程费、运营费等经济指标。最小曲线半径指设计线路曲线半径值的下限标准,需要综合考虑上述各项指标的影响,因地制宜、合理确定。《线规》规定,新建 Ⅰ、Ⅱ 级铁路最小曲线半径不得小于表 3-2 规定的数值。

表 3-2　　　　　　　　　　　平面最小曲线半径

路段旅客列车设计行车速度/(km·h^{-1})		200	160	120	100	80
最小曲线半径/m	一般条件	3 500	2 000	1 200	800	600
	困难条件	2 800	1 600	800	600	500

注:车站两端减、加速地段,最小曲线半径应结合客车开行方案和工程条件,根据客货列车行车速度和速差计算确定。

有关曲线半径的详细讨论见本书第三篇第十二章线路平面设计。

五、限制坡度

对于客货共线铁路,由于货物列车重于旅客列车,限制坡度需要按货物列车的牵引条件确定。单机牵引一定质量的普通货物列车在持续上坡道上,最后以机车计算速度等速运行的坡度称为限制坡度。

限制坡度对铁路设计线路的运输能力、工程数量与造价和运营效果等有直接影响,并且关系到线路走向、长度和车站分布。因此需要在综合比选的基础上来确定。《线规》规定,新建客货共线铁路的限制坡度不得大于表 3-3 规定的数值。

表 3-3　　　　　　　　　　　限制坡度最大值

铁路等级		Ⅰ			Ⅱ		
地形类别		平原	丘陵	山区	平原	丘陵	山区
限制坡度/‰	电力牵引	6.0	12.0	15.0	6.0	15.0	20.0
	内燃牵引	6.0	9.0	12.0	6.0	9.0	15.0

有关限制坡度的详细讨论见本书第三篇第十三章线路纵断面设计。

六、牵引种类

随着我国1988年蒸汽机车停止生产后,新建铁路均采用电力或内燃牵引。在选择牵引种类时,应从以下几个方面考虑:

(1) 贯彻我国铁路牵引动力的发展方针。《铁路主要技术政策》明确提出:大力发展电力牵引,合理发展内燃牵引,提高电力牵引承担换算周转(运输)量的比重。

(2) 根据国家铁路网和牵引动力规划进行选择。我国各地区的自然条件和动力资源分布差异较大,因此应结合国家对区域的铁路牵引动力规划进行选择。有条件时,结合拟采用的机车类型、机务段配置情况,尽量统一牵引种类,以利于机车的运用和检修方便。

(3) 根据牵引种类的性能和线路的具体条件因地制宜地选择。电力牵引具有牵引力大、起动加速快、制动性能好、对环境污染小、热效率高、节省能源等众多优点,故在运量大的主要繁忙干线、运煤专线、长大坡道、长隧道或隧道毗连的线路上应优先采用电力牵引。

总之,牵引种类应根据路网与牵引动力规划、线路特征和沿线自然条件以及动力资源分布情况,结合机车类型合理选定,并宜采用电力牵引。

七、机车类型

机车类型的选择应根据牵引种类、牵引质量、设计速度等运输需求,按照线路的平纵断面技术情况、行车速度及输送能力的要求等,通过技术经济比选确定。随着技术先进、轴功率大的电力机车与内燃机车的不断问世,我国自行研发的大功率电力机车(韶山SS型、和谐HXD)、内燃机车(东风DF型、和谐HXN)已形成4轴、6轴、8轴、12轴机车系列。客、货运机车轴功率电力分别达到1 200 kW(HXD3D)和1 600 kW(HXD3B),内燃功率分别达到667 kW(和谐HXN5)和733 kW(和谐HXN3)。机车工业的技术进步为铁路设计中灵活选择机车类型,实现列车重量、密度和速度三大要素的优化组合创造了有利的物质基础。具体选择时应考虑以下因素:

(1) 运输需求。机车类型的选择应满足设计线的运量、行车速度及邻接线路的牵引定数等要求。客运机车类型选择则应以机车功率与构造速度满足设计线的旅客列车最高行车速度要求为主。

(2) 线路的平纵断面条件。在铁路设计中,机车类型(动力)与限制坡度(工程)矛盾最为突出,是一个"动力换工程"的问题。在要求一定的运输能力时,不同类型机车所能适应的限制坡度、到发线有效长度和站间距离是不同的,经济效果也不相同。有关研究表明,在一定的运输需求和确定的限制坡度条件下,优先选用大功率机车在经济上更有利。

(3) 机车轴式与线路平面圆曲线半径的协调。二轴转向架因其质量及转动惯量小,通过曲线时车轮与曲线的冲角也较小,曲线通过性能优于三轴以上的转向架。

八、牵引质量

货物列车的牵引质量是指机车牵引一列货物列车的车辆自重和装载货物质量的总和。影响牵引质量的主要因素有以下几种:

(1) 运输需求。运量大的铁路应采用较大的牵引质量,以减少列车对数,提高运输能力,充分发挥铁路设备的效率,争取更大的经济效果。

(2) 与相邻各线的牵引质量相协调。衔接各线统一牵引质量,有利于减少直达货物列车的换重作业,加速机车车辆周转,降低运输成本,提高运输效率。为组织远程大宗货物直达运输创造条件。

(3) 线路其他技术标准。选用不同机车类型、限制坡度、车站到发线有效长度等标准,也直接影响牵引质量的大小。

因此,货物列车牵引质量应结合列车的速度、密度、重量合理匹配,通过对工程投资、运营成本、运输效率等技术经济指标综合比选后确定。

实际中,为了减少直通货物列车在技术站的改编作业量,提高铁路运输能力,加速车辆周转,需要把一条或几条线路同方向的牵引质量作一个统一的规定值,称为牵引定数。

九、到发线有效长度

这里是指货物列车到发线有效长度,它是车站到发线能安全停放货物列车的最大长度,包括列车长度和安全停车附加距离。因此,它直接影响货物列车的牵引质量,进而影响列车对数、运能和运行指标,安全停车附加距离不足时,还会影响行车安全。

1. 影响到发线有效长度的主要因素

(1) 运能要求。当列车对数一定时,运能要求大,必然要求列车牵引质量大,列车长度长,需要的到发线有效长度也长。

(2) 列车长度。列车长度主要与下列因素有关:

① 机车类型。大功率内燃、电力机车不断涌现,会进一步提高列车牵引质量,要求更长的到发线有效长度。

② 车辆类型。当牵引质量一定时,大型货车每延米列车质量大,可缩短列车长度和到发线有效长度。目前 C_{62A} 和 C_{61} 型货车每延米列车质量已分别达 6.1 t/m 和 7.0 t/m,比 1991 年全路平均的 5.0 t/m 提高了 20%~40%。25 t 轴重铝合金特制的 C_{80} 型运煤专用货车每延米列车质量已达 7.5 t/m。

③ 空车率。由于货流分布与车辆类型的原因,在重车方向上总存在 5%~15% 的空车率。对于一定的牵引定数,空车率大,则列车长度长,要求的到发线有效长度也长。

④ 限制坡度。机型一定时,限制坡度大,则牵引质量小,列车长度和到发线有效长度短。

(3) 安全停车附加距离。目前采用 30 m,但随着列车牵引质量和行车速度的提高,该距离今后有增大的趋势。

(4) 邻接线路到发线有效长度。为减少货物列车在技术站换重和停留时间,设计线应与邻接线路的到发线有效长度相协调。目前,我国东西和南北几条主要长大干线,基本形成了 3 500~4 000 t 牵引质量、850 m 有效长系统。线路电气化后将形成 1 050 m 有效长系统,为大宗货物组织远程直达运输创造了有利条件。

(5) 符合经济有利性要求。在限制坡度与地形条件基本适应的前提下,增加到发线有效长度,虽然有利于提高列车牵引质量,减少列车对数和车站数量,提高旅行速度和运营效率,但要增加站坪长度,从而会引起桥隧和土石方工程量的增加,而且随地形条件困难程度的上升,工程量增加的比重也会上升。

2. 到发线有效长度计算

到发线有效长度一般根据列车牵引定数和列车的编成辆数，按式(3-1)或式(3-2)计算。

$$l_x = N \cdot l_c + l_j + l_a \quad (\text{m}) \tag{3-1}$$

或

$$l_x = \frac{G}{\bar{\omega}} + l_j + l_a \quad (\text{m}) \tag{3-2}$$

式中 l_x——到发线有效长度，m；

N——货物列车编成辆数（一般应考虑5%～15%的空车率），辆；

l_c——货车平均长度，m，根据不同车型组成比例而定；

l_j——机车全长，m；

l_a——列车停车时的附加安全距离，m；

$\bar{\omega}$——列车平均每延米质量，t/m；

G——列车牵引定数，t。

3. 到发线有效长度选定

货物列车到发线有效长度在上述计算的基础上，根据铁路等级，分别选用 1 050 m，850 m，750 m，650 m 等值。

据有关资料统计分析，修建 1 km 铁路，平均需占用 30～65 亩（1 亩＝666.6 m²）土地。因此，当设计近期运能要求低时，可考虑采用较远期为短的到发线有效长度，以减少近期工程量和延缓土地占用。

客运站的到发线有效长度，应按远期旅客列车长度并结合旅客站台布置要求确定。对有货物列车停留的正线或到发线，其有效长度还应根据货物列车长度要求确定。

十、闭塞类型

铁路的信号、联锁、闭塞是保证行车安全、提高运营效率和加强通过能力的重要设备。在铁路运输中，闭塞就是用信号或凭证保证列车按照前行列车和追踪列车之间必须保持一定距离（空间间隔制）运行的技术方法。我国干线铁路基本行车闭塞法为自动闭塞、自动站间闭塞、半自动闭塞。电话闭塞法是当基本闭塞法不能使用时所采用的替代闭塞法。相对于半自动闭塞，自动闭塞允许列车追踪运行，以实现更大的线路通过能力。但就投资而言，自动闭塞要高于半自动闭塞。因此，新建线路闭塞类型选择以满足线路设计通过能力需要为主。《线规》提出以下推荐意见：

(1) 自动站间闭塞和半自动闭塞与单线铁路的能力比较适应，投资也较省，所以单线铁路一般应采用半自动闭塞。对于运输繁忙的区段，当半自动闭塞不能满足运能要求，或配合双线插入段发挥综合效能以推迟双线修建时，可考虑采用自动站间闭塞，但要求配套采用追踪运行图，以充分发挥自动闭塞的作用。

自动闭塞工作原理—三显示

(2) 双线铁路应采用自动闭塞。双线铁路的旅客列车设计速度高于 120 km/h，且通过能力需求大。自动闭塞配套使用追踪列车运行图，可极大提高线路通过能力,充分发挥双线铁路的经济效益。若双线铁路运营初期运量小,列车开行列数少,而且运量增长缓慢,采用半自动闭塞也能满足能力要求时,为延缓初期投资,可先采用半自动闭塞。根据运量增长情况,适时过渡到自动闭塞。

(3) 为确保行车安全,避免行车人员办理区间闭塞作业复杂化,防止司机对信号显示的误认,在一个区段内,一般采用同一种闭塞类型。

第二节 其他铁路技术标准

中国铁路自20世纪90年代开始加快了"客运快速、货运重载"的现代化发展步伐。鉴于不同类型铁路在行车速度和客货运组织方式方面存在较大差异,除普速铁路外,我国铁路还有重载铁路、城际铁路和高速铁路之分。

一、重载铁路

重载铁路指满足列车牵引质量8 000 t及以上、轴重为27 t及以上、在至少150 km线路区段上年运量大于4 000万t三项条件中两项的铁路。

重载铁路区别于普速铁路的最大特点是一般不开行旅客列车,且轴重大、列车编组辆数多、牵引质量大。因此,重载铁路与普速铁路不同的技术标准主要有以下几个方面:

(1) 只有货物列车设计速度。路段设计速度以货物列车为标准。目前我国重载铁路使用的大功率机车的构造速度为100 km/h(SS型)~120 km/h(HXD型),平均运行速度不超过80 km/h。因此,重载铁路的线路平面最小曲线半径、缓和曲线长度、夹直线和圆曲线最小长度以及竖曲线半径等标准与普速铁路不同。《线规》规定:重载铁路平面最小曲线半径不应小于800 m,困难条件下不应小于600 m。

(2) 增加了设计轴重。轴重是确定设计荷载标准的主要依据。我国货车轴重有25 t,27 t,30 t,35 t四档。目前主要在大秦铁路、神朔铁路等运煤重载线路上使用25 t轴重的大型货车保有量已超过9万辆。一般轴重越重,对铁路线下工程和平纵断面标准要求越高。重载铁路往往重空方向明显,当地形条件困难时,为减少工程投资,轻车方向可采用相对重车方向较低的技术标准。

(3) 到发线有效长度要求更长。重载铁路由于采用多机牵引,列车牵引定数一般为万吨级,其到发线有效长度应根据牵引质量、机车车辆类型等因素按实际需要计算确定。当列车牵引质量为10 000 t和20 000 t时,到发线有效长度分别为1 700 m和2 800 m。

二、城际铁路和高速铁路

城际铁路和高速铁路的最大共性是线路只开行旅客列车,故又称客运专线铁路。二者不同之处在于设计速度的等级差。

(一) 线路定义

(1) 城际铁路。专门服务于相邻城市间或城市群,设计速度在200 km/h及以下的快速、便捷、高密度客运专线铁路。如西(安)—韩(城)城际铁路,全线176 km,设计时速200 km。

(2) 高速铁路。设计速度在250 km/h(含预留)及以上、运行动车组、初期运营速度不小于 200 km/h 的客运专线铁路。如京沪高速铁路,全线 1 318 km,设计时速 350 km。

(二) 主要技术标准

与普速铁路相比,客运专线铁路不同的技术标准与要求如下。

1. 正线数目

为了充分发挥快速铁路的效率和运输能力,应一次建成双线、全封闭铁路。

2. 设计速度

我国疆域辽阔,各地区的人口、经济与文化发展水平参差不齐,而且东、中、西部的地形地貌差异较大,从工程经济最佳目标出发,《线规》对城际铁路和高速铁路分别划分了三个速度级别。其中,城际铁路为 200 km/h,160 km/h,120 km/h;高速铁路为 250 km/h,300 km/h,350 km/h。

3. 区间线间距

速度越高,列车运行引起的空气动力影响越大。在高速铁路相邻线路上两列高速列车相向运行时产生的强大空气压力波,互相给对方列车造成很大的影响,如对车窗压力急剧增加、使旅客感到不适(主要是耳膜产生疼痛感),甚至可能危及列车安全(如侧向风压)。日本在东海道新干线的线间距为 4.2 m(车体宽 3.38 m),会车压力波高达 2.3 kPa。我国广深线 160 km/h 速度下会车压力波最大值的平均数约为 1.2 kPa。会车压力波最大值与列车运行速度、列车外形及其尺寸、交会时列车侧壁间净距、列车长度等各种因素有关。为保证行车安全,客运专线铁路需要设置较大的线间距。客运专线铁路区间正线最小线间距应符合《线规》中的规定(表 3-4),设计速度≥200 km/h 的线路,其曲线地段可不加宽。

表 3-4　　　　　　　　客运专线铁路区间最小线间距

设计速度/(km·h^{-1})	高速铁路/m	城际铁路/m
120	—	4.0
160	—	4.0
200	—	4.2
250	4.6	—
300	4.8	—
350	5.0	—

4. 最小曲线半径

最小曲线半径直接影响列车运行速度目标值、旅客乘坐舒适度和列车运行平稳度。由于客运专线铁路的运输组织模式通常为高速与低速列车共线运行,因此,最小曲线半径既要满足高速列车的速度目标值要求,也要考虑过超高对低速列车旅客乘坐舒适度的影响。客运专线铁路的平面最小曲线半径应符合《线规》中的规定(表 3-5)。对于不载客的动车组走行线,因其设计速度一般不大于 120 km/h,最小曲线半径一般条件下不宜小于 800 m,困难条件下不应小于 300 m。

表 3-5　　　　　　　　　客运专线铁路平面最小曲线半径

设计速度/(km·h^{-1})	高速铁路/m		城际铁路/m	
	一般条件	困难条件	一般条件	困难条件
120	—	—	900	800
160	—	—	1 500	1 300
200	—	—	2 200	2 000
250	3 200	2 800	—	—
300	5 000	4 000	—	—
350	7 000	5 500	—	—

注：1. 高速铁路的工程条件为无砟轨道。
　　2. 困难条件下的最小值应进行技术经济比选后采用。

5. 最大坡度

客运专线铁路的列车一般采用大功率、轻型动车组，牵引和制动性能优良，能适应大坡度运行。结合客运专线铁路使用大型养路机械条件及技术性能的制约，《线规》规定：高速铁路、城际铁路的区间正线最大坡度应根据地形条件、设计速度、运输需求和工程投资比选确定。最大坡度不宜大于 20‰；困难条件下，坡度不应大于 30‰；空载条件下动车组走行线最大坡度不应大于 35‰。

6. 到发线有效长度

客运专线铁路的到发线有效长度由三部分组成：站台长度、安全防护距离、警冲标至绝缘节的附加距离余量。其中，站台长度依据列车编组长度确定；安全防护距离取决于列车控制系统的性能。

(1) 高速铁路。CRH1 型车辆最长，最大 16 节编组的列车长度为 428 m，每侧考虑 10 m 的停车余量，站台长度确定为 450 m；考虑测速测距误差、司机确认停车点距离及动车组过走防护距离等因素，安全防护距离不小于 95 m；目前动车组第一轮对与车头的距离最长为 4.85 m，警冲标至绝缘节的附加距离余量为 5 m。因此，《线规》规定：高速铁路双方向使用到发线有效长度应取 650 m（图 3-1）。

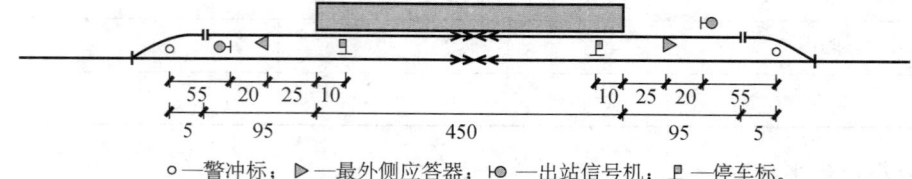

○—警冲标；▷—最外侧应答器；⊙—出站信号机；⏐—停车标。
图 3-1　高速铁路双方向使用到发线有效长度示意图

(2) 城际铁路双方向使用到发线的有效长度应按远期列车编组长度和列控系统要求计算确定。由于不同地区客运量存在差异，列车编组辆数应根据预测的客流量、车辆选型、运输组织方案，经技术经济比选后确定，且不应大于 8 辆。对于贯通式车站，CRH1 型 8 节编组的列车长度为 214 m，站台长度确定为 220 m；安全防护距离为 65 m，应答器组间距离一般取 5 m;警冲标至绝缘节的附加距离为 5 m,站台端部至应答器组之间预留 10 m。城际铁路双方向使用到发线有效长度为(5+65+5+10)×2+220=390 (m),取整为 400 m(图 3-2)。

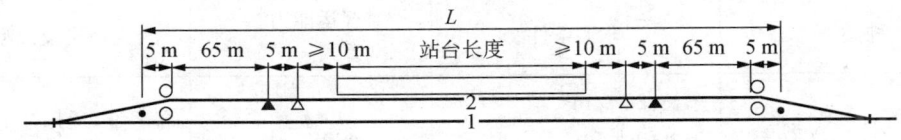

图 3-2　城际铁路双方向使用到发线有效长度示意图

（3）尽头式车站和单方向接发列车的到发线有效长度可按列车编组长度和列控系统要求计算确定。

7. 列车运行控制方式

客运专线铁路列车运行时速超过 200 km 时,为了保障行车安全,需要采用更为先进的列车自动运行控制方式。当前我国自行设计的中国列车运行控制系统(Chinese Train Control System,CTCS)分为 0～4 级。《线规》规定如下:

（1）高速铁路设计速度在 300 km/h 及以上时应采用 CTCS-3 级列控系统;设计速度在 250 km/h 时宜采用 CTCS-3 级列控系统。

（2）城际铁路设计速度在 200 km/h 时应采用 CTCS-2 级列控系统;设计速度在 160 km/h 及以下时,应根据行车间隔、站间距、停车精度等因素,选用 CTCS-2 级或 CTCS-0/1 级列控系统。

CTCS-3 级列控系统

8. 调度指挥方式

客运专线铁路速度快、行车密度高,为确保行车安全,需要采用更为先进、智能化的调度指挥系统。《线规》规定:高速铁路和城际铁路的行车指挥方式应采用调度集中系统(Centralized Traffic Control,CTC),其主要功能包括:列车进路控制、列车运行监视、车次号追踪及校核、列车运行计划调整、临时限速设置等。

9. 最小行车间隔

客运专线铁路追踪列车行车间隔时间包括追踪列车通过间隔、追踪列车发车间隔、追踪列车到达间隔。在目标距离模式曲线的连续控制方式下,时速在 200 km 及以上的客运专线铁路的最小行车间隔,《线规》建议应按运输需求研究确定,宜采用 3 min。

第三节　城市轨道交通线路技术标准

一、城市轨道交通种类

城市轨道交通是采用轨道结构进行承重和导向的车辆运输系统,包括地铁系统、轻轨系统、单轨系统、有轨电车、磁浮系统、自动导向轨道系统、市域快速轨道系统。

二、城市轨道交通分类标准

城市轨道交通建设应根据线网规划以及建设线路的客流特征、运量等级和速度目标等进行功能定位和方式选择,确定合理的工程规模和运营规模,以实现最大效益。《公交分类标准》对城市轨道交通的分类见表3-6。

表3-6　　　　　　　　　　城市轨道交通分类标准

种类		车辆条件	客运能力/(万人·h^{-1})	运量及线型
地铁	A型车	车长:22.0 m 车宽:3.0 m 定员:310人	4.5~7.0	高运量,适用于地下、地面或高架(独立路权)
	B型车	车长:19.0 m 车宽:2.8 m 定员:230~245人	2.5~5.0	大运量,适用于地下、地面或高架
轻轨	C型车	车长:18.9~30.4 m 车宽:2.6 m 定员:200~315人	1.0~3.0	中运量,适用于地下、地面或高架
单轨	跨座式	车长:15 m 车宽:3.0 m 定员:150~170人	1.0~3.0	中运量,适用于高架
	悬挂式	车长:15 m 车宽:2.6 m 定员:80~100人	0.8~1.25	中运量,适用于高架
有轨电车	铰接式	车长:12.5~28 m 车宽:≤2.6 m 定员:110~260人	0.6~1.0	低运量,适用于地面(独立路权)、街面混行或高架
磁浮	中低速	车长:12~15 m 车宽:2.6~3.0 m 定员:80~120人	1.5~3.0	中运量,主要适用于高架
	高速	车长:24.8~27 m 车宽:3.7 m 定员:120~144人	1.5~2.5	中运量,主要适用于郊区高架
自动导向轨道交通	胶轮车	车长:7.6~8.6 m 车宽:≤3 m 定员:70~90人	1.0~3.0	中运量,主要适用于高架或地下
市域快速轨道系统		专用车辆	—	适用于市域内中、长距离客运交通(独立路权)

三、地铁主要技术标准

地铁属于城市大运量客运交通系统。《地铁设计规范》(GB 50157—2013)(简称《地铁规范》)对线路设计规定了相应的技术要求。

1. 设计年度

地铁工程设计年限以项目建成通车为基准年。设计初、近、远期分别指通车后第3年、第10年和第25年。

2. 线路长度

一条地铁线路的合理长度应根据城市形态、规模、客流分布状况以及工程建设条件等综合分析确定。每条线路长度不宜大于35 km，也可按每个交路运行不大于1 h为目标确定线路长度。当分期建设时，初期建设线路长度不宜小于15 km，以获得较好的使用效果。

3. 主要技术标准

地铁线路一般分为三类：正线、辅助线和车场线。

（1）正线指行驶载客列车的线路。由于行车速度高、密度大，而且要保证行车安全和旅客舒适，所以技术标准要求相对高些。

（2）辅助线是为保证正线运营、合理调度列车而设置的线路，如折返线、存车线、渡线、联络线、车辆段（车场）出入线等。辅助线一般不行驶载客列车，行车速度要求较低，故线路技术标准也较低。

（3）车场线指车辆段或停车场等场区作业的线路，其行车速度要求更低，为降低工程造价，线路技术标准只要满足场区作业即可。

相关线路的主要技术标准见表3-7。

表3-7　　　　　　　　　地铁线路工程主要技术标准

基本车型		A型车		B型车	
		一般地段	困难地段	一般地段	困难地段
圆曲线最小曲线半径/m	正线	350	300	300	250
	出入线、联络线	250	150	200	150
	车场线	150	—	150	—
	车站 无站台门	800	—	600	—
	车站 有站台门	1 500	—	1 000	—
最大坡度/‰	正线	30	35	30	35
	出入线、联络线	40	—	40	—
	车场线	≤1.5	—	≤1.5	—
竖曲线半径/m	正线（区间）	5 000	2 500	5 000	2 500
	出入线、联络线、车场线	2 000	—	2 000	—
钢轨/(kg·m^{-1})	正线及配线	60	—	60	—
	车场线	50	—	50	—

四、其他线路技术标准

线路的平面曲线和纵向坡度标准应与列车的性能参数相匹配，与列车运行速度相适应，确保列车运行安全和应急救援需要。《公交分类标准》中其他城市轨道交通线路标准特征如表3-8所示。

表 3-8　　其他城市轨道交通线路技术标准特征

种　类		平均运行速度/(km·h^{-1})	线路半径/m	线路坡度/‰
轻轨		25～35	≥50	≤60
单轨	跨座式	30～35	≥50	≤60
	悬挂式	≥20		
有轨电车		15～25	≥30	≤60
中低速磁浮		最高:100	≥50	≤70
高速磁浮		最高:500	≥350	≤100
自动导向轨道系统		≥25	≥30	≤60
市域快速轨道系统		120～160	≥500	≤30

复习思考题 3

［3-1］我国铁路的主要种类有哪些？它们的技术特征区别主要表现在哪些方面？
［3-2］制定线路技术标准的意义与作用是什么？
［3-3］客货共线铁路、客运专线铁路的技术标准存在差异的主要原因是什么？
［3-4］客货共线铁路列车牵引质量（定数）的确定与哪些技术标准相关？
［3-5］城市轨道交通分为哪几类？各类系统的主要特点是什么？
［3-6］铁路与城市轨道交通平面和纵断面技术标准差异的主要原因是什么？

第四章 线路基础

专题4 轨道构成

轨道交通线路是一种空间线状结构物,其经行的地区或环境决定了桥梁、隧道及路基等工程结构物的位置和形式,也形成了轨道交通的重要下部建筑。轨道作为直接承受并传递列车荷载的构造物,连续引导列车平稳、舒适运行。

第一节 轨 道

轨道结构引导轨道交通列车沿固定的路线行驶,这是各类轨道交通系统轨道结构共有的功能。列车荷载通过车轮传递到钢轨,然后通过轨枕、道砟等传递到路基,从而减小荷载作用强度。轨道结构中介于钢轨与轨枕之间的垫圈、有砟轨道结构的道砟等都具有一定的弹性,这对减少列车及轨道结构的振动有一定作用。通过改善钢轨平顺度、轨面平滑度等可以降低轮轨摩擦引起的噪声。

一、轮轨系统的轨道结构

轮轨系统的轨道结构主要包括有砟轨道和无砟轨道两种形式。有砟轨道一般由钢轨、轨枕、联结零件、道床、道岔及其他附属设备组成[图 4-1(a)]。无砟轨道则以轨道板代替传统道砟而构成的道床[图 4-1(b)]。

有砟轨道的优点是弹性好,具有较好的轮轨效应,维修较方便,造价相对较低;缺点是线路状态保持能力较差,道床养护维修工作量较大。因此,我国客运专线铁路因行车速度快、行车密度高而更多地采用稳定性好、平顺性高、维修工作量少的无砟轨道形式,尽管其建设成本高于有砟轨道。

(一) 钢轨

钢轨的功用在于引导轨道交通列车的车轮,直接承受来自车轮和其他方面的力并传递给轨枕,同时为车轮的滚动提供小阻力的表面。在电气化铁道或自动闭塞区段,钢轨还可兼作轨道电路。

图 4-2 所示是我国轨道交通的钢轨标准断面,呈"工字形",由轨头、轨腰和轨底三部分组成。大而厚的轨头,具有与车轮踏面足够的接触(支承)面积,提高抵抗压陷和耐磨能力;宽底式轨底,可保持钢轨稳定和必要的刚度,并便于扣紧在轨枕上。习惯上用每延米钢轨的质量来称呼不同等级的钢轨,我国常用的钢轨质量等级有 50 kg/m,60 kg/m,75 kg/m。对于 60 kg/m 的钢轨,$H=176$ mm,$B=150$ mm。

轨道设计规范对钢轨的选用有如下要求:

(1) 类型。高速、城际和客货共线Ⅰ级铁路以及城市轨道交通正线应采用 60 kg/m 的钢轨;重载铁路正线应采用 60 kg/m 及以上的钢轨。

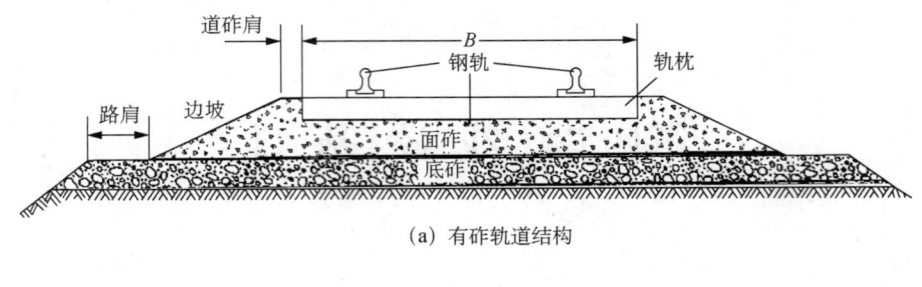

(a) 有砟轨道结构

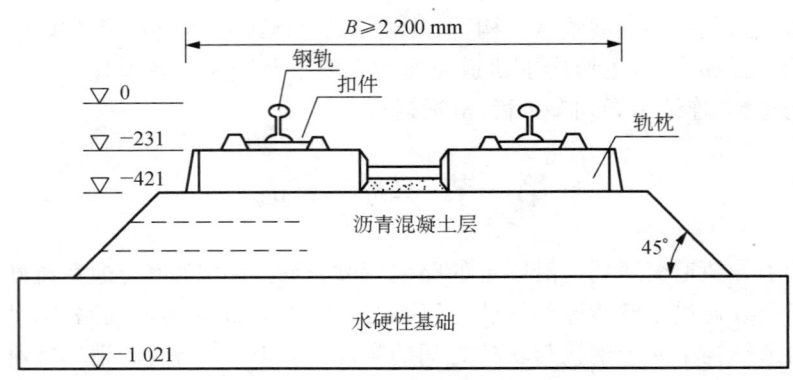

(b) 无砟轨道结构

B—轨枕长度。

图 4-1 轮轨系统的轨道结构组成

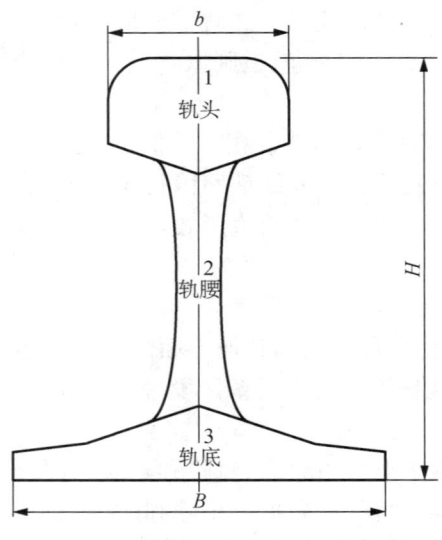

b—轨头宽度；B—轨底宽度；H—钢轨高度。

图 4-2 钢轨标准断面示意图

(2) 长度。我国的定尺长钢轨有 100 m，75 m，25 m 和 12.5 m 等 4 种。无缝线路 60 kg/m 的钢轨宜选用 100 m 定尺长钢轨；75 kg/m 的正线钢轨宜选用 75 m 或 100 m 定尺长钢轨；有缝线路宜选用 25 m 定尺长钢轨。

（二）轨枕

轨枕的功用是支承和固定钢轨，保持轨距和方向，并将钢轨对它的各种压力传递到道床上。因此，轨枕必须具有坚固性、弹性和耐久性。图 4-3 所示是有砟轨道结构中常用的Ⅱ型钢筋混凝土轨枕。

（三）联结零件

钢轨联结分为中间联结和接头联结两类。

1. 中间联结

中间联结为钢轨与轨枕之间的联结，通常称为扣件。扣件的功用是将钢轨固定在轨枕上，保持轨距和阻止钢轨相对于轨枕的纵、横向移动，并防止钢轨倾翻。为此，扣件应具有足够的强度、耐久性及一定的弹性，能长期保证钢轨与轨枕的可靠连接，并在动力作用下充分发挥其缓冲及减振性能，以减缓线路残余变形累积的速度。此外，中间联结本身应构造简单，易于装配及卸除。

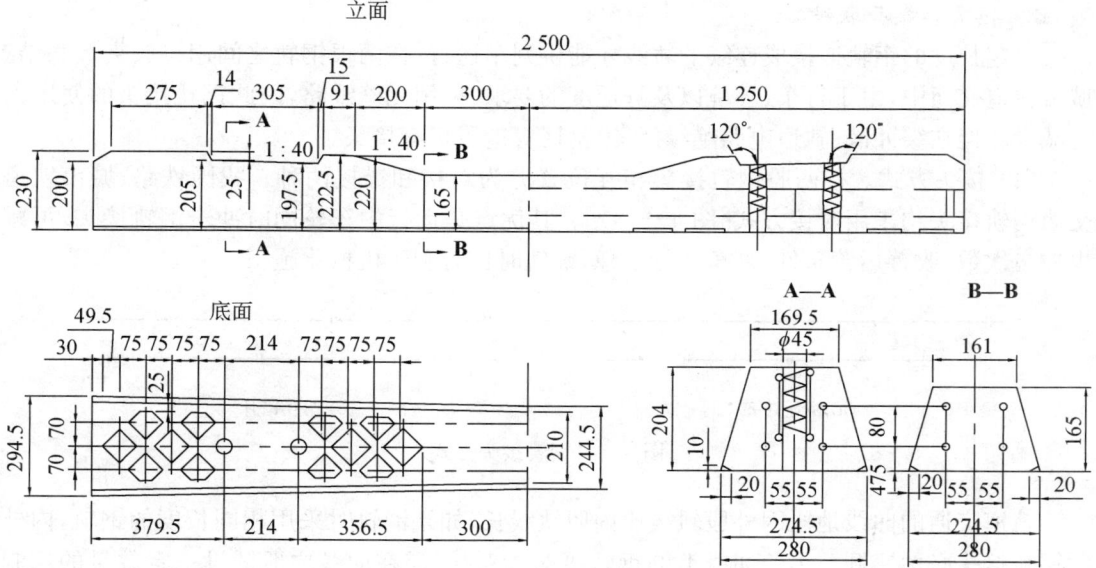

图 4-3 Ⅱ型钢筋混凝土轨枕示意图(单位:mm)

图 4-4 所示是铁路和城市轨道交通常用的弹条Ⅰ型调高扣件。它由螺纹道钉、螺母、弹条、轨距挡板、挡板座、平垫圈、橡胶垫板、调高垫板等组成。调高垫板的材料为胶合竹木,调高量可达 20 mm。随着混凝土轨枕的改进,我国随后客货共线铁路推广使用扣压力更大、强度安全储备大、残余变形更小的改进型弹条Ⅱ型或Ⅲ型扣件。对于线路设计速度在 250 km/h 及以上的高速铁路,更适合选用弹条Ⅳ型和Ⅴ型扣件。

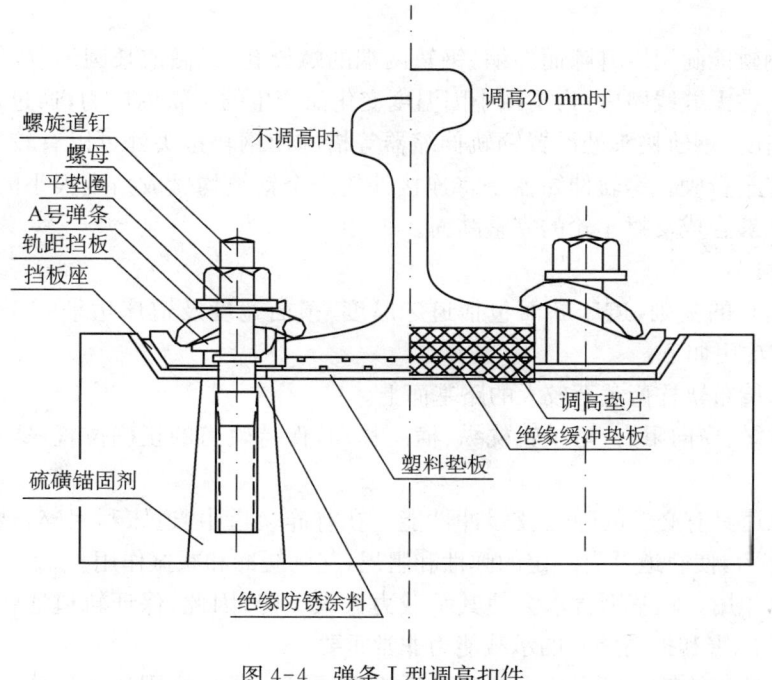

图 4-4 弹条Ⅰ型调高扣件

2. 接头和接头联结

一定长度的钢轨连接成连续的轨线才能供列车运行,在两根钢轨之间用接头夹板联结。城市轨道交通中,由于行车、环境以及舒适度的要求,采用无缝线路,因此钢轨接头的使用大为减少。但在缓冲区、轨道电路绝缘区、道岔区等地段仍有接头。

(1) 接头方式。按两股钢轨接头相互位置分为对接和错接两种。我国铁路、城市轨道交通钢轨接头均采用对接方式[图 4-5(a)]。其优点是运行中车轮同时冲击钢轨接头,可减少冲击次数,改善运营条件,列车运行平稳,铺轨时也有利于机械化施工。

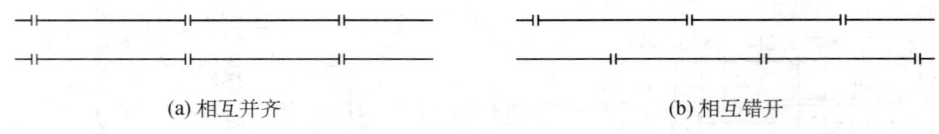

(a) 相互并齐　　　　　　　　(b) 相互错开

图 4-5　钢轨接头方式

轨道交通的曲线地段因外股轨线比内股轨线长,如果铺轨时采用相同长度的钢轨,内外股钢轨接头必然错开。为使曲线上的钢轨接头能对接,需在曲线内股铺设一定数量的厂制缩短轨。

(2) 接头联结零件。包括夹板、螺栓和弹簧垫圈等。

夹板是钢轨接头联结零件的主要部分,其作用是夹紧钢轨,通过螺栓等零件将两根钢轨牢固地联结起来。目前,我国标准钢轨采用斜坡支承型双头对称式夹板。其优点是在竖直荷载作用下,具有较大的抵抗弯曲和横向位移的能力。

接头螺栓、螺母是用来联结夹板、钢轨的主要配件,拧紧后使夹板与钢轨联结密贴牢固。弹簧垫圈是用来防止螺栓松动。我国目前采用高强度接头螺栓、螺母。钢轨每个接头安装 6 个螺栓。

为了使钢轨能随温度升降而伸缩,钢轨两端的螺栓孔,或做成长圆形,或做成大于螺栓直径的圆形。在无缝线路中,为了减小因温度变化而产生的钢轨内应力,通过对扣件设置合适的扣压力、在长钢轨接头处设置钢轨伸缩器等措施使钢轨接头处可以有较大的伸缩量而不影响列车安全行驶。钢轨伸缩器是将连接处的两个钢轨均做成角度很小的尖轨,它们在钢轨伸缩时能够合成支撑车轮的完整踏面。

(四) 道床

道床是轨枕的基础,道床断面包括道床厚度、顶面宽度及道床边坡三个主要参数(图 4-1),其主要功用如下:

(1) 均匀传布轨枕荷载至较大的路基面上。

(2) 提供纵、横向阻力,阻止轨枕纵、横向移动,保持轨道的正确位置,这对无缝线路尤为重要。

(3) 使轨道具有必要的弹性及缓冲性能。在有砟轨道中,道床利用碎石颗粒之间存在的空隙和摩擦力,使轨道具有一定的弹性和阻尼,起到缓冲和减振作用。

(4) 排水作用。路基因含水会使其承载力大大下降,因此,保证轨道通畅、排除地表水对减轻轨道的冻害和提高路基的承载能力非常重要。

(5) 便于校正轨道几何形位。轨道高低不平顺可以通过捣固枕下道砟加以操平,轨道方向不平顺可以通过拨道予以拨正。

用作道床的材料应满足上述功能要求。在有砟轨道中,道床材料以质地坚韧、吸水度低、不易风化的碎石为好;为保持道床弹性、排水通畅以及便于捣固作业,道床石砟应具有一定的颗粒级配,面砟颗粒较细些,底砟颗粒较粗些。通常道床厚度为30～50 cm,道床顶面宽度为300～310 cm,道床边坡为1∶1.75～1∶1.5。

在无砟轨道中,用混凝土板基础取代传统轨道中的轨枕和道床[图4-1(b)]。混凝土板基础不仅要考虑强度及变形要求,而且要考虑弹性及排水问题。通常采用由聚合物或水泥沥青混合物灌注的特制垫层作轨下基础,使其既有足够的强度和稳定性,又有一定的弹性,残余变形的累积甚小,可大大减少轨道的维修工作量。铁路轨道设计规范规定:高速铁路无砟轨道宜采用板式、双块式轨道形式;城际铁路无砟轨道宜采用双块式、板式结构形式,隧道内可采用弹性支承块式;客货共线铁路、重载铁路隧道内无砟轨道可采用弹性支承块式、双块式、轨枕埋入式等结构形式。京沪高铁采用的是CRTS(China Railway Track System)Ⅱ型板式;郑西高铁采用的是CRTSⅡ型双块式。

城市轨道交通的轨道结构需要充分考虑其车辆轴重轻、运营速度低、行车密度大、牵引力分散、全程距离短、运营时间长、运营性质单一、线路穿越城市、留给轨道维修作业时间短等诸多因素,宜选用重型轨(如60 kg/m),铺设无缝线路。

随着行车速度的提高,轮轨间的动荷载会加速接头病害的扩展、道砟粉碎和轨道几何变形,客运专线铁路的轨道结构更需要具有足够的强度和稳定性。如正线轨道应一次铺设跨区间无缝线路,钢轨应采用100 m长定尺的60 kg/m钢轨;基础稳定的路基、桥梁及隧道等地段,宜铺设无砟轨道等。

(五) 道岔

道岔是使机车车辆从一条线路转向另一条线路的轨道连接设备。常用的有普通单开道岔、对称道岔、三开道岔、复式交分道岔等。使用最多的是普通单开道岔(简称单开道岔)。这里以单开道岔为例,介绍道岔设备。

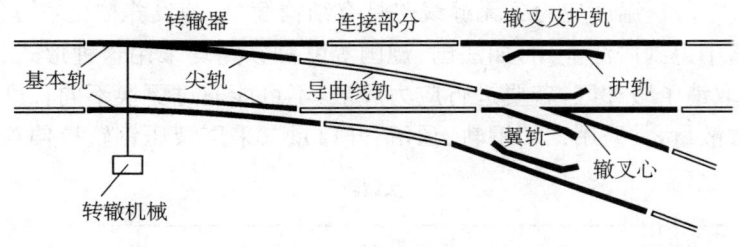

图4-6 单开道岔示意图

1. 单开道岔构造

单开道岔主线为直线方向,侧线由主线向左(称左开道岔)或右(称右开道岔)侧分支。它由转辙器、连接部分、辙叉与护轨以及岔枕和联结零件等组成(图4-6)。

2. 道岔号数选择

道岔号数为辙叉角余切的取整值,常用的道岔号数有9号、12号、18号等。号数越大的道岔,允许侧向通过的列车速度越大。例如,18号道岔的直向和侧向允许通过速度分别可达160 km/h和80 km/h,而12号道岔的直向和侧向允许通过速度分别只有120 km/h和

可动心轨道岔

50 km/h。

为了满足铁路不断提速的要求,我国自行设计制造了多种提速道岔。如1996年研制出的60(kg/m)轨12号提速道岔(包括高锰钢整铸辙叉和可动心轨辙叉),客车直向允许通过速度为160 km/h,货车为120 km/h;1998年9月在京沪线(蚌埠段)铺设的60轨30号可动心轨高速单开道岔直向和侧向允许通过速度分别可达200 km/h和140 km/h。

二、无缝线路

(一)概述

无缝线路是用许多普通钢轨焊接起来的长钢轨线路。它大大减少了普通线路接头因车轮巨大冲击力产生的振动、噪声、磨损与塌陷等弊端,提高了行车的平稳性和旅客的舒适度,降低了线路维修费用,延长了线路设备和机车车辆的使用寿命。第一条无缝线路于1926年诞生于德国(长120 m)。至20世纪末,欧洲、日本运营的高速铁路无不采用无缝线路。我国从1957年开始试铺无缝线路,随着铁路不断提速,1997年后无缝线路开始大规模使用。《线规》明确规定:高速铁路、城际铁路正线轨道应按一次铺设跨区间无缝线路设计。

外界温度的变化会引起钢轨的伸缩,这是无缝线路技术处理的关键。按处理伸缩方法的不同,无缝线路分放散应力式和温度应力式两种类型。

(1) 放散应力式无缝线路。这种形式的无缝线路因结构复杂,操作性差,少有采用。如日本新干线的无缝线路每隔1.5 km设置一组正反向钢轨伸缩调节器(位于其间焊连钢轨胶接绝缘接头处),以解决季节变化的应力放散问题。

(2) 温度应力式无缝线路。普通温度应力式无缝线路由一根1 000～2 000 m焊接长轨及其两端2～4根标准轨(缓冲区采用普通钢轨接头形式)组成。这种形式的无缝线路在铺设锁定之后,中间焊接的长轨条因受扣件及道床纵向阻力的抵抗,自由伸缩受到完全的限制,两端2～4根标准轨的自由伸缩受到一定的限制,因而在钢轨内产生温度力,其值随轨温变化而变化(图4-7)。温度应力式无缝线路具有结构简单、铺设养护比较方便等优点,在超长区间无缝线路中得到广泛应用,如法国、德国等欧洲铁路均采用这种形式。但超长(跨区间)无缝线路因取消了缓冲区,若要进行应力放散,不可能通过更换不同长度的缓冲轨来补偿无缝线路的放散量,常采用锯切钢轨、预留"开口量"、采用液压钢轨拉伸器张拉钢轨等措

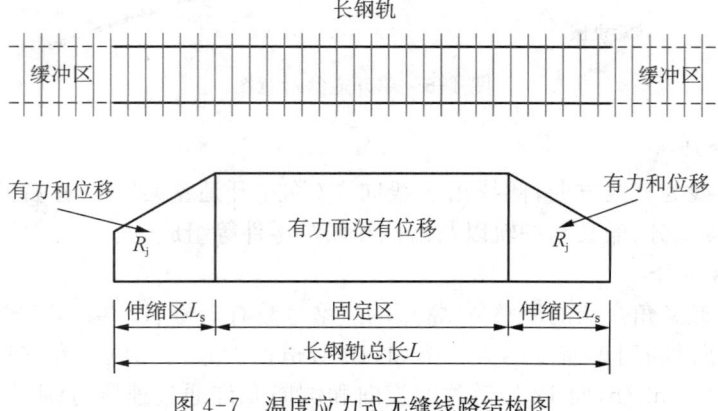

图4-7 温度应力式无缝线路结构图

施实现应力放散。

(二) 无缝线路钢轨内的温度应力和温度力

若一根不受任何条件限制、可以自由伸缩的钢轨长度为 l (m),当钢轨温度变化 Δt (℃)时,其自由伸缩量 Δl 可用式(4-1)计算,即

$$\Delta l = \alpha \cdot l \cdot \Delta t \quad (\text{m}) \tag{4-1}$$

式中　α ——钢轨的线膨胀系数,取 $11.8 \times 10^{-6}/℃$。

无缝线路的钢轨被锁定,不能自由伸缩。当温度变化时,在钢轨内部产生的温度应力 σ_t (压力或拉力)可由式(4-2)计算,即

$$\sigma_t = E \cdot \frac{\Delta l}{l} = E \cdot \alpha \cdot \Delta t = 2.48 \Delta t \quad (\text{MPa}) \tag{4-2}$$

式中　E ——钢的弹性模量,取 2.1×10^5 MPa。

当钢轨温度升高或降低 Δt 时,一根钢轨中的温度力 P_t 为

$$P_t = \sigma_t \cdot F = 248 \cdot \Delta t \cdot F \quad (\text{N}) \tag{4-3}$$

式中　F ——钢轨的截面面积,cm^2。

由式(4-3)可知,钢轨温度力的大小仅与外界温度变化幅度有关,而与钢轨的长度无关。这就是采用无缝线路的理论依据。20 世纪 80 年代以来,高强、高韧性、长寿命胶接绝缘接头的广泛采用和无缝道岔的焊接成功,使铺设跨区间的超长无缝线路成为现实。2004 年 9 月 20 日,在第五次大提速前,沪宁铁路 303 km、2.8 万个轨缝接头全部焊接成一根"超长"无缝钢轨。我国新建的城市轨道交通线路和客运专线铁路均采用跨区间超长无缝线路形式。

(三) 锁定轨温

锁定轨温 (T_{sd}) 是指在施工时,钢轨由扣件扣紧在轨枕上的轨温。确定锁定轨温的目的是降低钢轨温度应力,即控制轨温的变化幅度 Δt。合理的锁定轨温应能保证无缝线路在冬天钢轨不被拉断、在夏天不发生胀轨跑道事故。无缝线路设计锁定轨温应根据当地气象资料和无缝线路的允许温升、允许温降确定,并考虑一定的修正量。式(4-4)和式(4-5)分别为有砟轨道和无砟轨道的设计锁定轨温的计算式。

$$\text{有砟轨道} \quad T_e = 0.5(T_{\max} + T_{\min}) + \frac{[\Delta T_d] - [\Delta T_c]}{2} + \Delta T_k \tag{4-4}$$

$$\text{无砟轨道} \quad T_e = 0.5(T_{\max} + T_{\min}) + \Delta T_k \tag{4-5}$$

式中　T_e ——设计锁定轨温,℃;

$T_{\max}$ ——当地历年最高轨温,℃;

$T_{\min}$ ——当地历年最低轨温,℃;

$[\Delta T_d]$ ——轨道强度允许温降,℃;

$[\Delta T_c]$ ——轨道稳定性允许温升,℃;

ΔT_k ——设计锁定轨温修正值,一般为 0~5 ℃。

确定锁定轨温时,需注意以下事项:

(1) 轨温不同于气温,其影响因素比较复杂。根据大量观测,一般认为最高轨温 $T_{\max}$ 要

比当地气象统计的最高气温高 20 ℃,最低轨温 T_{min} 与当地的最低气温大致相同。

(2) 我国南方地区,最高轨温出现次数比较多,持续时间比较长,为防止胀轨跑道,T_e 应选择偏高一些;在年温差比较大,而最高轨温出现次数很少,持续时间很短,低温季节较长的地区(如年轨温度幅度较大的东北严寒地区),为防止焊缝因温度拉力过大而断裂,T_e 可选择偏低一些。

(3) T_e 确定后,可将 $T_e \pm 5$ ℃ 作为铺轨的温度范围(图 4-8),以便于施工。其中设计锁定轨温的上限 T_m 和下限 T_n 应分别满足式(4-6)和式(4-7)的要求。

$$T_m - T_{min} \leqslant [\Delta T_d] \tag{4-6}$$

$$T_{max} - T_n \leqslant [\Delta T_c] \tag{4-7}$$

(4) 对于超长的无缝线路,考虑地区间的温度差异,需要确定多个设计锁定轨温。原则上同一区间(两站之间)单元轨节最高与最低锁定轨温之差不大于 10 ℃;相邻单元轨节锁定轨温之差不大于 5 ℃。这样可实现不同年轨温幅度条件下设计锁定轨温的递变,便于无缝线路日常的维修作业和管理。

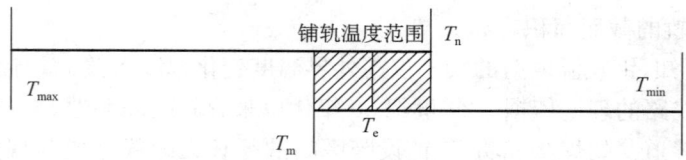

图 4-8　设计锁定轨温范围示意图

三、轨道与运营参数的关系

铁路轨道结构由钢轨、轨枕、道床组成,其中钢轨是最主要的部件。在选择轨道结构类型时,首先要根据运营条件选定钢轨类型,然后确定相适应的轨枕类型、配置根数、道床材料和断面尺寸,使整体结构的各组成部分相互配套,充分发挥各自的工作性能。选定钢轨类型考虑的主要因素是铁路年通过运量、最大轴重、行车速度和合理的轨道设备修理周期。

(一) 轨道与运量关系

运量(即年通过总质量)是决定轨道类型的最主要指标。

钢轨的磨耗程度是决定钢轨使用寿命的主要因素之一。特别是在小半径曲线轨道上,运量越大,钢轨的磨耗越快,使用寿命越短。此外,在列车的重复荷载作用下,钢轨还会因疲劳伤损而报废。若用累计通过总质量来表示钢轨安全使用寿命,据我国 20 世纪 80 年代的现场统计,12.5 m 的标准钢轨的安全使用寿命 60 kg/m 为 840 Mt,50 kg/m 为 480 Mt,而 43 kg/m 只有 270 Mt。因此,采用重型轨可以延长钢轨的使用寿命和大修周期(表 4-2)。

轨道结构的累积残余变形和脏污主要来自道床层。道床受到列车重复荷载产生的压力和冲击振动二者双重作用,会出现松动和下沉,从而使轨道逐渐形成轨面不平顺和弹性丧失。因此,在运量大的地段,应使用稳定性好的重型轨道结构。实践表明,采用无缝线路后,因钢轨接头部位损伤大大减少,钢轨的安全使用寿命理论上可提高 30.3%。

（二）轨道与轴重的关系

轴重指每一轮对在线路上的重量。随着轴重和钢轨重量的增加，钢轨的损伤越来越集中于钢轨的头部。增加轴重虽然可扩大运能，但轨头与车轮踏面的接触面积不到 2 cm^2，而造成钢轨头部表面剥离、压溃等损伤的接触应力高达 150 MPa 以上，并且随轴重的增加而显著增加。研究表明，当轴重为 18 t，21.6 t 和 25 t 时，60 kg/m 的钢轨疲劳寿命比例为 1：0.3：0.133。此外，增加轴重还会加剧轨头塑性变形和磨耗以及道床变形，给行车安全带来潜在的威胁。自 20 世纪 80 年代始，我国铁路随着载重 60 t 及以上的大型货车投入使用，逐步淘汰载重 30 t 和 40 t 的小型货车，货车的平均轴重已上升至 18 t，少数重载货车（如 C_{75} 货车）轴重已达 25 t。在其他条件不变的情况下，仅平均轴重由 17 t 提高到 18 t，60 kg/m 的 12.5 m 标准轨的有缝线路和无缝线路的安全疲劳寿命会分别下降 21.4% 和 9.5%。因此，增加轴重的前提是加强轨道结构，如采用 75 kg/m 的重型钢轨、强度更大的轨枕和优质道砟等。

（三）轨道与行车速度的关系

提高行车速度会增加轨道各部件的动力响应，例如，会使轮轨重力附加荷载增加，加大钢轨各部分的应力，导致钢轨安全寿命缩短。假定车辆静轴重为 23 t，在轨道质量好的线路上，列车速度每提高 10 km/h，理论计算的轴重动力附加值为 0.225～0.765 t，增长幅度有限。但钢轨、轨枕和道砟中的振动加速度随着速度的增加而增加。轨面的不平顺对轮轨间动力作用的影响，随着行车速度的提高而急剧增加。因此，提高行车速度，会增加轨道的维修工作量。

（四）轨道与修理周期的关系

钢轨的安全使用寿命是确定换轨及线路大修周期的主要依据。表 4-1 为《普速铁路线路维修规则》规定的直线或曲线半径大于 2 000 m 的钢轨（混凝土枕、碎石道床）更换周期。

表 4-1　　　　　　　　　　　普速铁路钢轨更换周期

钢轨类型	75 kg/m	60 kg/m	50 kg/m
无缝线路/(Mt·km·km^{-1})	1 500	1 000	550
普通线路/(Mt·km·km^{-1})	700	600	450

根据运营条件，合理的线路大修周期为 15～20 年。参考表 4-1 选择钢轨类型时，可能的条件下，采用重型钢轨。这样不仅增加线路轨道允许的通过总质量，延长线路轨道的使用年限，减少由于线路换轨停运对运营的不利影响，而且分摊到每百万吨公里总质量的金属消耗量也随之减少，技术经济效益更明显。

总之，轨道各组成部分应作为一个整体工程结构来考虑。根据运量和最高行车速度主要运营条件，在保证足够的强度与稳定的前提下，选择合适的轨道类型。我国铁路主要技术政策规定：铁路干线应铺设 60 kg/m 重型钢轨的轨道结构；运煤专线铁路可采用 75 kg/m 特重型钢轨的轨道结构。表 4-2 是《铁路轨道设计规范》规定的有砟轨道类型选用标准。

表 4-2　正线有砟轨道设计标准

项目			单位	高速铁路	城际铁路	客货共线铁路 I级	客货共线铁路 II级	重载铁路 >250	重载铁路 101~250	重载铁路 40~100
运营条件	年通过总质量		Mt	—	—	≥20	10~20	>250	101~250	40~100
	列车轴重		t	≤17	≤17	—	—	25~30	27、25	27、25
	旅客列车设计速度		km/h	≥250	200	160	≤120	—	—	—
	货物列车设计速度		km/h	—	—	120	≤80	≤100		
轨道结构	钢轨		kg/m	60	60	60	60/50	75	75/60	60
	扣件	型号	—	弹条IV或V型	弹条II, III或V型	弹条II或III型	弹条II或I型	与轨枕匹配的弹性扣件		
	混凝土枕	型号	—	III	III	III	III或新II	满足设计轴重要求的混凝土轨枕		
		间距	mm	600	600	600	600或570	600		
	道床厚度及材质	土质路基 双层 面砟	cm	—	30	30	25	35	30	30
		土质路基 双层 底砟	cm	35	20	20	20	35	30	20
		土质路基 单层 道砟	cm	35	30	30	30	35	35	30
		硬质岩石隧道 道砟	cm	35	30	30	30	35	30	30
		桥梁 道砟	cm	35	30	35	25	35	35	35
		道砟材质 面砟	—	特级	特级/一级	特级/一级	一级	特级	特级/一级	一级

注：车通过总质量应包括净载、机车和车辆的质量，单线按任复总质量计算，双线应按每一条线的通过总质量计算。

第二节 路基及桥梁、隧道、涵洞

一、路基

路基是为满足轨道铺设和运营条件而修建的土工构筑物。路基工程在整个线路工程中占有很大的比重。如铁路新线施工中,路基工程占全部土石方工程的90%以上。路基的坚固稳定和耐久性以及抵抗各种自然灾害影响的能力,直接影响到有轨交通运输的安全和畅通。

根据设计的路肩标高与地面标高的关系,路基横断面主要形式有:

(1) 路堤:路肩设计标高高于自然地面,经填筑而成的路基[图4-9(a)]。

(2) 路堑:路肩设计标高低于自然地面,经开挖而成的路基[图4-9(b)]。

此外还有不填不挖路基、半路堤、半路堑、半路堤半路堑等形式。关于路基横断面设计问题,见本书第十四章。

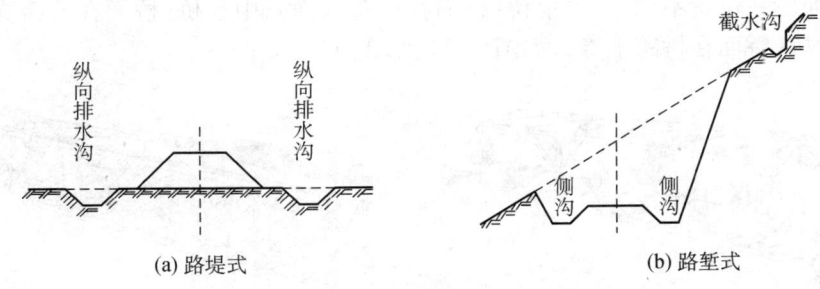

图4-9 路基横断面形式

二、桥梁

桥梁一般为线路跨越水流、山谷的建筑物。但当需要铁路线跨越其他建筑物、站场、公路(道路)或铁路时,也采用桥梁结构,称为跨线桥或立交桥。在高速铁路和城市轨道线路设计中,有时为了实现全封闭或达到一定的设计标高,并有利于城市道路交通和景观,会以高架桥代替线路的路基(高路堤)。

（一）桥梁基本结构

一般情况下,跨河桥由上部结构、下部结构及导流工程组成,如图4-10所示。上部结构主要为桥跨。下部结构主要有桥墩、桥台、墩台基础及桥头锥体等。桥跨为跨越结构,桥墩、桥台是支承桥跨的结构。墩台基础是埋置于地面以下的部分,它将墩台所承受的全部荷载传递给地基。桥台两侧施以填土或填石锥体并加以铺砌防护,称为桥头锥体,用以保证桥台与路堤很好地衔接,并保证桥头路堤的稳定。有些桥梁为免遭水害,还需修建导流堤,引导水流顺畅地从桥下宣泄。通过修建护岸等防护工程,保护桥头路堤及河岸稳定。

桥梁的桥跨要承受竖向、横向、纵向三个方向的荷载作用。竖向荷载包括恒载(如桥梁自重、土压力、静压力)和活载(如列车和行人);横向荷载包括风力、列车摇摆力等;纵向荷载主要指列车制动力或加速力。

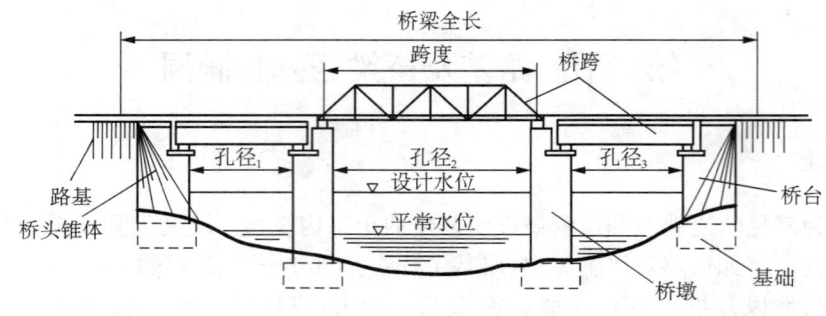

图 4-10 跨河桥梁示意图

(二) 桥梁分类

1. 按桥梁长度分类

为了反映桥梁的建筑规模,按桥长 L(指两桥台挡砟墙前缘间的距离)分为特大桥($L\geqslant 500$ m)、大桥(500 m$>L\geqslant$100 m)、中桥(100 m$>L\geqslant$20 m)和小桥($L<20$ m)。

2. 按桥面所在位置分类

根据桥面所在位置不同,有上承桥(桥面在桥跨顶面)、中承桥(桥面在桥跨高度的中间部分)和下承桥(桥面在桥跨下缘),如图 4-11 所示。

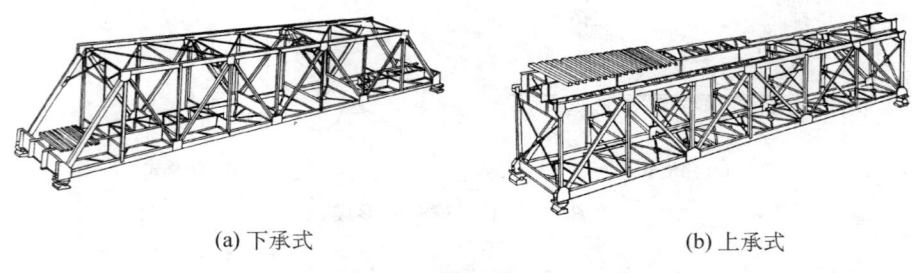

(a) 下承式　　　　　　　　　　(b) 上承式

图 4-11　桁梁桥示意图

图 4-11 中,上承桥的桥跨结构可以做得较窄,构造简单,桥上视线不受阻,但桥下净空受影响;下承式的桥跨结构为满足行车和限界的要求,做得较上承式桥跨更宽一些,构造也较复杂,但轨顶至梁底的尺寸较小,且桥下净空相对较大。

3. 按桥跨结构受力分类

按桥跨结构受力不同,可分为梁桥、拱桥、刚架桥、斜拉桥、悬索桥等(图 4-12)。

(1) 梁桥常在铁路设计中使用,其中简支梁因可在工厂成批生产,受力及结构与邻孔相互影响不大,对墩台要求不高,又能适应多种地基条件,比较常见。当跨度较大时,梁桥也可个别设计为连续梁,既可节省材料,加强结构强度,又可使桥上线路顺畅,在铁路(包括客运专线)和城市轨道交通上得到较广泛的应用。

(2) 拱桥由于可就地取材,节省钢材和水泥,一般因地制宜使用。

(3) 刚架桥是把桥跨结构和刚性墩台连成一个完整的结构,常见的有门形和箱形(梁跨、墩台和底板连成一体)。其中,箱形刚架桥顶推施工法,因在铁路立体交汇、城市交通穿越铁路等建设中,对既有铁路线影响最小,应用日益广泛。

(4) 悬索桥和斜拉桥,在铁路上的应用没有上述几种广泛。

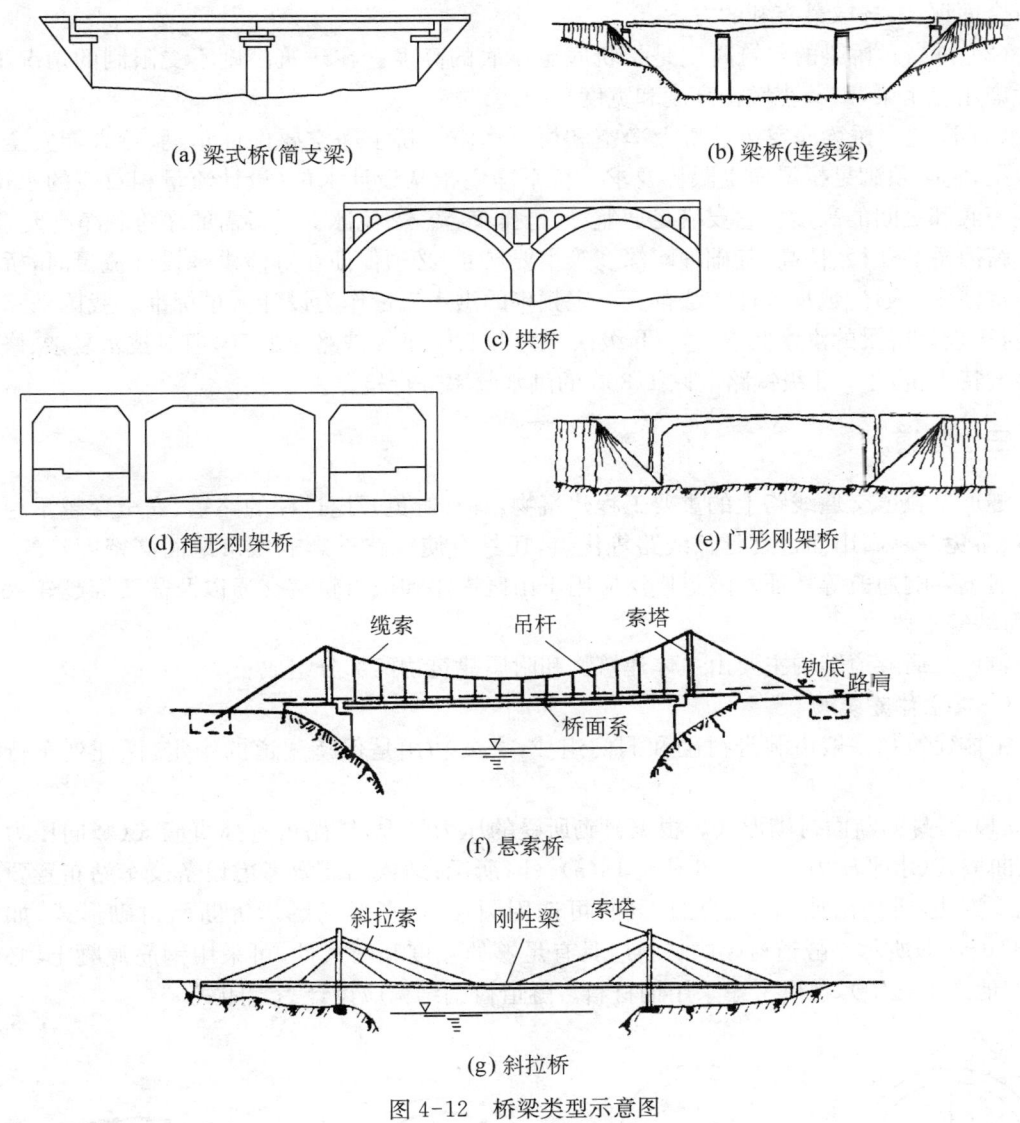

图 4-12 桥梁类型示意图

设计跨河桥梁时,第一要确定最佳的桥位;第二要确定桥梁必要的长度和高度;第三要确定经济合理的桥梁结构形式;第四要确定桥梁各部分的合理尺寸,保证桥梁具有一定的强度、刚度和稳定性。

(三)桥位选择

理想的桥位一般为河床顺直、地质稳定、河床较窄、与河槽河谷尽量正交的位置,要通过综合经济比选确定。在桥位选择中应考虑的主要因素有以下几个方面:

(1)桥孔。两个墩台之间的空间是桥孔。每个桥孔在设计水位处的距离叫作孔径。桥梁的孔径应根据排洪要求来确定。孔径确定后,再根据设计条件和通航要求选择梁的跨度。桥可以设计为单跨或多跨,并对建桥材料、桥梁类型、桥跨及墩台尺寸进行拟定。对于同一桥址,根据技术、用料、投资、施工条件、运营养护以及通航和国防上的要求,对所拟定的方案进行全面评比,选取最有利的方案。

(2) 桥高。桥梁的建筑高度是指轨底至梁底的高度。在建筑高度不受限制的情况下,宜考虑用上承梁,以减小墩台高度和宽度。

(3) 净空。桥梁净空包括桥上净空和桥下净空。桥上净空要保证车辆、行人能安全通过桥梁,它必须满足桥梁净空限界要求。桥下净空指从设计水位(设计流量相对应的水位)到桥跨底部之间的高度。它要满足通航、通行排筏、流木、流冰等所必需的净跨和净高要求。

跨河桥的孔径、桥高、基础埋藏深度等主要尺寸,必须保证在宣泄洪峰设计流量时,桥梁能正常使用。通过数理统计方法推算一定频率的洪水流量作为设计流量标准。我国铁路规定:对于设计桥梁的洪水频率,Ⅰ,Ⅱ级铁路为 1/100,Ⅲ级铁路为 1/50,但对技术复杂、修建困难的特大桥,Ⅰ,Ⅱ级铁路应以 1/300 的洪水频率进行检算。

三、隧道

隧道是轨道交通线路上的重要工程建筑物,具有避免开挖过深的路堑、安全穿越不稳定山体、避免绕越高山而过度延长线路等优点,还具有使线路不影响城市地面高密度建筑、穿越江河不影响通航等特征。隧道广泛应用于山区铁路和城市轨道交通以及需要穿越较大江河、海峡等地段。

轨道交通隧道结构主要由主体建筑物和附属建筑物两部分组成。

(一) 主体建筑物

主体建筑物一般由洞身衬砌和洞门组成,主要功用是保持隧道的稳定,保证列车行车安全。

(1) 洞身的断面衬砌形式。根据衬砌所受的压力情况,铁路可选择直墙式(竖向压力为主)、曲墙式(水平压力较大),如图 4-13(a),(b)所示;地铁因需要考虑设备及车站布置要求及施工方法(盾构法或明挖法)的不同,可选用圆形、矩形或马蹄形等断面衬砌形式,如图 4-13(c),(d)所示。隧道衬砌的材料应具有足够的强度和耐久性,可采用钢筋混凝土,必要时(如地铁工程中),也可考虑采用钢材料。隧道衬砌结构应设计为封闭式。

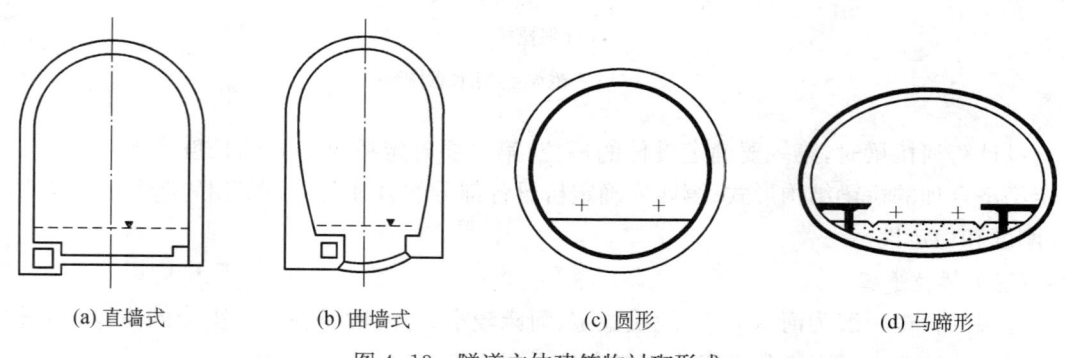

(a) 直墙式　　　(b) 曲墙式　　　(c) 圆形　　　(d) 马蹄形

图 4-13　隧道主体建筑物衬砌形式

(2) 隧道的出入口。隧道的出入口都需要专门修建洞门,一般采用端墙式或翼墙式,以保证洞口仰坡和路堑边坡的稳定,汇集和排除地面水流。隧道的净空(隧道衬砌的内轮廓线所包括的空间),必须满足隧道建筑限界要求。对于曲线段的隧道,同样还要考虑曲线加宽的影响。

高速列车在隧道中行驶时所受的空气阻力要比在露天大得多,约占列车总阻力的90%。对于隧道多的高速铁路,应考虑额外的牵引功率损失和隧道内空气散热等问题。为降低高速列车进隧道引起的负面影响,可将隧道洞口设计成喇叭口状,喇叭口内满布圆孔(如意大利罗马—佛罗伦萨高速线),以吸引冲击波,减小冲击力。

(二)附属建筑物

为了保证铁路隧道正常运营,配合上述主体建筑物,还需在隧道内修建避车洞及防排水等附属建筑物,以满足隧道内维修人员的安全和保持隧道内的干燥。地铁隧道由于车站与线路连为一体都在地下,所以其附属建筑物还要满足通风与采暖(或空调)、给排水、通信、信号、供电、防灾等设备或系统布置的要求。

(三)隧道位置选择

由于隧道是一种地下建筑物,因此,隧道位置在很大程度上受地质、水文、城市地下管线等情况的影响。一般情况下,隧道位置应尽可能选择在地质构造简单、岩性较好的稳固地层中,洞口位置宜贯彻"早进洞、晚出洞"的原则,以利于洞口边坡的稳定。

四、涵洞

(一)涵洞设计要求

为了避免轨道交通线路行经地段小河溪因线路路堤的修建而被阻断,常修建涵洞。涵洞一般置于路堤下面(≥1.0 m),其结构轴线横穿路基,所以涵洞处的路堤是连续的。涵洞与桥梁相比,它的孔径较小(最大不超过6 m),出入口处通常设翼墙及端墙。虽然涵洞与小桥作用基本相同,但涵洞有以下优点:①构造较简单,基础较浅,施工较容易,且多用砂、石作主要材料,便于就地取材,列车通过时较平稳。②洞底较坚固,容许较高的流速,不易受洪水冲毁,维修工作量较少。③因埋置于路基下面,列车荷载对其影响较小。但对下列情况则宜设桥而不宜设涵洞:洪水带有大量泥砂,易使涵洞淤积堵塞;涵前积水太高,容易淹没农田;路堤太低不宜设涵。

(二)涵洞结构

涵洞按截面形状分为拱涵、箱涵及管涵;按建筑材料不同,又有石涵、混凝土涵、钢筋混凝土涵、铁涵之分。

涵洞主要由洞身、基础、端墙和翼墙等组成(图4-14)。洞身由若干管节组成,埋设在路基中,并有一定的纵向坡度,便于水流通过。基础有分离式和整体式。分离式工程量小,多用于孔径较大、基础条件较好的情况;整体式,适用于小孔径或基础较差的情况。涵洞的进

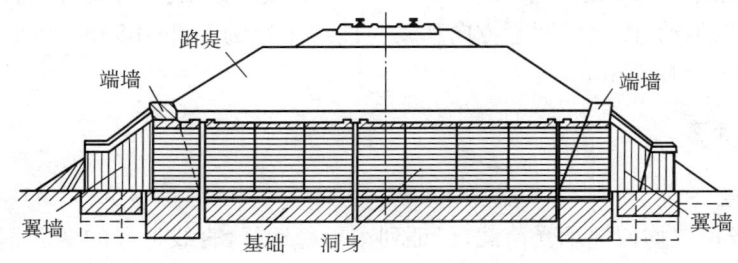

图4-14 涵洞示意图

出口设端墙和翼墙,其主要作用是:使水流顺畅地引入或排出涵洞;保证涵洞处路堤的稳定,起到挡土墙的作用;翼墙基础较深,是涵洞两端的门户,能起到防洪防渗的作用。

第三节　轨道几何尺寸与限界

专题5　轨道几何尺寸

一、轨距

我国铁路的标准轨距直线地段为 1 435 mm,为两股轨头内侧顶面下方 16 mm 处的距离。由于设置轨底坡,此处距离为最小。为了保证行车安全,轨距误差宽不得超过 6 mm,窄不得小于 2 mm。为使车轮不被钢轨卡住,轨距必须略大于轮对的宽度。钢轨与轮缘间的空隙称为游间(δ)。当轮对的一个车轮轮缘与钢轨贴紧时(图4-15),游间 $\delta = s - q$,其中,s,q 分别表示轨距与轮对宽度。

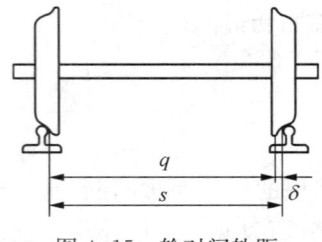

图 4-15　轮对间轨距

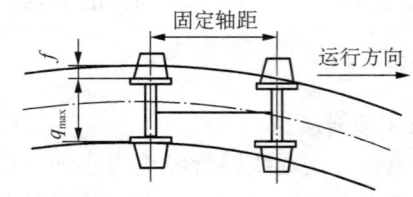

图 4-16　轮对通过曲线示意图

游间应有适当的限度,太小会加大轮轨磨耗,增加行车阻力,甚至把车轮楔住;太大则会使车辆行驶时的蛇形运动幅度加大,影响线路稳定。我国铁路规定,各种机车车辆的游间应在 9～47 mm。

在曲线地段的轨距,要考虑机车车辆在曲线上运行时,因惯性作用,仍然力图保持其原来的行驶方向,当转向架最前轴的外轮受到外轨的导向作用后,迫使整个转向架的车轮沿曲线轨道行驶。图 4-16 为二轴转向架通过曲线示意图。曲线的轨距 s_q 为

$$s_q = q_{max} + f \quad (\text{mm}) \tag{4-8}$$

式中　q_{max}——最大轮对宽度,mm;

　　　f——曲线的矢距,mm,$f = \dfrac{L^2}{2R}$,其中,L 为固定轴距,R 为曲线半径。

当 $f > \delta$ 且曲线半径较小(如 $R < 350$ m)时,曲线轨距必须加宽,否则轮对会被卡死。加宽时,一般外轨不动,内轨向圆心方向移动。曲线半径为 300～350 m 和小于 300 m 的加宽值分别为 5 mm 和 15 mm。

二、水平位置

1. 直线地段

为了使两股钢轨均匀地承受荷载,保证列车平稳运行,直线地段的两股钢轨顶面应保持水平。普速铁路 160 km/h 及以下正线静态允许偏差不得大于 4 mm;160～200 km/h 正线

静态允许偏差则不得大于 3 mm。

实践中,在相当长的距离内,若一股钢轨顶面始终高于另一股,将引起车辆摇晃和两股钢轨受力与磨耗不均;若在一段不太长的距离内,先是左股钢轨高于右股,接着是右股钢轨高于左股,且两个最大水平误差之间的距离不足 18 m(俗称"三角坑"),会造成车辆两轴转向架只有三个车轮正常压紧钢轨,另一车轮悬空,容易引起脱轨事故,因此必须及时消除。

此外,为使钢轨顶面与车轮踏面坡度(1∶20)相适应,使车轮压力尽量接近钢轨中心轴线,减少钢轨磨耗及其他伤损,直线地段两股钢轨均应设置向钢轨中心倾斜的轨底坡,其坡度值一般选为 1∶40。

2. 曲线地段

在曲线地段,一般将外轨抬高,以抵消由于离心力而产生的列车外倾、内外轨磨耗不均的不利影响。外轨比内轨高出的部分称为超高(h),其大小应使机车车辆的重量(G)和离心力(J)的合力正好垂直平分两股钢轨的中心距离(s_1),使重力引起的向心力($G\sin\gamma$)与离心力($J\cos\gamma$)相平衡,即 $G\sin\gamma = J\cos\gamma$(图 4-17)。

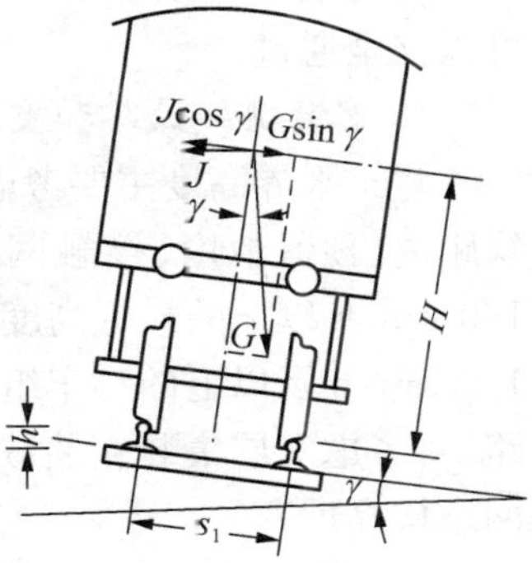

$$s_1 = 轨距 + 轨头宽 = 1\,435 + 65 = 1\,500 \text{ mm} \quad (4-9)$$

$$J = \frac{mv^2}{12.96R} \quad (4-10)$$

$$G = mg \quad (4-11)$$

图 4-17 外轨超高计算示意图

式中　m ——机车车辆的质量,kg;
　　　g ——重力加速度,取 9.81 m/s²;
　　　v ——列车平均行车速度,km/h;
　　　R ——曲线半径,m。

$$h = s_1 \cdot \sin\gamma \approx s_1 \cdot \tan\gamma(当 \gamma 很小时,\sin\gamma \approx \tan\gamma) \rightarrow$$

$$h = s_1 \cdot \frac{\sin\gamma}{\cos\gamma} = s_1 \cdot \frac{J}{G} = 11.8\frac{v^2}{R} \text{ (mm)} \quad (4-12)$$

由式(4-12)可知,对一定的曲线半径,超高与速度的平方成正比,因此选用何种速度来设置超高是至关重要的问题。客货共线铁路实设超高的计算速度取值分两种情况。

(1)新建铁路。参考国际铁路规律性标准,列车实际运行速度一般较线路设计最高速度低 10%~15%。式(4-12)中列车平均行车速度取最高设计速度的 0.8 倍,即

$$h = 7.6\frac{v_{\max}^2}{R} \text{ (mm)} \quad (4-13)$$

(2)改建铁路。取满足旅客舒适和内外钢轨磨耗均匀条件的均方根速度 v_{JF},即

$$h = 11.8\frac{v_{\text{JF}}^2}{R_{\min}} \text{ (mm)} \quad (4-14)$$

式中　v_{JF} ——该路段上各种列车的均方根速度,km/h,$v_{\text{JF}} = \sqrt{\dfrac{\sum N_i G_i v_i^2}{\sum N_i G_i}}$。其中,$N_i$ 为第

i 种列车的数目,列/d;G_i 为第 i 种列车的牵引质量,t;v_i 为第 i 种列车的速度,km/h。

有关超高参数详细讨论见本书第十二章第二节区间线路平面设计相关内容。

三、限界与线间距

(一)限界

为确保列车行驶安全,对机车车辆与沿线建筑设备都要规定一个不得超出或侵入的轮廓尺寸线,这就是限界。建筑限界是每一条线路必须保有的最小空间的横断面,使机车车辆可以安全通过。

1. 客货共线铁路和重载铁路

建筑限界高度主要考虑运输组织、接触网悬挂方式、导线高度、结构高度、带电体对地绝缘距离、预留弛度、接触网部件尺寸、施工误差、覆冰影响等因素。旅客列车设计速度为 160 km/h 以下的最低高度不应小于 5 700 mm,最大高度为 6 550 mm(图 4-18)。对于开行 160 km/h 及以上的动车组线路,其建筑限界高度不应小于 7 500 mm。开行双层集装箱线路,要考虑双层集装箱装载限界 5 850 mm 的高度要求,总限界高度为 6 860 mm+y(接触网结构高度)。

建筑限界宽度主要与机车车辆限界、(超限)货物列车运行的特殊性、列车运行中横向振动偏移量、轨道状态等因素有关。最大半宽为 2 440 mm(图 4-18)。

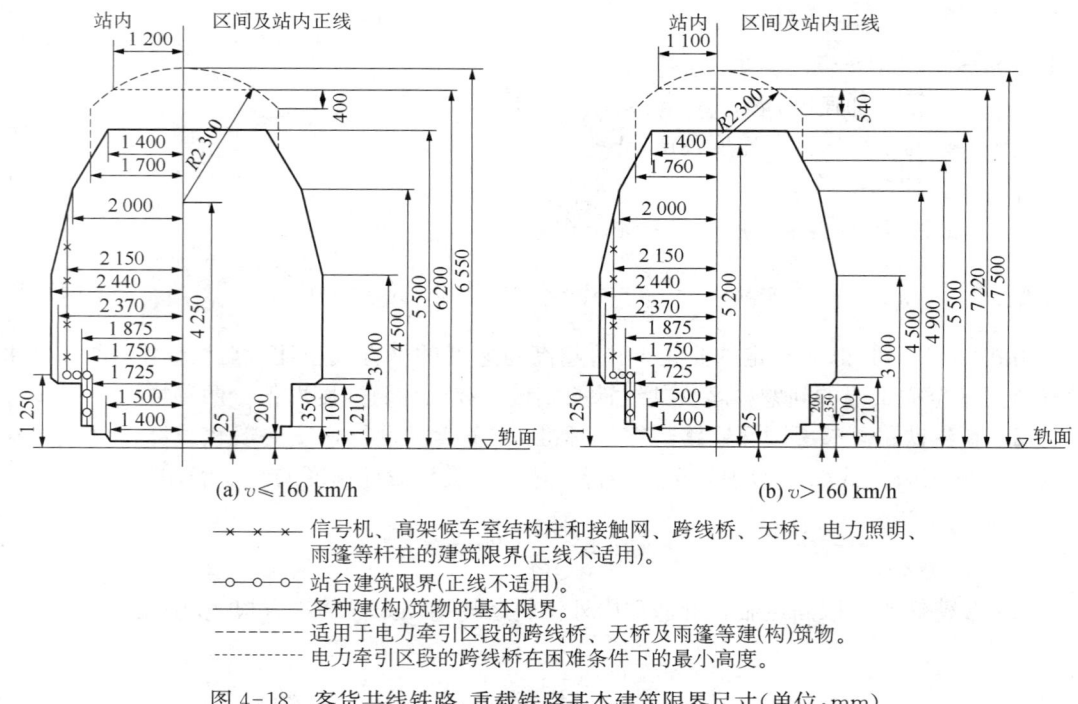

图 4-18 客货共线铁路、重载铁路基本建筑限界尺寸(单位:mm)

2. 客运专线铁路

客运专线铁路除不考虑货物列车运行的要求之外,其他影响限界尺寸的因素同客货共线铁路。《线规》规定:高速铁路和城际铁路建筑限界高度为 5 650 mm＋y。高速铁路建筑限界宽度,考虑与既有铁路建筑限界的标准统一,最大半宽仍取 2 440 mm;城际铁路建筑限界宽度,为节省工程量,对 3 400 mm 的动车组宽度限界,在保证运行安全的条件下,其建筑限界半宽可取 2 200 mm。

为了方便旅客上下车,客货共线铁路的站台高度限界与客车车辆的地板高度相适应,分别可取 1 250 mm 或 1 100 mm(高站台),350 mm(低站台)。高速铁路和城际铁路均开行动车组,站台高度限界为 1 250 mm。

(二) 线间距

1. 直线段

两相邻线路中心线间的距离称为线间距。它主要取决于铁路限界、相邻线路间布设的行车设备宽度和需要办理的作业。客货共线铁路的线间距确定见表 4-3。高速铁路和城际铁路的线间距主要受列车交会运行时的气动力作用控制,要满足列车承受会车压力波的要求。经研究,我国确定的高速铁路和城际铁路与速度相关的最小线间距见表 3-4。若高速铁路与客货共线铁路并线布设,因其间要设置高柱信号机,两正线间的线间距为 2 440×2＋380(信号机宽度)＋40(调整余量)＝5 300 mm。

表 4-3　　　　　　　　　　客货共线铁路直线段正线间线间距

线间距/mm	限界/mm	余量/mm	说　明
5 000(一般)	2×2 225	550	两线均可通行超限列车
4 000(最小)	2×(1 700＋100)	400	两线不能同时通行超限列车(100 为列车信号限界)

2. 曲线段

当列车在双曲线上平面交会运行时,车辆的头尾将偏离曲线线路的中心线而向外突出;中部则较线路中心线向内偏移。此外,当外侧线路超高大于内侧线路时,车体因倾斜角度不同,会相互靠拢。为保持相邻曲线上的车体间以及线路上的车辆与沿线建筑设备具有一定的安全间隙,相邻线路的线间距以及建筑设备与线路中线距离均需加宽。

(1) 曲线内侧加宽 $W_内$

$$W_内 = w_内 + x = \frac{40\ 500}{R} + \frac{H}{1\ 500}h \quad (\text{mm}) \tag{4-15}$$

式中　R——曲线半径,m;

　　　H——建筑或机车车辆计算点距轨面高度,mm;

　　　h——曲线外轨超高,mm;

　　　$w_内$——车辆中部向内的偏移量,mm;

　　　x——外轨超高引起的内倾量,mm。

(2) 曲线外侧加宽 $W_外$(车辆的头尾偏离曲线的中心线向外突出的偏移量)

$$W_外 = \frac{44\ 000}{R} \quad (\text{mm}) \tag{4-16}$$

（3）线间距加宽 Δe

当曲线外侧线路实设超高大于内侧线路实设超高时，线间距的加宽值为

$$\Delta e = W_{外} + W_{内} = \frac{44\,000}{R_{外}} + \frac{40\,500}{R_{内}} + \frac{H}{1\,500} \cdot (h_{外} - h_{内}) \quad (\text{mm}) \tag{4-17}$$

式中　$R_{外}$, $R_{内}$——外、内侧线路的曲线半径，m；

　　　$h_{外}$, $h_{内}$——外、内轨超高，mm。

当曲线外侧线路实设超高小于或等于内侧线路实设超高且 $R_{外} = R_{内} = R$ 时，车体内倾不影响线间距，则有

$$\Delta e = W_{外} + W_{内} = \frac{84\,500}{R} \quad (\text{mm}) \tag{4-18}$$

复习思考题 4

[4-1] 铁路路基有哪两种主要形式？各自的适用性是什么？

[4-2] 在桥跨结构受力分类中，为何梁桥在铁路工程中应用较广泛？

[4-3] 铁路桥位选择的主要影响因素有哪些？

[4-4] 隧道包括哪些主要结构要素？它们的作用是什么？

[4-5] 铁路轨道有哪些主要部件，各部件的主要功用是什么？

[4-6] 高速铁路道岔与普速铁路道岔的主要区别有哪些？

[4-7] 为什么轨道交通线路的轨距要大于轮对的宽度？

[4-8] 何谓超高？超高确定的依据是什么？

[4-9] 何谓限界？限界在轨道交通线路工程的主要作用是什么？

[4-10] 无缝线路的理论依据是什么？

[4-11] 无缝线路锁定时为何要选择合理的时间？

[4-12] 铁路小曲线半径地段的轨距为何需要加宽？

[4-13] 铁路曲线地段的线间距离为何需要加宽？

[4-14] 某双线铁路曲线设计情况如图 4-19 所示（$R=1\,200$ m，$h_{外}=120$ mm，$h_{内}=100$ mm）。试求：

　　（1）图 4-19 中信号机柱中心至相邻线路中心的距离（已知信号机柱宽 380 mm）。

　　（2）图 4-19 中信号楼（注：楼高 3 m）外墙至相邻线路中心的距离。

[4-15] 我国某地区的最高轨温为 63 ℃，最低轨温 −17.9 ℃。设计超长无缝线路采用混凝土枕，钢轨类型为 60 kg/m。试计算轨温变动范围及最大温度力（已知：$[\Delta T_d] = 40$ ℃，$[\Delta T_c] = 45$ ℃，$\Delta T_k = 1.4$ ℃，$P_t = 19.2$ kN/℃）。

[4-16] 简述铁路提速与线路结构的关系。

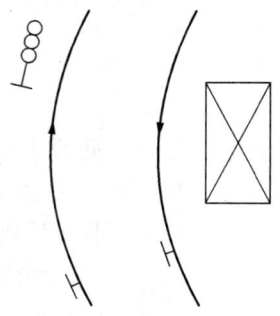

图 4-19　某双线铁路曲线位置示意图

第二篇
列车运行计算

第五章　列车受力分析

专题6 机车牵引力

第一节　机车牵引力

一、机车牵引力

由动力传动装置引起、用以牵引列车前进的外力,称为机车牵引力,其大小可以由司机控制。

(一) 轮周牵引力

对于轮轨制的轨道交通,机车牵引力只能来自钢轨和轮周的接触点,故称为轮周牵引力。轮周牵引力形成的必要条件有两个:①机车动轮上有动力传送装置传来的旋转力矩;②动轮与钢轨接触并且存在摩擦作用。

轮周牵引力的形成过程是:由原动机产生原动力,经能量传递机构传递至机车动轮,形成旋转力矩 M,并且在轮轨接触点 C 产生动轮对钢轨的作用力 F' 和钢轨对动轮的反作用力 F,如图 5-1(a) 所示;将 F 简化到动轮中心 O 点,可得力 F_1 和力偶(F_2,F),如图 5-1(b) 所示;当力偶(F_2,F) 与旋转力矩 M 平衡时,F_1 使动轮发生以轮轨接触点 C 为瞬间转动中心的滚动,再通过动轮作用于钢轨上,在轮轨间的摩擦作用下,钢轨反作用力使机车作平移(前进)运动。

在列车运行计算中,通常用轮周牵引力 F 作为机车牵引力的计算标准。因此,凡未特别说明者,机车牵引力均指轮周牵引力。列车单位牵引力是指列车中的机车牵引力与列车总质量之比,计算单位为 N/kN(规定取至两位小数)。

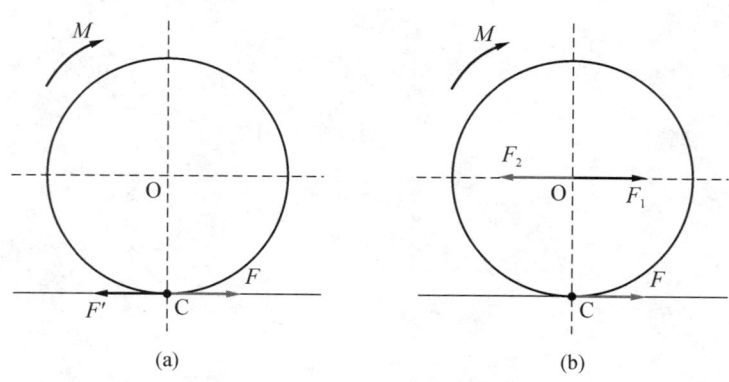

图 5-1　轮周牵引力的产生原理图

(二) 黏着牵引力

1. "黏着"的概念

在列车运行中,轮轨之间的接触摩擦关系非常复杂。因此,列车运行计算在分析轮轨间纵向力的问题时,引入"黏着"的概念来代替物理意义上的"摩擦"。黏着力指在黏着状态下轮轨间纵向水平作用力的最大值(物理意义上的"摩擦力")。黏着力与轮轨间垂直荷载之比称为黏着系数(物理意义上的"摩擦系数")。从而黏着力与运动状态的关系就可简化成黏着系数与运动状态的关系。黏着力的大小等于假定不变的垂直荷载与黏着系数的乘积。

2. 黏着牵引力 F_μ

机车牵引力产生于钢轨对车轮的反作用力,其大小受到轮轨黏着条件限制。按黏着条件计算的牵引力称为黏着牵引力,其计算公式为

$$F_\mu = 1\,000 P_\mu \cdot g \cdot \mu_j \quad \text{(N)} \tag{5-1}$$

式中　P_μ——机车黏着质量,t,由于内燃机车和电力机车的全部车轮均为动轮,故即为机车计算质量;

　　　g——重力加速度,取 9.81 m/s²;

　　　μ_j——计算黏着系数。

黏着牵引力是机车可实现的最大牵引力,即机车牵引力 $F \leqslant F_\mu$。因为当 $F > F_\mu$ 时,轮轨间"黏着"状态就会被破坏,机车动轮会打滑,发生空转,牵引力反而下降。此时,钢轨和车轮都将遭受剧烈磨耗,甚至酿成严重事故。

3. 计算黏着系数

计算黏着系数受机车构造、环境气候、运行速度、线路质量和轮轨表面状态等多种因素影响,而且是一个不断变化的值,在实际应用中通过试验确定。我国目前采用的经验公式如下:

$$\text{国产电力机车:} \mu_j = 0.24 + \frac{12}{100 + 8v} \tag{5-2}$$

$$\text{国产电传动内燃机车:} \mu_j = 0.248 + \frac{5.9}{75 + 20v} \tag{5-3}$$

式中　v——机车运行速度,km/h。

机车在小曲线上运行时,由于走行状态变差,黏着系数会降低(简称"黏降")。电力机车和内燃机车试验得到计算黏着系数修正经验公式 $\mu_r = f(\mu_j, R)$ 如下:

$$\text{电力机车:曲线半径 } R < 600 \text{ m}, \mu_r = \mu_j(0.67 + 0.000\,55R) \tag{5-4}$$

$$\text{内燃机车:曲线半径 } R < 550 \text{ m}, \mu_r = \mu_j(0.805 + 0.000\,355R) \tag{5-5}$$

(三) 起动牵引力

列车起动是指第一辆车起动开始,到最末一辆车起动的全过程。列车起动过程中,当最后一辆车起动时,机车所发挥的牵引力称为起动牵引力 F_q。试验表明,此时机车速度约为 2.5 km/h。F_q 是按起动条件验算货物列车起动条件的依据。

(四) 计算牵引力

对应于列车计算速度的牵引力称为计算牵引力 F_j。计算速度是机车牵引车列在限制上坡道上作等速运行时的(最低)速度,所以 F_j 常用于计算列车牵引质量。

(五) 车钩牵引力

机车轮周牵引力传递到机车后钩上,牵引客货车辆的牵引力称为车钩牵引力,其值等于

轮周牵引力减去机车全部运行阻力。车钩牵引力多用于机车牵引试验或按车钩强度检算列车牵引质量。

二、内燃机车牵引特性及牵引力计算

(一) 机车特性曲线

内燃机车的原动机是内燃机(柴油机)。为了实现理想的机车牵引特性,在内燃机的转轴和机车动轮的转轴之间需要增加一套传动装置,有电传动和液力传动两种。

(二) 取值方法

电传动内燃机车自起动至满手柄位或柴油机额定转速的牵引特性分两种形式。

(1) 由黏着牵引力曲线过渡至满手柄位。DF_4 型内燃机车属此类。当 $0<v\leqslant 16.5$ km/h 时,取黏着牵引力(其中 $v=0\sim 2.5$ km/h,取 F_q);当 $v>16.5$ km/h 时,取满手柄位(16 位)牵引特性曲线对应的牵引力(图 5-2)。DF_4 型内燃机车牵引数据见表 5-1。

(2) 由起动电流限制线直接过渡至满手柄位。DF_{11} 型内燃机车属此类。当 $0<v\leqslant 38.5$ km/h 时,取受起动电流限制的牵引力 $F=253$ kN;当 $v>38.5$ km/h 时,取柴油机转速 $n_c=1\,000$ r/min 的牵引力曲线对应的牵引力(图 5-3)。DF_{11} 型内燃机车牵引数据见表 5-2。

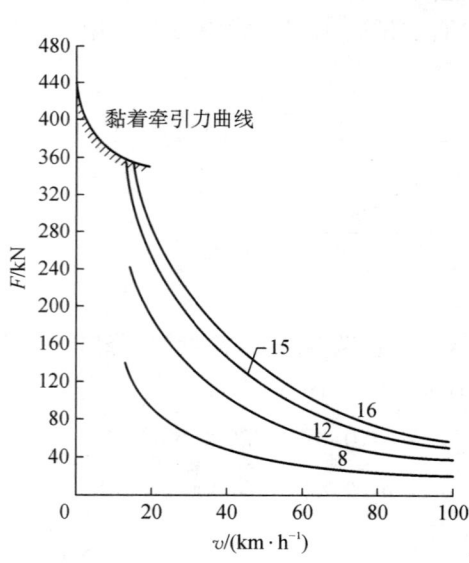

图 5-2 DF_4 型内燃机车牵引特性曲线

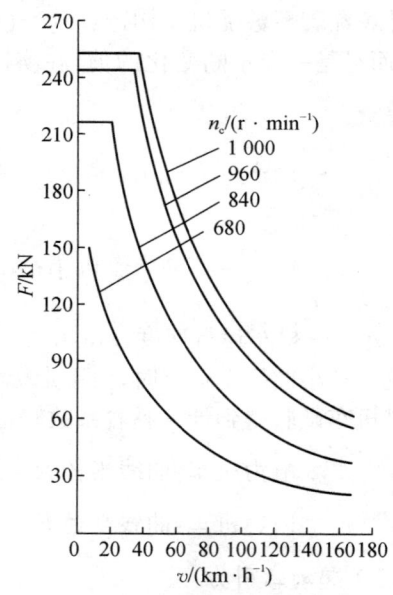

图 5-3 DF_{11} 型内燃机车牵引特性曲线

表 5-1　　　　　　　　　　DF_4 型(货)机车牵引数据

速度 v/(km·h^{-1})		10	16.5	20	30	40	50	60	70	80	90	100
牵引力 F/kN		356.3	347.9	302.1	216.8	164.8	131.5	108.9	92.2	78.5	65.2	53.0
P_μ/t	135	v_j/(km·h^{-1})	20	F_j/kN	302.1	F_q/kN	401.7	机车全长/m	21.1			

表 5-2　　　　　　　　　　　DF_{11} 型（客）机车牵引数据

速度 $v/(km \cdot h^{-1})$	10	20	30	38.5	40	50	60	70	80
牵引力 F/kN	253.0	253.0	253.0	253.0	245.1	203.1	173.2	150.6	132.9
速度 $v/(km \cdot h^{-1})$	90	100	110	120	130	140	150	160	170
牵引力 F/kN	118.6	106.8	96.9	88.3	81.0	74.6	68.9	63.9	59.4
P_μ/t	138	$v_j/(km \cdot h^{-1})$	65.6	F_j/kN	160.0	F_q/kN	253.0	机车全长/m	21.25

三、电力机车牵引特性及牵引力计算

（一）机车牵引特性

电力机车是由接触网取得电能（高压交流电），经机车内的变压器和整流器将其转变为直（交）流电，供给动轮上的牵引电动机，产生机车牵引力。

为了适应不同线路纵断面计算列车牵引质量的需要，充分发挥牵引电动机的功率，电力机车对计算速度 v_j 采取浮动概念，可按黏着制或持续制选定。

（二）取值方法

SS_1 型电力机车不同速度下的牵引力取值方法如下。

F_q 受黏着条件限制，取速度为零时的黏着牵引力。

自起动至 41.2 km/h（黏着制计算速度），按黏着制牵引力取值。当 v>41.2 km/h 时，分三种情况（图5-4）。

（1）黏着制：从 v=41.2 km/h（黏着制 525 A 电流转折点）开始，沿非等电流过渡牵引力曲线取值至最大削弱磁场 33-Ⅲ 牵引力曲线上的小时制 500 A 电流转折点（v=55.3 km/h），然后按 33-Ⅲ 牵引力曲线取值。

（2）小时制：从 v=41.2 km/h（黏着制 525 A 电流转折点）开始，首先沿满磁场 33 m 牵引力曲线取值至小时制 500 A 电流转折点（v=42 km/h），然后沿 500 A 等电流牵引力曲线过渡到最大削弱磁场 33-Ⅲ 牵引力曲线，最后按 33-Ⅲ 牵引力曲线取值。

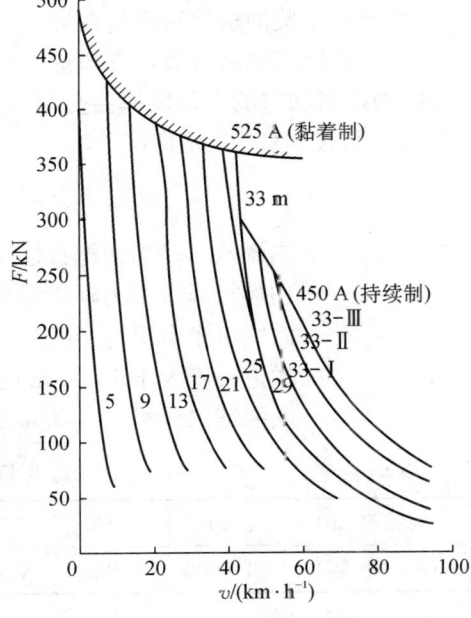

图 5-4　SS_1 型电力机车牵引特性曲线

（3）持续制：从 v=41.2 km/h（黏着制525 A电流转折点）开始，首先沿满磁场 33 m 牵引力曲线取值至持续 450 A 电流转折点（v=43 km/h），然后沿 450 A 等电流牵引力曲线过渡到最大削弱磁场 33-Ⅲ 牵引力曲线，最后按 33-Ⅲ 牵引力曲线取值。

根据《牵引计算规程》（简称《牵规》），电力机车的牵引力按持续制计算。在速度 0～10 km/h 范围内，牵引力取 10 km/h 的黏着牵引力。SS_1 型电力机车机车牵引数据见表 5-3。

表 5-3　　　　　　　　　　　SS$_1$ 型电力机车牵引计算数据

速度 v/(km·h^{-1})		10	20	30	40	41.2	43*	47.9	52.9
牵引力 F/kN	黏着制	415.0	387.5	372.8	363.6	362.6	—	—	—
	持续制	—	—	—	—	—	301.2	272.7	246.2
速度 v/(km·h^{-1})		57.4	60	70	80	90	95	95	
牵引力 F/kN	持续制	224.6	204.0	149.1	115.8	87.3	76.5	76.5	
P_μ/t		138		F_q/kN		487.6		机车全长/m	20.4

注：表中"*"者为持续制的计算速度 v_j，相应的牵引力为 F_j。

为了满足重载货物列车牵引需要，中国北车集团大同电力机车有限责任公司与法国阿尔斯通交通股份公司合作开发了大功率交流传动货运机车。其中，和谐 2 型（HXD2）电力机车为八轴 9 600 kW，机车按 25 t 轴重设计，可单机牵引 7 000 t 重载列车，机车具备多机无线重联远程同步控制功能。2008 年，和谐 2 型电力机车 2 万 t 重载牵引采取"1+1"组合牵引模式（即由两台机车—一前一中牵引 210 节车辆），主要用于大秦铁路运煤专线，极大地提高了铁路运输效率。

四、机车牵引力因功率下降的修正

（一）高海拔、高温环境对内燃机车的影响

内燃机车柴油机的功率是在标准大气条件（大气压 101.3 kPa、环境温度 20 ℃）下测定的。由于内燃机车的有效功率与进入汽缸的空气量有关，在大气压较低的高原地区或高温地区，内燃机功率的正常发挥会受到影响，因此需要对其牵引力进行修正。修正后的机车牵引力 F_x 可按式（5-6）计算：

$$F_x = F \cdot \lambda_p \cdot \lambda_h \cdot \lambda_s \quad (\text{kN}) \tag{5-6}$$

式中　λ_p——内燃机车牵引力海拔修正系数，见表 5-4；

λ_h——内燃机车牵引力环境温度修正系数，见表 5-5；

λ_s——内燃机车牵引力受隧道影响的修正系数，对于 DF$_4$B 型（货、客）内燃机车，在隧道长度大于 1 000 m 时，单机或双机重联牵引的第一台机车取 0.88，双机重联的第二台机车取 0.85。

表 5-4　　　　　　　　　　DF$_4$ 型机车牵引力海拔修正系数

海拔高/m	500	1 000	1 500	2 000	2 500	3 000	3 500	4 000
DF$_4$（货、客）	1.000	0.933	0.855	0.780	0.707	0.638	0.569	0.503

表 5-5　　　　　　　　　DF$_4$ 型机车牵引力环境温度修正系数

周围空气温度/℃	30	32	34	36	38	40
DF$_4$（货、客）	1.000	0.985	0.958	0.930	0.904	0.877

（二）运用机车台数及其连挂方式

由于牵引列车所需的机车台数、机车在列车中连挂位置等条件的不同，使机车牵引力的

发挥受到一定的限制。电力机车和内燃机车在多机牵引情况下,重联操纵时,可使各机车的工况同步,每台机车牵引力均取全值;分散操纵时,第二台及之后的每台机车牵引力均取全值的 0.98;推送补机因与前部机车配合较困难,牵引力取全值的 0.95。

第二节 列车运行阻力

列车运行时,不由人工操纵、阻止列车运行的外力叫作列车运行阻力。在列车运行计算中,列车运行阻力根据阻力产生的原因,分为基本阻力和附加阻力;根据列车组成,分为机车运行阻力和车辆运行阻力。按阻力的性质,又有总阻力和单位阻力之分。单位阻力指作用在机车车辆上的阻力与它受到的质量之比,计算单位为 N/kN(规定取至两位小数)。

专题 7 列车运行阻力

一、基本阻力

基本阻力是指列车在任何情况下运行都存在的阻力。

(一) 基本阻力产生的原因

引起基本阻力的因素有很多,归纳起来主要有以下几个方面。

1. 轴承阻力

当轮对滚动时,在轴颈和滑动轴承间会发生相对运动,轴颈与轴承在接触面处互相摩擦会产生轴承阻力。其大小受多种因素影响,除轴重外,摩擦系数是最重要的因素。滚动轴承的摩擦系数较滑动轴承小,因此,我国客车车辆已淘汰了滑动轴承,新型货车也开始采用滚动轴承。

2. 滚动阻力

车轮在轨面滚动时引起的阻碍列车运行的阻力称为滚动阻力。它与轨面的变形程度、轴重及钢轨材质等因素有关。采用高强度的重型轨和增加轨枕的铺设密度,可以减少滚动阻力。

3. 滑动阻力

轮对在钢轨上滚动的同时还存在纵向和横向的滑动,因而在轮轨间产生了阻碍列车运行的滑动阻力。减少滑动阻力的关键是加强线路与轮对的检修,提高保养质量。

4. 冲击和振动阻力

列车运行时,钢轨接缝、轨道不平直、轮轨擦伤等原因会引起轮轨间的冲击和机车车辆振动的加剧,消耗机车牵引力。这类阻力归为冲击和振动阻力。减少此类阻力的有效措施是铺设无缝线路,采用高强度的轨道结构。

5. 空气阻力

列车运行时,带动周围空气运动所形成的阻碍列车运行的阻力称为空气阻力。空气阻力取决于列车速度、外形和尺寸。试验表明,空气阻力 (W_a) 通常采用式(5-7)计算:

$$W_a = C_x \cdot S \cdot \frac{\rho v^2}{2} \quad (N) \tag{5-7}$$

式中 C_x——空气阻力系数,取决于列车外形;

S——列车最大截面积,m^2;
ρ——空气密度,N/m^3;
v——列车速度,m/s。

由于空气阻力与列车速度的平方成正比。因此,高速列车要求采用流线形车体,以降低C_x值,从而减小列车空气阻力。

上述五种阻力的共同特点都是随着列车速度的变化而有不同的变化。一般低速时,主要是轴承阻力;速度提高后,轮轨间滑动(摩擦)阻力、冲击和振动阻力、空气阻力所占比例逐渐加大;高速时,列车基本阻力则以空气阻力为主。

(二) 基本阻力的计算

由于影响基本阻力的因素极为复杂,在实际运用中很难用理论公式来推导求解。因此,列车运行计算中采用试验后归纳的经验公式。无论是机车还是车辆,其单位基本阻力w_0为

$$w_0 = A + Bv + Cv^2 \quad (N/kN)$$

式中 A,B,C——试验测定的常数;
v——列车运行速度,km/h。

我国铁路客货车辆车型繁多,不同类型的车辆,由于外形、尺寸、轴承类型、转向架结构以及自重、载重等因素的不同,单位基本阻力也不相同。

1. 客车单位基本阻力

21型、22型客车($v = 120$ km/h):

$$w_0'' = 1.66 + 0.007\,5v + 0.000\,155v^2 \quad (N/kN) \tag{5-8}$$

25B型、25G型客车($v = 140$ km/h):

$$w_0'' = 1.82 + 0.010\,0v + 0.000\,145v^2 \quad (N/kN) \tag{5-9}$$

准高速单层客车($v = 160$ km/h):

$$w_0'' = 1.61 + 0.004\,0v + 0.000\,187v^2 \quad (N/kN) \tag{5-10}$$

准高速双层客车($v = 160$ km/h):

$$w_0'' = 1.24 + 0.003\,5v + 0.000\,157v^2 \quad (N/kN) \tag{5-11}$$

2. 货车单位基本阻力

滚动轴承重货车: $\quad w_0'' = 0.92 + 0.004\,8v + 0.000\,125v^2 \quad (N/kN) \tag{5-12}$

滑动轴承重货车: $\quad w_0'' = 1.07 + 0.001\,1v + 0.000\,236v^2 \quad (N/kN) \tag{5-13}$

油罐重车专列: $\quad w_0'' = 0.53 + 0.012\,1v + 0.000\,080v^2 \quad (N/kN) \tag{5-14}$

空货车(不分种类): $\quad w_0'' = 2.23 + 0.005\,3v + 0.000\,675v^2 \quad (N/kN) \tag{5-15}$

3. 混编列车的车辆基本阻力

对于空、重混编(或滚动轴承与滑动轴承货车混编)列车,可根据空、重车(或滚动轴承货

车与滑动轴承货车)比例,按重量加权平均法求得其车辆的单位基本阻力 w_0''。

$$w_0'' = \frac{\sum(w_{0i}'' \cdot G_i \cdot g)}{\sum(G_i \cdot g)} = \sum(w_{0i}'' \cdot x_i) \tag{5-16}$$

式中　w_{0i}''——第 i 种车的单位基本阻力,N/kN;

　　　x_i——第 i 种车的总质量 G_i 与列车牵引质量之比。

油罐车与其他货车混编时按滚动轴承货车单位阻力公式计算。

【例 5-1】　某列车编组 60 辆货车,其中,总重 80 t(滚动轴承)的重车 35 辆;总重 70 t(滑动轴承)的重车 10 辆;空车(自重 20 t,滚动轴承)15 辆。试求 $v=50$ km/h 时该车列的单位基本阻力。

【解】　由题意,该车列由三类车组成,各车组的单位基本阻力为

(1) 80 t 重车:$w_{01}'' = 0.92 + 0.004\,8 \times 50 + 0.000\,125 \times 50^2 = 1.47$ N/kN

(2) 70 t 重车:$w_{02}'' = 1.07 + 0.001\,1 \times 50 + 0.000\,236 \times 50^2 = 1.72$ N/kN

(3) 空车:$w_{03}'' = 2.23 + 0.005\,3 \times 50 + 0.000\,675 \times 50^2 = 4.18$ N/kN

根据式(5-16),该车列的单位基本阻力为

$$w_0'' = \frac{2\,800 \times 1.47 + 700 \times 1.72 + 300 \times 4.18}{3\,800} = 1.73 \text{ N/kN}$$

4. 机车单位基本阻力

为简化计算,机车基本阻力不分牵引状态或惰行状态,统一按以下方式计算。

(1) 电力机车

SS_1 型、SS_3 型及 SS_4 型:

$$w_0' = 2.25 + 0.019\,0v + 0.000\,320v^2 \quad (\text{N/kN}) \tag{5-17}$$

(2) 内燃机车

DF_4 型(货、客)、DF_4B 型(货、客)、DF_4C 型(货、客)、DF_4D 型等:

$$w_0' = 2.28 + 0.029\,3v + 0.000\,178v^2 \quad (\text{N/kN}) \tag{5-18}$$

DF_{11} 型:　　$w_0' = 0.86 + 0.005\,4v + 0.000\,218v^2 \quad (\text{N/kN}) \tag{5-19}$

由于列车在低速运行($v<10$ km/h)时,列车阻力变化复杂,利用式(5-17)—式(5-19)计算机车或车辆单位基本阻力时,规定取 $v=10$ km/h。对于装载轻浮货物车辆的单位基本阻力计算,凡不足标记载重 50% 者,按空车计算,其他按重车计算。

二、附加阻力

附加阻力主要取决于运行的线路条件,受机车车辆类型的影响很小。因此,附加阻力按列车计算。附加阻力主要有坡道附加阻力、曲线附加阻力、隧道空气附加阻力等。

(一) 坡道附加阻力

列车在坡道上运行时,在重力作用下,会沿轨道方向产生一个附加力,即坡道附加阻力 W_i。列车在上坡道运行时,坡道附加阻力与列车运行方向相反,阻力是正值;列车在下坡道

运行时，坡道附加阻力与列车运行方向相同，阻力是负值（实际上是加速力）。

若坡道的坡度值为 i（坡段终点对起点的高度差与两点间水平距离的比值，单位为‰），那么坡道单位附加阻力 w_i 可近似按式(5-20)计算：

$$w_i = \pm i \quad (\text{N/kN}) \tag{5-20}$$

式(5-20)表明：单位坡道阻力值等于该坡道坡度的千分数。例如，当 $i=3‰$ 上坡时，单位坡道阻力 $w_i=3$ N/kN；当 $i=3‰$ 下坡时，$w_i=-3$ N/kN。

（二）曲线附加阻力

机车车辆在曲线上的运行阻力大于同样条件下在直线上的运行阻力，其增大的部分称为曲线附加阻力。由于曲线附加阻力与曲线半径、列车运行速度、外轨超高、轨距加宽量、机车车辆的固定轴距和轴重等许多因素有关，通常采取试验方法，按其主要因素——曲线半径 R 推算经验公式。列车的单位曲线附加阻力 w_r 的计算公式如下：

$$w_r = \frac{600}{R} \quad (\text{N/kN}) \tag{5-21}$$

式中　600——用试验方法确定的常数。

（1）列车长度小于或等于曲线长度

$$w_r = \frac{600}{R} = \frac{600}{57.3 \times \frac{l_r}{\alpha}} = \frac{10.5\alpha}{l_r} \quad (\text{N/kN}) \tag{5-22}$$

式中　l_r——曲线长度，m；
　　　α——曲线的转角，(°)。

（2）列车长度大于曲线长度

当列车长度大于曲线长度时，列车有一部分车辆位于直线上，未受到曲线阻力。因此，此时列车的平均单位曲线阻力可根据阻力机械功相等的原则，分摊计算，即

$$w_r = \frac{10.5\alpha}{l_r} \times \frac{l_r}{l_c} = \frac{10.5\alpha}{l_c} \quad (\text{N/kN}) \tag{5-23}$$

式中　l_c——列车长度，m。

（3）列车跨越几组曲线（其转角和为 $\sum \alpha$）

$$w_r = \frac{10.5\sum\alpha}{l_c} \quad (\text{N/kN}) \tag{5-24}$$

（三）隧道空气附加阻力

列车进入隧道时，由于空气受隧道空间的约束，形成了比空旷地段大得多的空气阻力，其增加的部分称为隧道空气附加阻力。

列车的隧道空气阻力与许多因素有关，如行车速度、列车和隧道长度、列车迎风面积、隧道的洞门形状及净空面积、列车与隧道表面的粗糙程度等，理论上推导计算公式很难，单位隧道空气附加阻力 w_s 的经验公式为

隧道内有限制坡道时：$w_s = L_s \cdot v_s^2 \times 10^{-7}$ （N/kN） （5-25）

隧道内无限制坡道时：$w_s = 0.00013 \times L_s$ （N/kN） （5-26）

式中 v_s——列车在隧道内的运行速度，km/h；
L_s——隧道长度，m。

（四）加算附加阻力

上述三种与线路条件相关的附加阻力，有时单独存在，有时两种或三种并存。为了计算方便，用加算附加阻力 w_j 表示单位附加阻力之和，即

$$w_j = w_i + w_r + w_s \quad (\text{N/kN}) \quad (5-27)$$

由于单位阻力在数值上等于坡道坡度的千分数。因此，这些附加阻力都可用一个相当的坡道附加阻力代替，这个相当的坡道称为加算坡道 i_j，在数值上有

$$i_j = \pm i + w_r + w_s \quad (‰) \quad (5-28)$$

（五）起动阻力

起动阻力是包括起动加速力和起动阻力（指运行阻力和起动附加阻力之和）在内的综合值。由于起动时机车车辆所处的状态与运行时不同，所以起动阻力要单独计算。电力机车与内燃机车单位起动阻力 $w'_q = 5$ N/kN。货车单位起动阻力 w''_q 分两种类型计算：

(1) 滚动轴承货车统一取 3.5 N/kN。
(2) 滑动轴承货车按式(5-29)计算：

$$w''_q = 3 + 0.4 i_q \quad (\text{N/kN}) \quad (5-29)$$

式中 i_q——起动地段的加算坡度，‰。

当式(5-29)计算的 w''_q 小于 5 N/kN 时，取 5 N/kN。

三、列车运行阻力计算

列车总阻力： $W = \left[\sum(P \cdot w'_0) + G \cdot w''_0 + (\sum P + G) i_j\right] g$ （N） （5-30）

列车单位阻力： $w = \dfrac{\sum(P \cdot w'_0) + G \cdot w''_0}{\sum P + G} + i_j = w_0 + i_j$ （N/kN） （5-31）

式中 w'_0, w''_0, w_0——机车、车辆、列车单位基本阻力，N/kN；
$\sum P$——机车计算质量，t；
G——列车牵引总质量（牵引定数），t；
i_j——加算坡度的千分数，‰。

若计算起动时的列车起动阻力，需要用机车、车辆、列车单位起动基本阻力 w'_q, w''_q, w_q 分别替换式(5-30)和式(5-31)中对应的 w'_0, w''_0, w_0。

【例 5-2】一台 DF_4 型内燃机车牵引 3 300 t 重货列车（货车均为滚动轴承），列车长度 600 m。当前列车运行速度 50 km/h。行驶在 4‰ 的上坡道，且恰遇平面曲线（曲线半径 800 m，长度 358.813 m，转角 25.7°）。试确定列车当前运行状态的变化（加速、匀速、减速）。

【解】 查表 5-1 知，DF_4 型内燃机车 $P=135$ t，在 $v=50$ km/h 时的牵引力 $F=131.5$ kN。

$v=50$ km/h 时的列车单位基本阻力：

车辆：$w_0''=0.92+0.0048\times50+0.000125\times50^2=1.47$ N/kN

机车：$w_0'=2.28+0.0293\times50+0.000178\times50^2=4.19$ N/kN

列车：$w_0=\dfrac{3300\times1.47+135\times4.19}{3300+135}=1.58$ N/kN

附加单位阻力：$w_j=4+\dfrac{10.5\times25.7}{600}=4.45$ N/kN

列车总阻力：$W=0.001\times(1.58+4.45)\times(3300+135)\times9.81=203.2$ kN

由于 $F-W=131.5-203.2=-71.7$ kN <0，故牵引力不足，列车将减速。

第三节 列车制动力

一、列车制动概述

专题 8 列车制动力

为了使列车停车或减速，司机通过操纵制动装置，人为地施加一个与列车运行方向相反的外力，即制动力。制动分常用制动和紧急制动。常用制动是正常情况下为调控列车速度或进站停车所施加的制动，其作用较为缓和，而且制动力可以调节，一般只使用列车制动能力的 20%～80%。紧急制动则是在特殊情况下，为保证列车安全，让列车尽快停住而施加的制动，其动作往往比较迅猛，使用列车的全部制动能力。

目前机车车辆中采用的制动方式很多，大致有以下三种划分方式。

（一）按动能转移方式划分

(1) 不可用能制动：主要有摩擦制动和电阻制动两类。闸瓦制动和盘形制动属摩擦制动，是轨道交通系统中应用最广泛的制动方式。通过闸瓦与车轮踏面或制动盘（装于车轴上或车轮上）与制动夹钳的机械摩擦将列车动能转变为热能消散于大气中，并产生制动力。电阻制动是动力制动的一种，广泛应用于电力牵引机车、电传动内燃机车和电动（内燃动）车组。其基本原理是利用牵引电机的可逆原理，制动时在机车或动车的车轮带动下，牵引电机产生逆作用（即牵引电机变为发电机），并将发电机发出的电能通过电阻器转变为热能散发，产生制动作用。

(2) 可用能制动：指电力牵引机车和电动车组的再生制动。其制动原理与动力制动相近，但它将逆作用产生的电能通过一定的装置反馈回电网，供其他列车使用。此方式既节约能源，又能减少制动时对环境的污染，是一种较为理想的制动方式。目前法国的 TGV、瑞典的 X2000、中国的 CRH 和复兴号动车组、韶山型与和谐号电力机车都将再生制动作为辅助制动手段。

（二）按制动力形成方式划分

(1) 黏着制动。它依赖于轮轨间的黏着力产生制动。铁路采用的空气制动机系统和盘形制动系统都属于黏着制动，其制动力的形成受控于轮轨间的黏着条件。

(2) 非黏着制动。目前主要有磁轨摩擦制动和磁轨涡流制动。磁轨摩擦制动是在制动时将装在车架下的滑动梁放下,同时用电流励磁,使滑动梁利用磁吸力紧压钢轨,产生阻力,使列车减速(图 5-5)。磁轨涡流制动与磁轨摩擦制动相似,但制动时磁轨器不与钢轨接触(其间有 5 mm 的间隙)。制动时牵引电动机作为发电机使用,并对电磁铁励磁供电。当磁铁在钢轨上方通过时,钢轨表面形成涡流而产生制动力。无论是磁轨制动还是磁轨涡流制动,都是利用电磁力进行制动,因此其制动力的大小不受轮轨间黏着条件的限制。

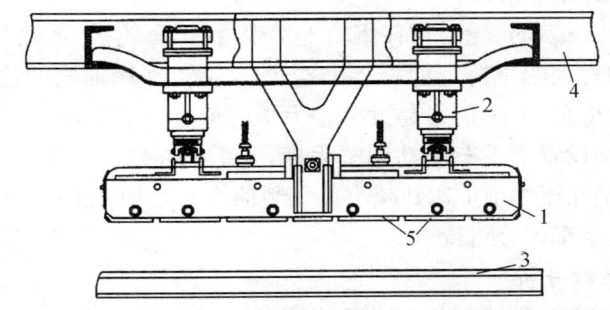

1—电磁铁;2—升降风缸;3—钢轨;4—转向架构架侧梁;5—磨耗板。

图 5-5 磁轨制动示意图

(三) 按制动源动力划分

(1) 空气制动方式。以压缩空气为源动力的制动方式,如闸瓦制动、盘形制动等。

(2) 电气制动方式。以电为源动力的制动方式,如动力制动、磁轨制动等。

二、空气制动

空气制动系统是轮轨系统列车必备的制动方式。

(一) 闸瓦制动力的产生与传递

制动一般在牵引力为零(即列车惰行)的情况下进行。空气制动系统,通过对列车管排气,使制动缸内的空气压力增加,并将压力传递至闸瓦。闸瓦压紧车轮,引起轮轨接触点产生与列车运行方向相反的钢轨反作用力,阻止列车前进,该力即为制动力,如图 5-6 所示。

(二) 闸瓦制动力计算

一个轮对的空气制动力 B_z 可用式(5-32)计算:

$$B_z = \sum K \cdot \varphi_k \quad (kN) \quad (5-32)$$

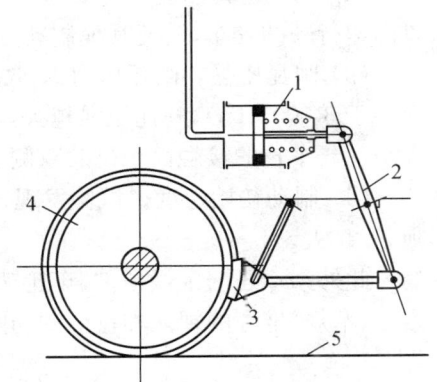

1—制动缸;2—基础制动装置;
3—闸瓦;4—车轮;5—钢轨。

图 5-6 闸瓦制动示意图

式中 $\sum K$ ——一个轮对所受闸瓦压力总和,kN;

φ_k——车轮与闸瓦间的摩擦系数。

机车车辆的闸瓦压力由制动缸提供,其大小与制动缸的空气压强、基础制动装置的传动效率等因素有关。

(三) 制动力的限制

空气制动属于黏着制动,所以制动力也受轮轨间黏着条件的限制。轮对的最大制动力

$B_{z\max}$ 为

$$B_{z\max} = \sum K \cdot \varphi_k \leqslant p_z \cdot g \cdot \mu \quad (\text{kN}) \tag{5-33}$$

式中 p_z ——制动轴上的荷载, t;
    g ——重力加速度, 取 9.81 m/s^2;
    μ ——轮轨间的黏着系数。

当 $B_{z\max} > p_z \cdot g \cdot \mu$ 时, 轮对将在钢轨上发生滑行(车轮被"抱死", 不转动), 引起轮轨间的剧烈摩擦。制动力大幅下降, 使制动距离延长, 轮轨磨耗加剧。这种现象在列车低速(φ_k 值较大)和空车(p_z 值较小)时最易发生。为了避免这一情况, 在标记载重 50 t 及以上的大型货车制动机上, 都设置空重车制动调整手柄, 当手柄在空车位时, 制动缸会与降压风缸相通, 以减少制动的闸瓦压力 K, 达到减小最大制动力 $B_{z\max}$ 的目的。在计算这类大型货车制动力时, 应按空车、重车区分对待。

（四）闸瓦摩擦系数分析

闸瓦摩擦系数 φ_k 主要受以下几个因素的影响。

（1）闸瓦材质。铸铁闸瓦中含磷量低, 闸瓦的硬度过大, 随着列车速度的增加, φ_k 容易下降。反之, 若含磷量高, 虽然提高了制动效果, 但闸瓦的脆裂性及与车轮踏面的硬性磨耗也是很大的缺陷。所以中国铁路近几年来逐渐取消铸铁闸瓦的使用。自 2010 年起, 中国铁路积极研制推广金属与非金属相结合、性能优良的合成闸瓦。货车已形成了适合 120 km/h 和 90 km/h 速度等级的高摩擦系数合成闸瓦(简称 H 闸瓦)和低摩擦系数合成闸瓦(简称 L 闸瓦)。

（2）列车运行速度。列车运行速度越高, φ_k 越小, 这与列车运行安全的要求不一致。所以高速行驶的列车, 需要其他制动方式(如动力制动)予以辅助。

（3）闸瓦压强。闸瓦压力 K 取决于闸瓦压强。试验结果表明, 在一定条件下(如闸瓦压强小于 3 000 kPa), 闸瓦压强越大, φ_k 越小。因此, 增加制动力通常通过增加闸瓦数量、加大闸瓦与车轮的接触面积(如"双侧制动")、降低闸瓦压强等方法来实现。

（4）制动初始速度。试验发现, 在材质、闸瓦压强相同的情况下, 制动的初始速度越小, 则 φ_k 越大。

此外, φ_k 还与气候条件、车轮踏面的清洁状况、闸瓦的温度等诸多因素有关。

《牵规》推荐的闸瓦和盘形制动闸片的 φ_k 经验公式如下：

$$\text{L 闸瓦：} \varphi_k = 0.25 \times \frac{K+500}{7K+500} \times \frac{4v+150}{10v+150} + 0.000\,6 \times (100-v_0) \tag{5-34}$$

$$\text{H 闸瓦和盘形制动闸片：} \varphi_k = 0.41 \times \frac{K+200}{4K+200} \times \frac{v+150}{2v+150} \tag{5-35}$$

（五）列车制动力计算

1. 计算方法

列车制动力计算有实算法和换算法两种方法。

（1）实算法。列车各制动轴产生的制动力总和称为列车制动力（B）, 基本计算公式如下：

$$B = (K_1 \cdot \varphi_{k1} + K_2 \cdot \varphi_{k2} + \cdots + K_n \cdot \varphi_{kn}) = \sum K_i \varphi_{ki} \quad (\text{kN}) \tag{5-36}$$

式中 $K_1, K_2, \cdots, K_n$——机车及各类车辆的实算闸瓦压力,kN;

$\varphi_{k1}, \varphi_{k2}, \cdots, \varphi_{kn}$——对应于 $K_1, K_2, \cdots, K_n$ 的实算摩擦系数。

由于实际列车编组中车型(制动机)很复杂,而且实算摩擦系数 φ_k 与初速度和各瞬时速度相关,计算很繁琐。因此,为了简化计算,《铁路技术管理规程》(2014 年)(简称《技规》)推荐采用换算法。

(2) 换算法。该方法的实质是假定闸瓦摩擦系数与闸瓦压强无关,用列车中各闸瓦取定的一个固定闸瓦压力 K_h(称换算闸瓦压力)的总和乘以闸瓦的换算摩擦系数 φ_h 来计算列车制动力。

$$B = \sum \varphi_h K_h = \varphi_h \sum K_h \quad (\text{kN}) \tag{5-37}$$

为了使两种方法的计算结果一致,换算闸瓦压力 K_h 的修正原则为

$$K_h \cdot \varphi_h = K \cdot \varphi_k, \text{即 } K_h = K \frac{\varphi_k}{\varphi_h} \tag{5-38}$$

2. 列车制动力的换算计算

(1) 换算摩擦系数。根据我国目前车辆的实际装备情况,《牵规》推荐的 L 闸瓦和 H 闸瓦的换算摩擦系数按每块闸瓦的实算闸瓦压力 $K = 20$ kN 代入式(5-34)和式(5-35)计算:

$$\text{L 闸瓦}: \varphi_h = 0.202 \times \frac{4v + 150}{10v + 150} + 0.0006 \times (100 - v_0) \tag{5-39}$$

$$\text{H 闸瓦}: \varphi_h = 0.322 \times \frac{v + 150}{2v + 150} \tag{5-40}$$

高摩擦系数合成盘形闸片的换算摩擦系数按每块闸片的实算闸片压力 $K = 20$ kN 并折算到车轮踏面的 K 值计算,即

$$\varphi_h = 0.358 \times \frac{v + 150}{2v + 150} \tag{5-41}$$

(2) 换算闸瓦压力。根据近几年我国铁路车辆 H 闸瓦和 L 闸瓦已替代了高磷铸铁闸瓦的实际情况,《技规》重新颁布了机车和车辆的换算闸瓦压力值,见表 5-6 和表 5-7。

表 5-6　　　　　　　　　　机车计算质量及每台换算闸瓦压力

	机车类型	计算质量/t	换算闸瓦压力/kN
电力	SS_3,SS_6	138	700
	SS_1	138	830
	SS_{3B},SS_{6B}	138	680
	SS_4	184	900
	SS_7	138	1 100

续 表

机车类型		计算质量/t	换算闸瓦压力/kN
电力	SS_{7E}，SS_9	126	770
	SS_8	90	520
	HXD_1，HXD_2	200	900(320)
	HXD_{1B}，HXD_{2B}，HXD_{3B}	150	680(240)
内燃	DF_4	135	680
	DF_5，DF_7，DF_8，DF_{11}	138	680
	DF_{11G}，DF_{11Z}	145	770
	DF_{7B}，DF_{7C}，DF_{7D}	138	680
	DF_{8B}	150	900
	HXN_5，HXN_3	150	680(240)

注：1. 表中数据为铸铁闸瓦换算闸瓦压力(500 kPa 定压条件)。
2. 新型机车根据 120 km/h 速度下紧急制动距离在 1 100 m 以内的要求计算,括号内的数值为按 H 闸瓦换算的闸瓦压力。

表 5-7　　　　　　　　　　车辆换算闸瓦压力

车辆类型				换算闸瓦压力/(kN·辆$^{-1}$)	
				自动制动机列车主管压力	
				500 kPa	600 kPa
客车	普通客车(120 km/h)		踏面制动	—	(350)
	新型客车(盘形制动)	120 km/h	自重 41~45 t	—	137(412)
			自重 46~50 t	—	147(441)
			自重 51~55 t	—	159(477)
			自重≥56 t	—	173(519)
			双层	—	178(534)
		140 km/h 及 160 km/h	自重 41~45 t	—	146(438)
			自重 46~50 t	—	156(468)
			自重 51~55 t	—	167(501)
			自重≥56 t	—	176(528)
	特快货物班列中的车辆(盘形制动,160 km/h)			—	180(540)
货车	快速货物班列中的车辆(18 t 轴重)		重车位	—	140
			空车位	—	55
	普通货车(21 t 轴重)		重车位	145	165
			空车位	60	70

续表

车辆类型			换算闸瓦压力/(kN·辆⁻¹)	
			自动制动机列车主管压力	
			500 kPa	600 kPa
货车	普通货车(23 t 轴重)	重车位	160	180
		空车位	65	75
	重载货车(25 t 轴重)	重车位	170	195
		空车位	70	80

注：1. 按 H 闸瓦计算，括号内数值为按铸铁闸瓦计算。
2. 空重车自动调整装置的空重位压力比为 1:2.5；对装有空重车手动调整装置的车辆，当车辆总重（自重＋载重）达到 40 t 时，按重车位调整。
3. 旅客列车、特快及快速货物班列自动制动机主管压力为 600 kPa，其他列车为 500 kPa。长大下坡道区段货物列车及重载货物列车的自动制动机主管压力，由铁路局根据管内相关试验结果和列车实际操纵需要可提高至 600 kPa。
4. 快运货物班列车辆和货车以外的其他车辆，在列车主管压力为 500 kPa 时的闸瓦压力，按 600 kPa 时的闸瓦压力的 1:1.15 换算。

3. 列车换算制动率与列车单位制动力

列车换算制动率 θ_h 是列车换算闸瓦压力 $\sum K_h$ 与列车质量 $(\sum P+G)g$ 之比，它是反映列车制动能力的参数。

$$\theta_h = \frac{\sum K_h}{(\sum P + G)g} \tag{5-42}$$

列车单位制动力 b 可写成：

$$b = \frac{B}{(\sum P + G)g} = 1\,000\varphi_h \cdot \frac{\sum K_h}{(\sum P + G)g} = 1\,000\varphi_h \cdot \theta_h \quad (\text{N/kN}) \tag{5-43}$$

式中　$\sum K_h$——机车换算闸瓦压力 $\sum K'_h$ 与车辆换算闸瓦压力 $\sum K''_h$ 之和，kN。

4. 列车制动力计算简化

为了简化列车制动力计算，《技规》和《牵规》作出如下规定：

(1) 列车换算制动率，在紧急制动时，取全值；解算列车进站制动时，取全值的 50%；计算固定信号机间的距离时，取全值的 80%。一般情况下，途中调速常用制动（减压量在 90~100 kPa 之间），也取全值的 80%。

(2) 因为牵引货物列车的机车闸瓦压力与货车闸瓦压力接近，机车重量占列车总重量很小（【例 5-3】中，机车重量占列车重量的 3.2%）。进一步简化列车制动力计算时，可忽略机车的闸瓦压力及其重量。

(3) 对于盘形制动旅客列车的机车，需要将表 5-6 中的机车闸瓦压力按表 5-8 换算成合成闸片的换算闸瓦压力。简化计算时可取列车制动初始速度为 100 km/h 左右的换算闸瓦压力比。如表 5-6 中的 HXD₁ 型机车，H 闸瓦换算的闸瓦压力 320＝900×0.355（列车制动初始速度为 95 km/h)。

表 5-8　　　　　　　不同闸瓦制动距离平均摩擦系数检验标准比较

制动初速/(km·h^{-1})	35	55	75	95	100	105	125
高磷铸铁闸瓦	0.22±0.03	0.18±0.03	0.148±0.03	0.128±0.04	—	—	—
H 闸瓦	0.385±0.05	0.375±0.05	0.365±0.04	0.355±0.04	—	0.35±0.04	0.34±0.04
L 闸瓦	0.185±0.04	0.17±0.04	0.155±0.04	0.145±0.04	—	—	—
盘形制动合成闸片	—	—	—	—	0.315±0.03	—	0.304±0.04
盘形制动合成闸片(新)	—	—	—	—	0.36±0.035	—	0.35±0.035

【例 5-3】　一列车由 SS$_1$ 型电力机车牵引的货物列车由 50 辆(满载,H 闸瓦)重车组成。其中,标记载重 60 t 的 4 轴 P$_{62K}$ 型棚车 30 辆(自重 24 t);标记载重 60 t 的 4 轴 C$_{62A}$ 型敞车 20 辆(自重 21.7 t)。自动制动机列车主管压力为 500 kPa。计算要求如下:

(1) 计算该列车的闸瓦压力(机车 H 闸瓦压力换算系数取 0.355)。

(2) 试用换算法计算列车减速至 40 km/h 时的列车制动力。

(3) 试求 40 km/h 时列车的换算制动率和单位制动力。

【解】　(1) 查表 5-6 可知,SS$_1$ 型电力机车的铸铁换算闸瓦压力为 830 kN/台。由表 5-8 可知,换算 H 闸瓦压力为 830×0.355=295(取整)kN。P$_{62K}$ 型和 C$_{62A}$ 型重车的总重分别为 84 t 和 81.7 t,均为 4 轴车,因此它们的轴重均不超过 21 t。查表 5-7 可知,车辆换算闸瓦压力均取 145 kN/辆。

列车的换算闸瓦压力为

$$\sum K_h = 295 + (30+20) \times 145 = 7\ 545 \text{ kN}$$

(2) 由式(5-40)可计算 H 闸瓦换算摩擦系数为

$$\varphi_h = 0.322 \times \frac{v+150}{2 \times v+150} = 0.322 \times \frac{40+150}{2 \times 40+150} = 0.266$$

列车制动力为

$$B = \varphi_h \sum K_h = 0.266 \times 7\ 545 = 2\ 007.0 \text{ N/kN}$$

(3) SS$_1$ 型电力机车 $P=138$ t,$G=30\times 84+20\times 81.7=4\ 154$ t

由式(5-42)可计算列车换算制动率为

$$\theta_h = \frac{\sum K_h}{(P+G)g} = \frac{7\ 545}{(138+4\ 154)\times 9.81} = 0.179$$

由式(5-43)可计算列车单位制动力为

$$b = 1\,000\varphi_h \cdot \theta_h = 1\,000 \times 0.266 \times 0.179 = 47.6 \text{ N/kN}$$

三、动力制动

无论是电阻制动还是再生制动,动力制动性能与闸瓦制动性能差异较大。例如,在高速时,动力制动力随速度的降低而增大,在长大下坡道上可以使列车以较高的速度安全行驶;在低速时,动力制动力随速度的降低而减小,必须依靠其他制动工具(如闸瓦)来控制列车低速运行和停车。另外,动力制动装置仅配置在机车上,因此它只能作为列车的辅助制动手段。

以电阻制动为例,在长大下坡道实施电阻制动时,牵引电动机电枢在坡道下滑力的带动下旋转,使牵引电机变为发电机运行。由它激电机特性,可以求出轮周制动力 B_d 与速度 v 的特性公式为

$$B_d = 3.6(C\Phi)^2 \frac{v}{\eta_d \eta_c \sum R_d} \quad \text{(kN)} \tag{5-44}$$

式中　C——机车结构常数;
　　　Φ——总磁通量,Wb,取决于励磁电流大小;
　　　η_d, η_c——电机效率和齿轮传动效率;
　　　$\sum R_d$——总的制动电阻,Ω。

由式(5-44)可知,若不考虑损失,对某一固定的总磁通量(即某一固定的励磁电流量)来说,电阻制动力将随速度的增大而增大。SS_1 型电力机车的电阻制动力见表 5-9。

电阻制动仅作为列车运行中调节速度时使用。按照《技规》规定,验算列车下坡道运行的最高允许速度或计算列车进站制动力时,不应将电阻制动力计算在内。

表 5-9　　　　　　　　　SS_1 型电力机车电阻制动力

v/(km·h^{-1})	10	20	30	37.7	40	50	60	70	80	90	95
B_d/kN	88.7	177.5	266.2	334.5	312.6	250.2	209.0	181.5	159.9	143.2	135.4

【例 5-4】 一台 SS_1 型电力机车牵引 3 200 t 重货列车(货车均为滚动轴承),行驶于 8‰ 的下坡道上。若从安全角度考虑,司机欲限制列车运行速度为 65 km/h。试问采用电阻制动能否控制列车恒速下坡?

【解】 查表 5-2 可知,SS_1 型机车 $P=138$ t,列车在长大下坡道时,切换至制动工况 ($F=0$)。

$v=65$ km/h 时列车单位基本阻力为

车辆:$w_0'' = 0.92 + 0.004\,8 \times 65 + 0.000\,125 \times 65^2 = 1.76$ N/kN

机车:$w_0' = 2.25 + 0.019\,0 \times 65 + 0.000\,320 \times 65^2 = 4.84$ N/kN

列车总阻力:$W = 0.001 \times (1.76 \times 3\,200 + 4.84 \times 138) \times 9.81 = 61.8$ kN

列车下坡时需要的制动力:$B_{d(需)} = 0.001 \times (138 + 3\,200) \times 8 \times 9.81 - 61.8 = 200.2$ kN

按表 5-9,由内插法可得 $v=65$ km/h 时的电阻制动力为

$$B_\mathrm{d}=209.0+(181.5-209.0)\times\frac{65-60}{70-60}=195.3 \text{ kN}$$

因为 $B_\mathrm{d}-B_\mathrm{d(需)}<0$,故列车电阻制动不足以维持 65 km/h 的限速,需要附加空气制动,以确保行车安全。

复习思考题 5

[5-1] 机车牵引力为什么只能来自轮轨接触点？牵引力产生的必要条件有哪些？

[5-2] 轨道交通的"黏着"与物理学上的"静摩擦"的区别是什么？

[5-3] 何谓黏着牵引力？为什么它对机车牵引力有制约作用？

[5-4] 参照表 5-1,试编制 DF_4(货)型内燃机车在海拔 4 000 m、温度 40 ℃、手柄在 16 位的各档速度的牵引力(kN)。

[5-5] 何谓"单位阻力"？它的计算规则是什么？

[5-6] 简述单位基本阻力经验公式中的 A,Bv,Cv^2 分别主要反映了何种阻力构成。

[5-7] 已知某列车牵引机车为 DF_4 型内燃机车双机重联操纵(单机 H 闸瓦换算闸瓦压力取 240 kN),货车全部采用滚动轴承,机车和车辆均为 H 闸瓦。其中,标记载重 61 t 四轴敞车 C_{63} 型 35 辆(自重 22.5 t,全部满载);标记载重 80 t 四轴敞车 C_{80} 型 10 辆(自重 20 t,全部满载);标记载重 70 t 四轴敞车 C_{70} 型空车 5 辆(自重 23.8 t)。试计算 20 km/h 的列车运行的单位基本阻力和单位牵引力。

[5-8] DF_4 型机车牵引 $G=4\,000$ t 货物列车行驶在 1.0‰ 的上坡道上。已知此时列车的基本阻力为 56 790 N,该坡道中有一曲线,且列车的单位加算阻力与列车的单位基本阻力正好相等。试求此曲线的半径。

[5-9] 列车(闸瓦)制动力为何受"黏着条件"的限制？

[5-10] 为何货车要专设"空重车"手柄位？

[5-11] 列车制动力计算换算法的原理是什么？

[5-12] 根据思考题[5-7]的条件,自动制动机列车主管压力为 500 kPa。

  (1) 试计算该列车的换算制动率(机车 H 闸瓦压力换算系数取 0.352)。

  (2) 试计算当列车速度分别为 80 km/h,60 km/h,40 km/h,20 km/h 时的列车单位制动力。

[5-13] 简述动力制动和闸瓦制动特性的异同点。

第六章 列车运动方程及运行时分解算

第一节 单位合力曲线图

一、列车运动状态

列车牵引力、阻力和制动力的合力作用结果决定了列车运行状态。当列车在无隧道的平直道上运行时,作用于列车上的合力 C 分三种运行工况:

(1) 牵引工况。列车受到的力为机车牵引力 F 和运行阻力 W,合力 $C=F-W$。
(2) 惰行工况。列车受到的力只有运行阻力,合力 $C=-W$。
(3) 制动工况。列车受到的力为运行阻力 W 和列车制动力 B,合力 $C=-(W+B)$。

单位合力为

$$c = \frac{C \times 10^3}{(\sum P + G)g} \quad \text{(N/kN)} \tag{6-1}$$

当 $C>0$ 时,列车加速运行;当 $C<0$ 时,列车减速运行;当 $C=0$ 时,列车等速运行。

二、单位合力曲线

绘制单位合力曲线时,一般先编制单位合力曲线计算表(表 6-1)。利用加算坡道阻力与列车运行速度无关的特点,单位合力曲线一般按列车在无隧道的平直线路上运行的情况绘制。在使用该合力曲线时,遇到附加阻力,再考虑其影响。

(一) 单位合力计算

1. 牵引工况

$$c = f - w_0 = \frac{\sum F \times 10^3}{(\sum P + G)g} - \frac{[\sum(P \cdot w_0') + G \cdot w_0'']g}{(\sum P + G)g} \quad \text{(N/kN)} \tag{6-2}$$

2. 惰行工况

$$c = -w_0 = -\frac{[\sum(P \cdot w_0') + G \cdot w_0'']g}{(\sum P + G)g} \quad \text{(N/kN)} \tag{6-3}$$

3. 制动工况

根据采用制动方式的不同,分三种情况。

(1) 常用空气制动

$$c = -(w_0 + 0.5b) = -\frac{\left[\sum(P \cdot w'_0) + G \cdot w''_0\right]g}{(\sum P + G)g} - 500\varphi_h \cdot \theta_h \quad (\text{N/kN}) \quad (6\text{-}4)$$

(2) 电阻制动

$$c = -(w_0 + b_d) = -\frac{\left[\sum(P \cdot w'_0) + G \cdot w''_0\right]g + B_d \times 10^3}{(\sum P + G)g} \quad (\text{N/kN}) \quad (6\text{-}5)$$

(3) 电阻与空气制动并用

$$c = -(w_0 + b_d + 0.2b)$$
$$= -\frac{\left[\sum(P \cdot w'_0) + G \cdot w''_0\right]g + B_d \times 10^3}{(\sum P + G)g} - 200\varphi_h \cdot \theta_h \quad (\text{N/kN}) \quad (6\text{-}6)$$

绘制单位合力曲线需要的数据有：机车类型、机车数量及编挂情况、列车空重车编组情况、列车牵引质量、列车单位制动能力等。速度由零开始分档取值，一般间隔为 10 km/h，直至限制速度为止（即机车、车辆构造速度和线路容许最大速度中的较小者）。另外，还应列入机车牵引曲线上各转折点所对应的速度（表 6-1 中 $v = 41.2$ km/h 一栏）。SS_1 型电力机车 $v = 0$ 时，F 和 w_0 均按 $v = 10$ km/h 计算。SS_1 型电力机车的单位合力图如图 6-1 所示。

表 6-1　　　　　　　　　　SS_1 型电力机车单位合力计算表

运行工况	序号	项目	单位	速度 $v/(\text{km} \cdot \text{h}^{-1})$				
				0	10	20	⋯	41.2	⋯
牵引运行	1	机车牵引力 F	kN	415	415	387.5	⋯	363.2	⋯
	2	机车单位基本阻力 w'_0	N/kN	2.47	2.47	2.76	⋯	3.58	⋯
	3	机车基本阻力 $W'_0 = P \cdot g \cdot w'_0 \cdot 10^{-3}$	kN	3.3	3.3	3.7	⋯	4.8	⋯
	4	车辆单位基本阻力 w''_0	N/kN	1.10	1.10	1.19	⋯	1.52	⋯
	5	车辆基本阻力 $W''_0 = G \cdot g \cdot w''_0 \cdot 10^{-3}$	kN	29.1	29.1	31.5	⋯	40.2	⋯
	6	列车运行总基本阻力 $W_0 = W'_0 + W''_0$	kN	32.4	32.4	35.2	⋯	45.0	⋯
	7	列车运行合力 $C = F - W_0$	kN	382.6	382.6	352.3	⋯	318.2	⋯
	8	列车运行单位合力 $c = \dfrac{C \cdot 10^3}{(P+G)g}$	N/kN	13.74	13.74	12.65	⋯	11.43	⋯
惰行	9	列车惰行单位合力 $c = -w_0$ $c = -\dfrac{W_0 \cdot 10^3}{(P+G)g}$	N/kN	−1.17	−1.17	−1.27	⋯	−1.62	⋯

续 表

运行工况	序号	项 目	单位	速度 v /(km·h^{-1})				
				0	10	20	⋯	41.2	⋯
制动运行	10	闸瓦简化换算摩擦系数 $\varphi_k = 0.322 \times \dfrac{v+150}{2v+150}$		0.322	0.303	0.288	⋯	0.265	⋯
	11	紧急制动单位制动力 $b = 1\,000\theta_h\varphi_h$	N/kN	83.7	78.8	74.9	⋯	68.9	⋯
	12	常用制动单位制动力 $0.5b$	N/kN	41.9	39.4	37.5	⋯	34.5	⋯
	13	常用制动单位合力 $c = -(0.5b + w_0)$	N/kN	−43.07	−40.57	−38.77	⋯	−36.12	⋯
	14	电阻制动力 B_d	kN	—	89.2	178.5	⋯	305.4	⋯
	15	电阻单位制动力 $b_d = \dfrac{B_d \cdot 10^3}{(P+G)g}$	N/kN	—	3.20	6.41	⋯	10.97	⋯
	16	电阻制动单位合力 $c = -(b_d + w_0)$	N/kN	—	−4.38	−7.68	⋯	−12.59	⋯
	17	空气单位制动力 $0.2b$	N/kN	—	−15.76	−14.98	⋯	−13.78	⋯
	18	空气与电阻制动单位合力 $c = -(b_d + 0.2b + w_0)$	N/kN	—	−20.14	−22.66	⋯	−26.37	⋯

注:$i_x = 9‰$,$v_j = 43$ km/h,$P = 138$ t,$G = 2\,700$ t(H闸瓦),$\theta_h = 0.26$。

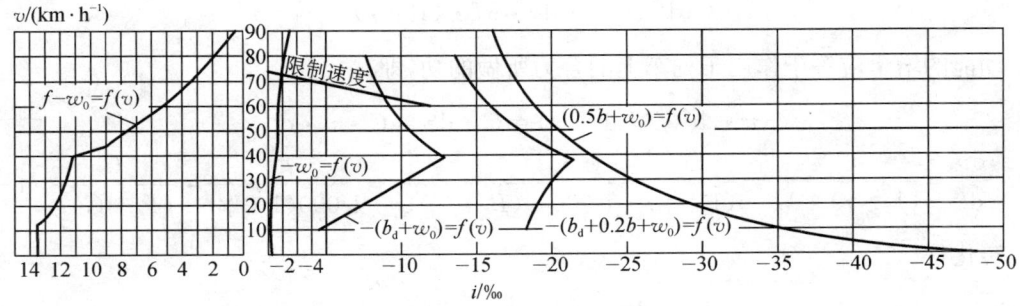

图 6-1 SS$_1$ 型电力机车的单位合力图

(二)计算加算坡度影响

在使用合力曲线(图 6-1)时,当遇加算坡道的坡度 $i_j > 0$(上坡)时,将速度纵轴左移 i_j 个千分数,曲线上各点的单位合力 c 都相应减少了 i_j 个千分数,即新的单位合力 $c' = c - i_j$;同理,当遇加算坡道的坡度 $-i_j < 0$(下坡)时,将速度纵轴右移 i_j 个千分数,曲线上各点的单位合力 c 都相应增加了 i_j 个千分数,即新的单位合力 $c' = c - (-i_j) = c + i_j$。

(三)列车均衡速度

当速度纵轴与三种工况的单位合力曲线中的任一曲线相交时,由于交点处 $c = 0$,该点的速度即为列车在该工况和该加算坡道的均衡速度。对于一定的坡度,在牵引或惰行工况下,列车速度总是趋向于该工况的均衡速度;而在制动工况下,则相反,即列车速度总是背离该工况的均衡速度。

第二节 列车运动方程

专题9 列车运动方程及求解

一、列车运动方程式推导

列车运动方程是反映机车牵引力、列车运行阻力和列车制动力的合力与列车加(减)速运行状态改变的函数关系式。

整个列车可视为刚性系统,列车运动可看作由两部分组成:整个列车的平移和某些转动部分的回转运动,所以列车的动能亦由这两部分组成,即

$$E_k = \frac{Mv^2}{2} + \sum I \frac{\omega^2}{2} = \frac{Mv^2}{2} + \sum I \frac{v^2}{2R_h^2} = \frac{Mv^2}{2}\left(1 + \sum \frac{I}{MR_h^2}\right) = \frac{Mv^2}{2}(1+\gamma) \tag{6-7}$$

式中 M ——列车全部质量,kg;

v ——列车运行速度,m/s;

I ——回转部分的转动惯量,kg·m²;

ω ——回转部分的角速度,1/s,$\omega = v/R_h$(R_h 为回转半径,m);

γ ——回转质量系数,$\gamma = \sum \dfrac{I}{MR_h^2}$。

对式(6-7)进行微分,则得列车动能的增量为

$$dE_k = v \cdot dv \cdot M \cdot (1+\gamma) \tag{6-8}$$

动能的增量应等于作用于列车上的合力所做的功,即

$$v \cdot dv \cdot M(1+\gamma) = C \cdot dS = C \cdot v \cdot dt$$

$$\frac{dv}{dt} = \frac{C}{(1+\gamma) \cdot M} = \frac{C \cdot g}{(1+\gamma) \cdot 1\,000 \cdot (P+G)g} = \frac{g}{1\,000(1+\gamma)} \cdot \frac{C}{(P+G)g} \tag{6-9}$$

转化得

$$\frac{dv}{dt} = \frac{g}{1\,000(1+\gamma)} \cdot c \tag{6-10}$$

由重力加速度 $g = 9.81 \text{ m/s}^2 \approx 127\,000 \text{ km/h}^2$,根据式(6-10),有

$$\frac{dv}{dt} = \frac{127}{1+\gamma} \cdot c \tag{6-11}$$

令 $\dfrac{127}{1+\gamma} = \xi$,代入式(6-11)即得出列车运动方程的一般表达形式:

$$\frac{dv}{dt} = \xi \cdot c \tag{6-12}$$

ξ 为加速度系数,其值取决于回转质量系数 γ。为计算方便,列车运行计算中取 $\xi=120$,故列车运动方程亦可写为

$$\frac{\mathrm{d}v}{\mathrm{d}t}=120c \quad (\text{km/h}^2) \quad \text{或} \quad \frac{\mathrm{d}v}{\mathrm{d}t}=2c \quad [\text{km/(h·min)}] \tag{6-13}$$

对式(6-13)中的速度进行积分,便可得到列车运行时分的公式为

$$t=\frac{1}{2}\int \frac{\mathrm{d}v}{c} \quad (\text{min}) \tag{6-14}$$

又 $\mathrm{d}s=v\cdot\mathrm{d}t$,两边积分可得列车运行距离的公式为

$$s=\int v\cdot\mathrm{d}t=\frac{1}{120}\int \frac{v\cdot\mathrm{d}v}{c} \quad (\text{km}) \tag{6-15}$$

二、列车运动方程的近似算法

由于单位合力是速度的复杂函数,式(6-14)和式(6-15)求解困难。实际求解时采用有限差分法,其基本思想是:在式(6-14)和式(6-15)中速度 v 积分的上、下限间,划分若干个速度小间隔 Δv,以有限小的速度间隔来代替无限小的速度变化,并假定在每个速度间隔内单位合力为常数,即取 Δv 范围内平均速度的单位合力 c_p(N/kN)值。这样,列车在 Δv 范围内作匀变速度运动。设 Δv 内的初、末速度分别为 v_1 和 v_2(km/h),由式(6-14)和式(6-15)积分可得

$$\Delta t=\frac{v_2-v_1}{2c_p} \quad (\text{min}) \tag{6-16}$$

$$\Delta s=\frac{4.17(v_2^2-v_1^2)}{c_p} \quad (\text{m}) \tag{6-17}$$

第三节 列车运行时分解算

专题10 列车运行时分解算

一、计算方法综述

铁路列车运行时分是计算铁路线路通过能力的重要依据之一。常见的列车运行时分计算方法主要有三种,分别为分析计算法、图解法和均衡速度法。

(一)分析计算法

为保证必要的计算精度,在计算列车运行时分时,取小速度间隔,运用式(6-16)和式(6-17),可累加计算出相应的列车运行时分 t 和距离 s。即 $t=\sum \Delta t$ (min) 和 $s=\sum \Delta s$ (m)。

(二)图解法

图解法曾经是一种常用的人工解算列车运行时分的方法。《牵规》推荐的垂直线法就是应用坐标纸和两把三角直尺,按一定的比例,根据单位合力 $c=f(v)$ 曲线及线路化简的纵断

面,应用垂直线法可绘制出距离-速度曲线 $v=f(s)$ 和距离-时间曲线 $t=f(s)$,进而得到某线路区间的列车运行花费时间。该方法的最大优点是直观(图 6-2),但其精度受限于作图者技能,且绘图过程较繁琐,工作量较大。

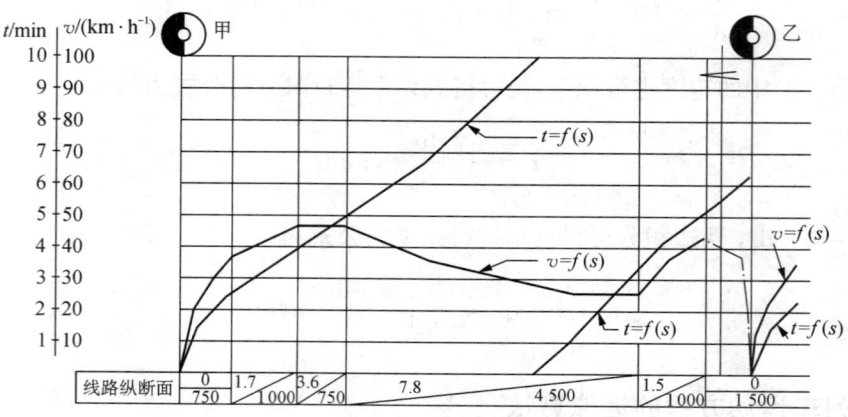

图 6-2 速度、时分曲线绘制示例

(三) 均衡速度法

均衡速度法是编制列车运行图、计算机车燃料及电能消耗、线路设计中可用的方法。该方法基于以下两个假定(图 6-3)。

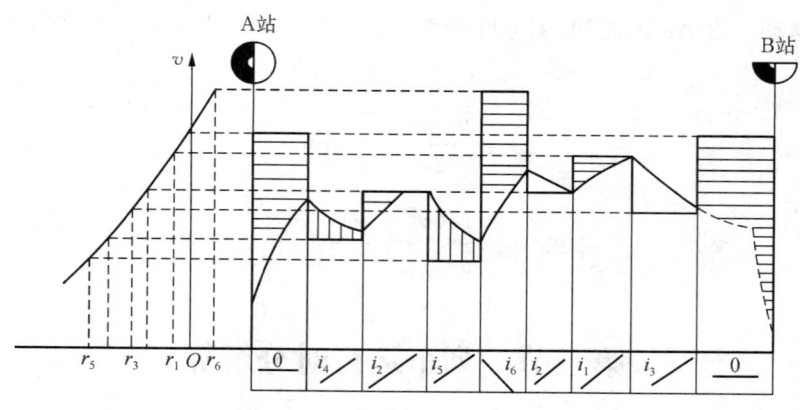

图 6-3 均衡速度法原理示意图

(1) 在任何坡段上,列车以合力达到平衡状态下所能实现的均衡速度 $v_{均}$(当 $v_{均} \leqslant v_{限}$)或以该坡段的限速 $v_{限}$(当 $v_{均} > v_{限}$)作等速运行(横虚线)。

(2) 列车由一个坡段驶入下一坡段时,不考虑列车由一个坡段驶入另一个坡段时列车速度的渐变过程,而简单地认为速度突变了。

这种方法虽简便,但当列车在区间运行的均衡速度的超过部分(垂直阴线)与不足部分(水平阴线)不能相互抵消的话,计算误差较大。

随着计算机应用普及,分析计算法已成为列车牵引"电算"的理论模型。借助计算机强大的运算能力,可以大大缩小计算速度间隔,提高列车运行时分的计算精度。因此,分析计算法已成为当前列车运行仿真计算的主流方法,详见第九章内容。

二、分析计算法

根据线路平、纵断面的设计结果和确定的列车牵引参数(如列车牵引方式、机车车辆组成、列车制动设备等),手工计算列车运行时分的主要步骤如下。

1. 线路纵断面化简

铁路线路往往由多个坡段组成。为了减少手工计算工作量,同时保证一定的计算精度,将线路纵断面化简,就是将区间内坡度相差不大的相邻坡段合并起来计算。

2. 编制计算表

编制表 6-2 所示的列车运行时分计算表时,需注意以下几点:

(1) 速度间隔取 $5 \sim 10$ km/h,以保证必要的精度。在确定速度间隔时,不应跳过机车牵引特性曲线不同运行工况的拐点(表 6-2 中,$v=11$ km/h)。

(2) 式(6-16)和式(6-17)中的平均单位合力 c_p,根据不同的牵引工况下速度间隔的平均速度 $v_p=(v_1+v_2)/2$、牵引力、运行阻力以及线路条件决定的加算坡道综合确定。

(3) 由于相邻坡段间加算坡道差异较大,手工计算时,变坡点处速度应经过试凑确定。对于第 k 个坡段,推算的累计坡段长度 $\sum_k \Delta s$ 和实际坡段长度 L_k 之差的绝对值应小于允许的计算误差值 $\Delta l(5 \sim 10$ m),即收敛条件为 $\left|\sum_k \Delta s - L_k\right| \leqslant \Delta l$。

表 6-2 为分析计算法的计算表格形式。A 站—B 站区间长度为 12.45 km,列车由 A 站发车不停车通过 B 站的运行时分为 14.1 min(按规定,列车区间运行时分取至 1 位小数)。

表 6-2　　某区间 A 站—B 站的列车运行时分计算汇总表

坡度 i_j /‰	坡长 L_p /m	工况	速度间隔 Δv /(km·h^{-1})	c_p/(N·kN^{-1})	行驶距离/m Δs	行驶距离/m $\sum \Delta s$	运行时分/min Δt	运行时分/min $\sum \Delta t$
0	4 650	牵引	0~10	15.25	27	27	0.33	0.33
			10~11	15.87	6	33	0.03	0.36
			11~20	11.64	100	133	0.39	0.75
			20~30	6.55	318	451	0.76	1.51
			30~40	4.26	682	1 133	1.17	2.68
			40~50	2.82	1 330	2 463	1.76	4.44
			50~58.8	1.83	2 185	4 648	2.4	6.84
−2	2 300	牵引	58.8~60	3.33	177	177	0.18	7.02
			60~70	2.91	1 863	2 040	1.72	8.74
			70~71.2	2.72	259	2 299	0.24	8.98
3	2 500	牵引	71.2~70	−4.52	156	156	0.13	9.11
			70~61	−2.10	2 341	2 497	2.14	11.25
0	3 000	牵引	61~68.7	1.39	2 997	2 997	2.31	14.06

三、线路纵断面化简

在解算列车运行速度和时分时,为了减少不同坡段间因试凑带来的计算工作量,常常在不影响计算结果必要精度的前提下,将几个相邻的坡度相差不大的坡段合并为一个等效坡段,并保持化简的坡段总长等于实际各坡段长度之和,这一做法称为线路纵断面化简。

化简后线路纵断面的长度为

$$l_h = \sum_{j=1}^{k} l_j \tag{6-18}$$

式中 l_h ——化简坡段的长度,m;

l_j ——第 j 个设计坡段的长度,m;

k ——该化简坡段内的设计坡段数,个。

化简的坡度为

$$i_h = \frac{i_1 \cdot l_1 + i_2 \cdot l_2 + \cdots + i_k l_k}{l_h} = \frac{\sum_{j=1}^{k} i_j \cdot l_j}{l_h} \tag{6-19}$$

式中 i_h ——化简坡段的坡度,‰;

i_j ——第 j 个设计坡段的坡度,‰。

为保证必要的计算精确度,规定化简坡段内每一坡段 $l_i \leq \dfrac{2\,000}{\Delta i}$ 时,方可化简。其中,2 000 为经验常数;$\Delta i = |i_h - i_j|$ 为化简坡段与所要检验的实际坡段坡度差的绝对值。

化简时要注意车站到发线、动能坡道(指需要动能闯坡的坡道)、限制坡道以及其他需校验牵引质量的坡道不得与相邻的坡道一起化简。

当化简坡段范围内有曲线、隧道时,应按前述方法,分运行方向将它们折算成换算坡度,再累加计算化简后的加算坡度 $i_{hj} = i_h + i_r + i_s$。图 6-4 为某线路纵断面化简示例。

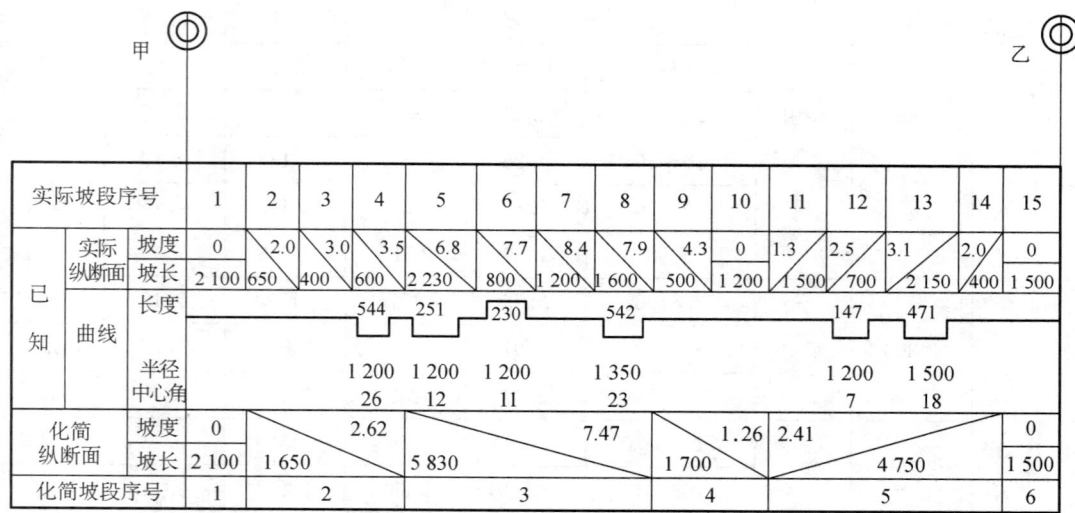

图 6-4 线路纵断面化简结果图

复习思考题 6

[6-1] 如何利用单位合力曲线图判断列车在各种坡道和不同运行工况下的动态（加速、匀速、减速）？

[6-2] 何谓列车运行的"均衡速度"？为什么说常用制动的均衡速度实质是一种限速？

[6-3] 为什么说制动工况下，列车在坡道上的运行速度背离均衡速度？

[6-4] 简述列车运行时分的有限差分法计算的基本原理及计算要求。

[6-5] 列车运行时分均衡速度法的实质是什么？

[6-6] 以复习思考题[5-7]和[5-12]为基础，补充条件：该线路为Ⅰ级单线普速铁路，设计最高行车速度 120 km/h，限制坡度 9‰，A 站—B 站间距离 15.78 km，列车管定风压为 500 kPa，货物列车最高限速 80 km/h。列车从 A 站起动，至 B 站停车，进站减速采用常用制动模式。

(1) 编制列车牵引、惰行和常用制动工况的单位合力表。

(2) 化简 A 站—B 站间的设计线路（下行方向）纵断面。

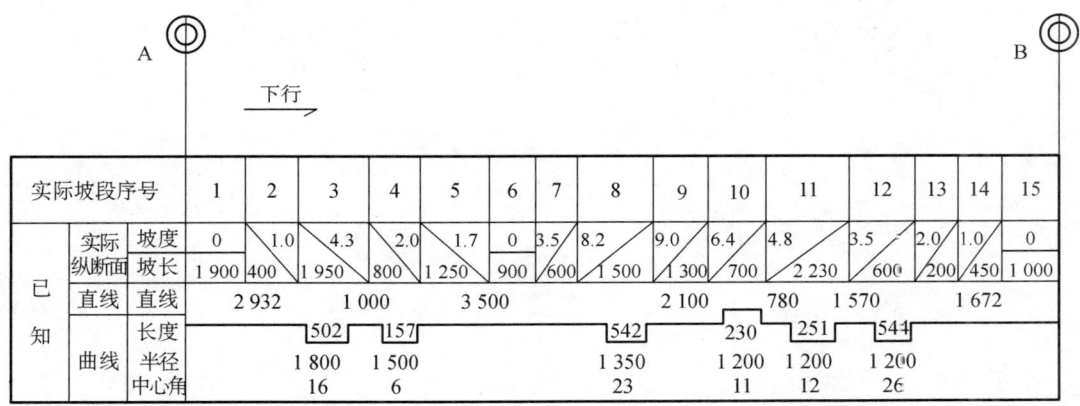

图 6-5 A 站—B 站间的设计线路平、纵断面

(3) 根据化简后的线路纵断面，采用分析计算法，求解列车自 A 站起动到 B 站停车的运行时间（要求：尽量高速运行但不超速；列车进站限速 45 km/h），计算精度要求见表 6-3。

表 6-3　　　　　　　　　　　计算精度要求

计算项目	单位	取值规定
区间距离	km	取至小数点后 2 位
坡段长度	m	取整数
坡度	‰	取至小数点后 2 位
牵引力、运行阻力、制动力	kN	取至小数点后 1 位
单位牵引力、运行阻力、制动力	N/kN	取至小数点后 2 位
速度	km/h	取至小数点后 1 位

续 表

计算项目	单位	取值规定
行驶距离	m	取整数
牵引质量	t	取至10的整数倍
运行时间(计算过程)	min	取至小数点后2位
区间运行时间	min	取至小数点后1位

第七章 列车运行计算原理应用

第一节 列车制动解算

专题 11 列车制动检算

一、列车制动解算概念

列车制动问题是轮轨系统的运输效率和安全的非常重要而又复杂的问题。制动距离指司机将制动阀手柄置于制动位开始至列车停车为止列车所运行的距离。它是综合反映制动装置性能和实际制动效果的主要技术指标。列车制动距离的检算就是在不同线路条件下,研究列车制动能力、运行速度和制动距离三者之间的关系。

二、列车制动距离计算

由于列车制动系统的特殊结构,在司机实行制动时,制动风管的减压是逐步传递到机后各车辆,引发制动风缸压强(或闸瓦压力ΣK)逐步上升,因此造成列车中各车辆的闸瓦并非立即、同时压上车轮而产生制动力。为了便于计算,根据列车制动机的工作原理,假定全列车的闸瓦都是在一瞬间同时压上车轮,且此刻闸瓦压力从零突变至预定值(图 7-1 中虚线)。这样,列车制动距离可划分为两段(图 7-1):前一段为实施制动到这一假定瞬间的 t_k 时间内列车靠惯性空走了距离 s_k;后一段从假定瞬间至列车停止的时间内列车不断减速的有效制动距离 s_e。

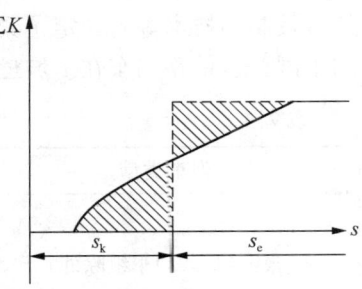

图 7-1 制动距离计算示意图

(一)空走距离 s_k

虽然列车在空走过程中速度是变化的,但为计算方便,通常假定在空走时间 t_k(s)内,列车始终以制动初始速度 v_0(km/h)均速惰行,即有

$$s_k = \frac{v_0 \cdot t_k}{3.6} \quad (\text{m}) \tag{7-1}$$

空走时间 t_k 应按制动距离等效的原则(即空走距离与有效制动距离之和等于实际制动距离)来确定,其经验公式如下:

旅客列车紧急制动: $\quad t_k = 3.5 - 0.08 i_j \quad (\text{s}) \tag{7-2}$

旅客列车常用制动: $\quad t_k = (4.1 + 0.002 r \cdot n)(1 - 0.03 i_j) \quad (\text{s}) \tag{7-3}$

货物列车紧急制动： $t_k = (1.6 + 0.065n)(1 - 0.028i_j)$ (s)　　(7-4)

货物列车常用制动： $t_k = (3.6 + 0.00176r \cdot n)(1 - 0.032i_j)$ (s)　　(7-5)

式中　　n——牵引辆数；

　　　　r——列车制动管减压量，kPa；

　　　　i_j——加算坡道的坡度千分数，当 $i_j > 0$ 时，规定按 $i_j = 0$ 计算。

（二）有效制动距离 s_e

列车有效制动距离可按分析计算法，划分为若干个速度间隔来计算。

$$s_e = \sum_i \frac{4.17(v_{i+1}^2 - v_i^2)}{c_{p_i}} = \sum_i \frac{4.17(v_i^2 - v_{i+1}^2)}{1000\theta_h \cdot \varphi_h + w_0 + i_j} \quad (m) \quad (7-6)$$

式中　　c_{p_i}——相对于每次速度间隔的平均速度 $(v_i + v_{i+1})/2$ 的单位合力，N/kN。

（三）制动距离 s_b

$$s_b = s_k + s_e = \frac{v_0 \cdot t_k}{3.6} + \sum_i \frac{4.17(v_i^2 - v_{i+1}^2)}{1000\theta_h \cdot \varphi_h + w_0 + i_j} \quad (m) \quad (7-7)$$

（四）计算制动距离

为了确保行车安全，世界各国都根据自己的铁路技术条件（如列车运行速度、牵引质量、信号及制动技术等），规定了紧急制动距离的限值，即计算制动距离。表 7-1 为《技规》规定的中国普速铁路列车在下坡道 20‰ 以内线路的计算制动距离。

表 7-1　　　　　　　　　普速铁路列车紧急制动距离限值

列车类型	最高运行速度/(km·h^{-1})	紧急制动距离限值/m
旅客列车（动车组除外）	120	800
	140	1 100
	160	1 400
特快货物班列	160	1 400
快速货物班列	120	1 100
货物列车（货车轴重<25 t，快速货物班列除外）	90	800
	120	1 400
货物列车（货车轴重≥25 t）	100	1 400

动车组虽装备了强大的再生制动、盘形制动等多种制动设备，但因其行驶速度高，紧急制动距离限值也必然同步增加。如高速铁路 300 km/h 和 350 km/h 的动车组的紧急制动距离限值分别为 3 800 m 和 6 500 m。

根据计算制动距离，应用式（7-7）可反算需要的有效制动距离及制动初始速度（限速）。

三、列车制动距离等效一次计算法

为了简化式（7-6）有效制动距离的分段累计计算方法的复杂性，假定闸瓦换算摩擦系数和制动时的单位基本阻力在制动过程都不随速度而变，即用等效的常量 φ_s 和 w_s 来代替式(7-6)中的 φ_h 和 w_0，一次性计算出列车制动距离。该方法称为"等效一次计算法"，则式(7-6)可变为式(7-8)：

$$s_e = \frac{4.17(v_0^2 - v_z^2)}{1\,000\theta_h \cdot \varphi_s + w_s + i_j} \quad (\mathrm{m}) \tag{7-8}$$

式中　v_z——制动终速，km/h。

等效值 φ_s 可由式(7-6)和式(7-8)并且忽略坡度和阻力的影响计算而得：

$$\varphi_s = \frac{v_0^2 - v_z^2}{\sum_i \dfrac{v_i^2 - v_{i+1}^2}{\varphi_h}} \tag{7-9}$$

同理，等效值 w_s 可以在忽略坡度和制动力的影响条件下计算而得：

$$w_s = \frac{v_0^2 - v_z^2}{\sum_i \dfrac{v_i^2 - v_{i+1}^2}{w_0}} \tag{7-10}$$

表 7-2—表 7-6 为部分客货车辆的 φ_s 和 w_s 值。

表 7-2　　H 闸瓦的距离等效摩擦系数 φ_s

v_z	v_0														
	160	150	140	130	120	110	100	90	80	70	60	50	40	30	20	10
0	0.230	0.232	0.235	0.238	0.241	0.244	0.248	0.252	0.257	0.262	0.267	0.274	0.281	0.289	0.299	0.312
10	0.230	0.232	0.235	0.237	0.241	0.244	0.248	0.252	0.256	0.261	0.266	0.272	0.279	0.287	0.295	—
20	0.229	0.231	0.234	0.237	0.240	0.243	0.246	0.250	0.254	0.259	0.264	0.270	0.275	0.282	—	—
30	0.228	0.231	0.233	0.235	0.238	0.241	0.245	0.248	0.252	0.256	0.261	0.266	0.271	—	—	—
40	0.227	0.229	0.232	0.234	0.237	0.240	0.243	0.246	0.250	0.253	0.258	0.262	—	—	—	—
50	0.226	0.228	0.230	0.233	0.235	0.238	0.240	0.244	0.247	0.250	0.254	—	—	—	—	—
60	0.225	0.227	0.229	0.231	0.233	0.236	0.238	0.241	0.244	0.247	—	—	—	—	—	—
70	0.224	0.225	0.227	0.229	0.232	0.234	0.236	0.239	0.242	—	—	—	—	—	—	—
80	0.222	0.224	0.226	0.228	0.230	0.232	0.234	0.236	—	—	—	—	—	—	—	—
90	0.221	0.223	0.224	0.226	0.228	0.230	0.232	—	—	—	—	—	—	—	—	—
100	0.220	0.221	0.223	0.224	0.226	0.228	—	—	—	—	—	—	—	—	—	—
110	0.219	0.220	0.221	0.223	0.225	—	—	—	—	—	—	—	—	—	—	—
120	0.217	0.219	0.220	0.221	—	—	—	—	—	—	—	—	—	—	—	—
130	0.216	0.217	0.219	—	—	—	—	—	—	—	—	—	—	—	—	—
140	0.215	0.216	—	—	—	—	—	—	—	—	—	—	—	—	—	—
150	0.214	—	—	—	—	—	—	—	—	—	—	—	—	—	—	—

$$\varphi_h = 0.322 \times \frac{v + 150}{2v + 150}$$

表 7-3 高摩合成盘形制动闸片的距离等效摩擦系数 φ_s

v_z	v_0														
	160	150	140	130	120	110	100	90	80	70	60	50	40	30	20	10
0	0.256	0.258	0.261	0.265	0.268	0.272	0.276	0.280	0.285	0.291	0.297	0.304	0.312	0.321	0.333	0.347
10	0.255	0.258	0.261	0.264	0.268	0.271	0.275	0.280	0.285	0.290	0.296	0.303	0.310	0.318	0.328	—
20	0.255	0.257	0.260	0.263	0.267	0.270	0.274	0.278	0.283	0.288	0.293	0.299	0.306	0.313	—	—
30	0.254	0.256	0.259	0.262	0.265	0.268	0.272	0.276	0.280	0.285	0.290	0.295	0.301	—	—	—
40	0.253	0.255	0.258	0.260	0.263	0.267	0.270	0.274	0.278	0.282	0.286	0.291	—	—	—	—
50	0.251	0.254	0.256	0.259	0.262	0.264	0.268	0.271	0.275	0.278	0.282	—	—	—	—	—
60	0.250	0.252	0.254	0.257	0.260	0.262	0.265	0.268	0.272	0.275	—	—	—	—	—	—
70	0.248	0.251	0.253	0.255	0.258	0.260	0.263	0.266	0.269	—	—	—	—	—	—	—
80	0.247	0.249	0.251	0.253	0.256	0.258	0.260	0.263	—	—	—	—	—	—	—	—
90	0.246	0.247	0.249	0.251	0.254	0.256	0.258	—	—	—	—	—	—	—	—	—
100	0.244	0.246	0.248	0.250	0.252	0.254	—	—	—	—	—	—	—	—	—	—
110	0.243	0.244	0.246	0.248	0.250	—	—	—	—	—	—	—	—	—	—	—
120	0.241	0.243	0.244	0.246	—	—	—	—	—	—	—	—	—	—	—	—
130	0.240	0.241	0.243	—	—	—	—	—	—	—	—	—	—	—	—	—
140	0.238	0.240	—	—	—	—	—	—	—	—	—	—	—	—	—	—
150	0.237	—	—	—	—	—	—	—	—	—	—	—	—	—	—	—

$$\varphi_h = 0.358 \times \frac{v+150}{2v+150}$$

表 7-4 L 闸瓦的距离等效摩擦系数 φ_s

v_z	v_0									
	100	90	80	70	60	50	40	30	20	10
0	0.105	0.113	0.122	0.131	0.140	0.151	0.163	0.177	0.196	0.226
10	0.105	0.113	0.121	0.130	0.139	0.149	0.160	0.173	0.189	—
20	0.104	0.112	0.102	0.128	0.137	0.146	0.157	0.168	—	—
30	0.103	0.111	0.118	0.127	0.135	0.144	0.153	—	—	—
40	0.102	0.109	0.117	0.125	0.133	0.141	—	—	—	—
50	0.101	0.108	0.116	0.123	0.131	—	—	—	—	—
60	0.100	0.107	0.114	0.122	—	—	—	—	—	—
70	0.099	0.106	0.113	—	—	—	—	—	—	—
80	0.098	0.105	—	—	—	—	—	—	—	—
90	0.097	—	—	—	—	—	—	—	—	—

$$\varphi_h = 0.202 \times \frac{4v+150}{10v+150} + 0.0006 \times (100-v_0)$$

表 7-5　　　　　　　　　　21 型、22 型客车的距离等效单位阻力 w_s

v_z	v_0											
	120	110	100	90	80	70	60	50	40	30	20	10
0	3.13	2.96	2.79	2.63	2.48	2.33	2.20	2.08	1.97	1.87	1.78	1.70
10	3.15	2.98	2.81	2.65	2.49	2.35	2.22	2.10	1.99	1.89	1.81	—
20	3.20	3.03	2.86	2.69	2.54	2.40	2.27	2.15	2.04	1.94	—	
30	3.28	3.10	2.93	2.77	2.62	2.47	2.34	2.22	2.11			
40	3.39	3.20	3.03	2.87	2.71	2.57	2.43	2.31	—			
50	3.51	3.32	3.15	2.98	2.82	2.68	2.54					
60	3.65	3.46	3.28	3.11	2.95	2.80						
70	3.81	3.62	3.43	3.26	3.09							
80	3.98	3.78	3.60	3.42								
90	4.17	3.96	3.77									
100	4.36	4.16	—									
110	4.57	—	—									

$$w_0 = 1.66 + 0.0075v + 0.000155v^2$$

表 7-6　　　　　　　　　重货车(滚动轴承)的距离等效单位阻力 w_s

v_z	v_0											
	120	110	100	90	80	70	60	50	40	30	20	10
0	1.98	1.85	1.73	1.61	1.50	1.40	1.30	1.21	1.13	1.06	1.00	0.95
10	2.00	1.87	1.75	1.63	1.52	1.41	1.32	1.23	1.15	1.08	1.02	—
20	2.04	1.91	1.78	1.67	1.55	1.45	1.35	1.27	1.19	1.12	—	
30	2.10	1.97	1.85	1.73	1.61	1.51	1.41	1.32	1.24			
40	2.19	2.05	1.92	1.80	1.69	1.58	1.48	1.39	—			
50	2.29	2.15	2.02	1.89	1.77	1.66	1.56					
60	2.40	2.26	2.12	1.99	1.87	1.76						
70	2.53	2.38	2.24	2.11	1.98							
80	2.66	2.51	2.37	2.23								
90	2.81	2.65	2.50									
100	2.96	2.80	—									
110	3.13											

$$w_0 = 0.92 + 0.0048v + 0.000125v^2$$

【例 7-1】 某货物列车编组重车 50 辆（L 闸瓦），换算制动率为 0.33。在加算坡度为 6‰ 的下坡直道上以 70 km/h 实施紧急制动。试按等效一次计算法计算其紧急制动距离。

【解】 由式(7-4)，空走时间 $t_k = (1.6 + 0.065 \times 50) \times [1 - 0.028 \times (-6)] \approx 5.7$ s

由式(7-1)，空走距离 $s_k = 70 \times 5.7/3.6 \approx 111$ m

由表 7-4 和表 7-6 查得：$\varphi_s = 0.131$，$w_s = 1.4$ N/kN，代入式(7-8)得到有效制动距离为

$$s_e = \frac{4.17 \times 70^2}{1\,000 \times 0.33 \times 0.131 + 1.4 + (-6)} \approx 528 \text{ m}$$

紧急制动距离为 $s_b = s_k + s_e = 111 + 528 = 639$ m

第二节 列车制动限速表

列车制动限速与否取决于列车编组及制动装备、载重、行驶线路条件和减速要求。相对于常用制动而言,客货列车的紧急制动要求更高。特别是列车行驶在下坡道上,因坡道的附加下滑力,使列车的制动距离要长于平道或上坡道。因此,为确保列车运行安全,在各运行区段内任何纵断面的线路上,当列车以最大的容许速度行进中司机实施紧急制动时,该列车必须具备在限定制动距离内停车的制动能力。

为了方便实际工作,《技规》编制了基于每百吨列车重量换算闸瓦压力和下坡道条件的列车制动限速表,作为客货列车出发前安全检查的必要条件。

一、列车制动限速计算依据

(1) 列车制动距离限速值,见表7-1;
(2) 表5-6和表5-7所列机车、车辆换算闸瓦压力;
(3)《牵规》中有关制动的计算公式,包括单位运行阻力、紧急空走时间、换算闸瓦压力和换算摩擦系数等;
(4) 现场试验的对比验证,计算时采用的闸瓦(片)摩擦系数应考虑实际运用中可能发生的下偏差,以留有必要的安全余量。

二、部分列车制动限速表

列车制动限速受制于每百吨列车重量换算闸瓦压力及下坡道坡度。《技规》规定:计算制动距离800 m的普通货物列车(计长88.0及以下列车)按表7-7中的规定;计算制动距离1 400 m的120 km/h货物列车按表7-8中的规定;快速货物班列按表7-9中的规定;普通旅客列车按表7-10中的规定;140 km/h旅客列车按表7-11中的规定;160 km/h旅客列车按表7-12中的规定。

查表7-7可知,10‰下坡道上,H闸瓦每百吨列车重量的换算闸瓦压力160 kN和180 kN对应的限速分别为84 km/h和89 km/h,由线性插值得,该列车此条件下的限速为

$$84 + (89 - 84) \times \frac{172.6 - 160}{180 - 160} \approx 87 \text{ km/h}$$

【例7-2】 DF_4型单机牵引55辆重车(轴重21 t,H闸瓦)的普通货物列车,列车制动机主管压力500 kPa,牵引定数4 620 t,线路设计速度120 km/h。若该列车行驶在10‰的下坡道上,试确定其紧急制动限速。

【解】 查表5-7可知,每辆货车的换算闸瓦压力为145 kN/辆

55辆车的换算闸瓦压力:$145 \times 55 = 7\,975$ kN/列

每百吨列车重量的换算闸瓦压力:$7\,975 \times 100/4\,620 = 172.6$ kN/(100 t)

表 7-7　普通货物列车制动限速表

(计算制动距离 800 m，H 闸瓦/L 闸瓦)

(单位：km/h)

i/‰	每百吨列车重量(机车除外)的换算闸瓦压力 P/kN																
	100	120	140	160	180	200	220	240	260	280	300	320	340	360			
0	78/55	83/59	88/63	94/66	/69	/72	/75	/78	/81	/83	/85	/87	/89	/91			
1	76/53	81/57	87/61	93/64	/67	/71	/74	/77	/80	/82	/84	/86	/88	/90			
2	75/52	80/56	86/60	92/63	/66	/70	/73	/76	/79	/81	/83	/85	/87	/89			
3	74/51	79/55	85/58	91/61	/65	/69	/72	/75	/78	/81	/83	/85	/87	/89			
4	73/49	78/53	84/57	90/60	95/64	/68	/71	/74	/77	/80	/82	/84	/86	/88			
5	72/48	77/52	83/55	89/59	94/63	/67	/70	/73	/76	/79	/81	/83	/85	/87			
6	71/46	76/50	82/54	88/58	93/62	/66	/69	/72	/75	/78	/80	/82	/84	/86			
7	70/44	75/48	81/52	87/56	92/60	/64	/67	/71	/74	/77	/80	/82	/84	/86			
8	69/43	74/47	80/51	86/55	91/59	/63	/67	/70	/73	/76	/79	/81	/83	/85			
9	68/41	73/46	79/50	85/54	90/58	/62	/66	/69	/72	/75	/78	/80	/82	/84			
10	67/39	72/44	78/49	84/53	89/57	95/61	/65	/68	/71	/74	/77	/79	/81	/83			
11	65/37	70/42	76/47	82/51	87/55	93/60	/64	/67	/70	/73	/76	/78	/80	/82			
12	64/36	69/41	75/45	81/50	86/54	92/59	/63	/66	/69	/72	/75	/77	/79	/81			
13	63/34	68/39	74/43	80/48	85/53	91/58	/62	/65	/68	/71	/74	/76	/78	/80			
14	61/32	67/37	72/42	78/47	84/52	90/57	/61	/64	/67	/70	/73	/75	/77	/79			
15	60/31	66/36	71/41	77/46	83/51	89/55	95/59	/63	/67	/70	/72	/74	/76	/78			
16	59/30	65/35	70/40	76/45	82/50	88/54	94/58	/62	/66	/69	/71	/73	/75	/77			
17	58/28	64/33	69/38	75/43	81/48	87/53	93/57	/61	/65	/68	/70	/72	/74	/77			
18	56/27	62/32	68/37	74/42	80/47	86/52	92/56	/60	/64	/67	/70	/72	/74	/76			
19	55/26	61/31	67/36	73/41	79/46	85/50	91/55	/59	/63	/66	/69	/71	/73	/75			
20	54/24	60/29	66/34	72/39	78/44	84/49	90/54	95/58	/62	/65	/68	/71	/73	/75			

注：1. 根据表 5-7，普通货物列车最高速度为 90 km/h 时，每百吨列车重量按 H 闸瓦换算闸瓦压力不得低于 150 kN。
2. 列车装备条件：H 闸瓦/L 闸瓦。
3. 对于坡度超过 20‰ 的下坡道，列车制动限速表由铁路局根据实际试验确定。
4. i 为下坡道千分数，‰；P 为每百吨列车重量的换算闸瓦压力，kN；v 为货物列车制动限速，km/h。
5. 适用于计长 88.0 及以下，速度 90 km/h 及以下的货物班列车(快速货物列车除外)。

表 7-8　　　　　　　　　　**120 km/h 货物列车制动限速表**

（计算制动距离 1 400 m，H 闸瓦）　　　　　　　　　　（单位：km/h）

$i/‰$	每百吨列车重量（机车除外）的换算闸瓦压力 P/kN						
	140	150	160	170	180	190	200
0	120	—	—	—	—	—	—
1	119	—	—	—	—	—	—
2	118	—	—	—	—	—	—
3	117	—	—	—	—	—	—
4	115	119	—	—	—	—	—
5	114	118	—	—	—	—	—
6	113	117	—	—	—	—	—
7	112	116	119	—	—	—	—
8	110	114	118	—	—	—	—
9	109	113	117	—	—	—	—
10	108	112	116	119	—	—	—
11	106	110	114	117	—	—	—
12	105	109	113	116	—	—	—
13	104	108	112	115	—	—	—
14	102	106	110	114	117	—	—
15	101	105	109	113	116	—	—
16	100	104	108	112	115	—	—
17	98	102	106	110	114	—	—
18	97	101	105	109	113	116	—
19	96	100	104	108	112	115	—
20	95	99	103	107	111	114	117

注：1. 根据表 5-7，普通货物列车最高速度为 120 km/h 时，每百吨列车重量按 H 闸瓦换算闸瓦压力不得低于 150 kN。
2. 由于制动热负荷限制，最高速度不超过 120 km/h。
3. 本表中的闸瓦压力为按照 H 闸瓦的换算闸瓦压力。
4. i 为下坡道千分数，‰；P 为每百吨列车重量的换算闸瓦压力，kN；v 为货物列车制动限速，km/h。
5. 适用于计长 88.0 及以下、速度 120 km/h 的货物列车（快速货物班列除外）。

表 7-9　　　　　　　　　　**快速货物班列制动限速表**

（计算制动距离 1 100 m，H 闸瓦，30 辆以下编组，18 t 轴重）　　　（单位：km/h）

$i/‰$	每百吨列车重量（机车除外）的换算闸瓦压力 P/kN							
	130	140	150	160	170	180	190	200
0	106	109	113	116	119	—	—	—
1	105	108	112	115	118	—	—	—

续　表

$i/‰$	每百吨列车重量(机车除外)的换算闸瓦压力 P/kN							
	130	140	150	160	170	180	190	200
2	104	107	111	114	117	—	—	—
3	103	106	110	113	116	119	—	—
4	102	105	109	112	115	118	—	—
5	100	103	107	111	114	117	120	—
6	99	102	106	110	113	116	119	—
7	98	101	105	109	112	115	118	—
8	97	100	104	108	111	114	117	—
9	96	99	103	107	110	113	116	119
10	94	98	101	105	108	111	115	118
11	93	97	100	104	107	110	114	117
12	92	96	99	103	106	109	113	116
13	91	95	98	102	105	109	112	115
14	90	94	97	101	104	108	111	114
15	88	92	95	99	103	107	110	113
16	87	91	94	98	102	106	109	112
17	86	90	94	98	101	105	108	111
18	85	89	93	97	100	104	107	110
19	84	88	92	96	99	103	106	109
20	82	86	90	94	98	102	105	108

注：1. 根据表 5-7，快速货物班列最高速度为 120 km/h 时，每百吨列车重量按 H 闸瓦换算闸瓦压力不得低于 175 kN。
2. 由于制动热负荷限制，最高速度不超过 120 km/h。
3. 本表中的闸瓦压力为按照 H 闸瓦的换算闸瓦压力。
4. i 为下坡道千分数，‰；P 为每百吨列车重量的换算闸瓦压力，kN；v 为货物列车制动限速，km/h。

表 7-10　　旅客列车制动限速表

（计算制动距离 800 m，高磷铸铁闸瓦）　　　　　　　　　（单位：km/h）

$i/‰$	每百吨列车重量的换算闸瓦压力 P/kN												
	500	520	540	560	580	600	620	640	660	680	700	720	740	760
0	106	107	109	110	111	112	113	114	115	116	117	118	119	120
1	105	107	108	109	110	111	113	114	115	116	117	118	118	119
2	105	106	107	109	110	111	112	113	114	115	116	117	118	118
3	104	105	107	108	109	110	111	112	114	115	116	117	117	118
4	103	105	106	107	109	110	111	112	113	114	115	116	117	117

续 表

$i/‰$	每百吨列车重量的换算闸瓦压力 P/kN												
	500	520	540	560	580	600	620	640	660	680	700	720	740	760
5	102	104	106	107	108	109	110	111	112	113	114	115	116	116
6	102	104	105	106	107	109	110	111	112	113	114	115	116	116
7	101	103	104	106	107	108	109	110	111	112	113	114	115	115
8	100	102	103	105	106	107	109	110	111	112	113	114	115	115
9	99	101	102	104	105	107	108	109	110	111	112	113	114	114
10	98	100	102	103	104	106	107	109	110	111	112	112	113	113
11	97	99	101	103	104	105	107	108	109	110	111	112	113	113
12	97	99	101	102	103	105	106	107	109	110	111	111	112	112
13	96	98	100	102	103	104	106	107	108	109	110	111	112	112
14	96	98	100	101	102	104	105	106	107	109	110	110	111	111
15	95	97	99	101	102	103	105	106	107	108	109	110	111	111
16	95	97	99	100	101	103	104	105	106	107	108	109	110	110
17	94	96	98	100	101	102	103	105	106	107	108	109	109	110
18	94	96	98	99	100	102	103	104	105	106	107	108	108	109
19	93	95	97	99	100	101	102	103	104	105	106	107	108	109
20	93	95	97	98	99	100	101	102	103	104	105	106	107	108

注:1. 每百吨列车重量的闸瓦压力低于 760 kN 时需限速运行。例如,22 型客车(踏面制动)编成列车在每百吨列车重量的闸瓦压力 660 kN 条件下的制动限速为 115 km/h。
2. 对于超过 20‰的下坡道,列车制动限速由铁路局根据实际试验确定。
3. i 为下坡道千分数,‰;P 为每百吨列车重量的换算闸瓦压力,kN;v 为货物列车制动限速,km/h。
4. 本表每百吨列车重量的换算闸瓦压力计算包括机车。
5. 本表适用于 120 km/h 旅客列车。

表 7-11　　　　　　　　140 km/h 旅客列车制动限速表

(计算制动距离 1 100 m,盘形制动)　　　　　　　　(单位:km/h)

$i/‰$	每百吨列车重量的换算闸瓦压力 P/kN							
	230	240	250	260	270	280	290	300
0	138	140	—	—	—	—	—	—
1	137	139	—	—	—	—	—	—
2	136	138	—	—	—	—	—	—
3	135	137	140	—	—	—	—	—
4	135	137	139	—	—	—	—	—
5	134	136	138	—	—	—	—	—
6	133	135	137	140	—	—	—	—

续 表

$i/‰$	每百吨列车重量的换算闸瓦压力 P/kN							
	230	240	250	260	270	280	290	300
7	132	134	136	139	—	—	—	—
8	132	134	136	139	—	—	—	—
9	131	133	135	138	—	—	—	—
10	130	132	134	137	140	—	—	—
11	129	131	133	136	139	—	—	—
12	128	130	132	135	138	—	—	—
13	128	130	132	134	137	140	—	—
14	127	129	131	133	136	139	—	—
15	126	128	130	132	135	138	—	—
16	125	127	129	131	134	137	140	—
17	125	127	129	131	134	137	139	—
18	124	126	128	130	133	136	139	—
19	123	125	127	129	132	135	138	—
20	122	124	126	128	131	134	137	139

注：1. 新型客车（盘形制动）每百吨列车重量按高摩擦系数合成盘形闸片换算闸瓦压力应在 275 kN 以上。
2. 对于超过 20‰ 的下坡道，列车制动限速由铁路局根据实际试验确定。
3. i 为下坡道千分数，‰；P 为每百吨列车重量的换算闸瓦压力，kN；v 为货物列车制动限速，km/h。
4. 本表每百吨列车重量的换算闸瓦压力计算包括机车。

表 7-12　　　　　160 km/h 旅客列车制动限速表

（计算制动距离 1 400 m，盘形制动）　　　　　（单位：km/h）

$i/‰$	每百吨列车重量的换算闸瓦压力 P/kN								
	230	240	250	260	270	280	290	300	310
0	155	158	160	—	—	—	—	—	—
1	154	157	159	—	—	—	—	—	—
2	153	156	159	—	—	—	—	—	—
3	152	155	158	160	—	—	—	—	—
4	151	154	157	159	—	—	—	—	—
5	150	153	156	159	—	—	—	—	—
6	149	152	155	158	160	—	—	—	—
7	148	151	154	157	159	—	—	—	—
8	147	150	153	156	159	—	—	—	—
9	146	149	152	155	158	160	—	—	—

续　表

i/‰	每百吨列车重量的换算闸瓦压力 P/kN								
	230	240	250	260	270	280	290	300	310
10	146	149	152	155	157	159	—	—	—
11	145	148	151	154	156	159	—	—	—
12	144	147	150	153	155	158	160	—	—
13	143	146	149	152	155	157	159	—	—
14	142	145	148	151	154	156	158	—	—
15	141	144	147	150	153	155	157	160	—
16	140	143	146	149	152	154	157	159	—
17	139	142	145	148	151	154	156	159	—
18	138	141	144	147	150	153	155	158	160
19	137	140	143	146	149	152	154	157	159
20	137	140	143	146	149	151	153	156	158

注：1. 新型客车（盘形制动）每百吨列车重量按高摩合成闸片换算闸瓦压力应在 275 kN 以上。
2. 对于超过 20‰ 的下坡道，列车制动限速由铁路局根据实际试验确定。
3. i 为下坡道千分数，‰；P 为每百吨列车重量的换算闸瓦压力，kN；v 为货物列车制动限速，km/h。
4. 本表每百吨列车重量的换算闸瓦压力计算包括机车。
5. 本表也适用于特快货物班列。

由表 7-7—表 7-12 可知，列车下坡道制动限速随下坡道千分数的增加而递减，坡道每增加 1‰，限速值降低 1 km/h 左右。对于表中分档之间的百吨列车重量的换算闸瓦压力，可用插值法确定其制动限速值。

第三节　列车牵引质量确定

一、列车牵引质量计算

列车牵引质量（定数）和运行速度是铁路运输工作中两个最重要的指标。它们决定着铁路的通过能力和运输成本。在机车车辆和线路条件不变的情况下，列车牵引质量增加，其运行速度自然降低；而要提高列车运行速度，则必须减少列车牵引质量。最有利的列车牵引质量与运行速度的确定，与许多技术和经济因素有关。普速铁路的列车牵引质量 G 通常按货物列车在限制坡道上，以机车的计算速度作等速运行的条件计算确定，即

$$G=\frac{\sum F_j\lambda_y - \left[\sum(P\cdot w_0') + \sum P\cdot i_x\right]\cdot g\cdot 10^{-3}}{(w_0''+i_x)\cdot g\cdot 10^{-3}} \quad (\text{t}) \qquad (7\text{-}11)$$

式中　F_j——机车计算牵引力，kN；
　　　i_x——限制坡道的加算坡度值，‰；

λ_y——牵引力使用系数,取 0.9。

其他符号意义同前。

由式(7-11)计算所得出的货物列车牵引质量,取 50 t 的整数倍,不足者舍去。

二、列车牵引质量检算

从技术上讲,式(7-11)计算的牵引质量,一般要按特殊条件进行检算。

（一）按起动条件检算

列车牵引质量 G 不应大于区段最困难车站起动时的牵引质量 G_q。

$$G_q = \frac{\sum F_q - \left[\sum(P \cdot w'_q) + \sum P \cdot i_q\right] \cdot g \cdot 10^{-3}}{(w''_q + i_q) \cdot g \cdot 10^{-3}} \quad \text{(t)} \qquad (7\text{-}12)$$

式中 $\sum F_q$——机车计算起动牵引力,kN;

i_q——起动地段的加算坡道的坡度值,‰。

其他符号意义同前。

若出现 $G > G_q$ 情况,为保证列车顺利起动,应降低列车牵引质量(如取 $G = G_q$),或减缓设计车站的站坪坡度,或不允许列车在该站办理停车作业。

【例 7-3】 某Ⅰ级线路采用 SS_1 型电力机车,列车牵引质量 $G = 3\,000$ t(40 辆重车,滑动轴承,车均长度 14 m)。中间站 A 的站坪设计坡度 1.5‰,曲线半径 $R = 800$ m,曲线转角 $\alpha = 16°30'$。试检算该站设计能否满足列车停车后的起动要求。

【解】 查表 5-3 可知,机车起动牵引力 $F_q = 487.6$ kN,机车长度 20.4 m

列车长度 $L = 20.4 + 14 \times 40 = 580.4$ m

曲线长度 $K_y = \dfrac{3.14 \times 16.5° \times 800}{180} = 230.267$ m

因为 $L > K_y$,列车起动时的加算坡度 $i_q = 1.5 + \dfrac{10.5 \times 16.5°}{580.4} = 1.80$‰

机车单位起动阻力 $w'_q = 5$ N/kN

车辆单位起动阻力由式(5-29)得,$w''_q = 3 + 0.4 \times 1.80 = 3.72$ N/kN < 5 N/kN,取 5 N/kN

根据式(7-12),$G_q = \dfrac{487.6 - 138 \times (5 + 1.80) \times 9.81 \times 10^{-3}}{(5 + 1.80) \times 9.81 \times 10^{-3}} = 7\,170$ t

因 $G_q > G$,该站平纵断面设计能满足列车停车后的起动要求。

（二）按平直道保有加速度要求检算

为了能在平直道较快地达到最高速度,必须使机车在接近和达到最高运行速度时仍有相当的余力。按此条件检算列车牵引质量为

$$G = \frac{\sum F_g - \sum(P \cdot w'_0) \cdot g \cdot 10^{-3} - \sum P(1+\gamma) \cdot a}{w''_0 \cdot g \cdot 10^{-3} + (1+\gamma) \cdot a} \quad \text{(t)} \qquad (7\text{-}13)$$

式中 $\sum F_g$——列车最高运行速度下的机车牵引力,kN。

γ——机车车辆回转质量系数,取 0.06。

a——列车保有加速度,m/s²。货物列车取 0.005;旅客列车按其最高速度 120 km/h,140 km/h,160 km/h 分别取 0.01,0.015,0.02。

其他符号意义同前。

【例 7-4】 DF_{11} 型内燃机车牵引准高速单层客车,在平直道上最高速度为 160 km/h,试求列车保有加速度 $a=0.02$ m/s² 时的列车牵引质量。

【解】 查表 5-2 可知,机车 $P=138$ t,$F_g=63.9$ kN。在 160 km/h 时,

机车单位基本阻力 $w_0'=0.86+0.005\ 4\times160+0.000\ 218\times160^2=7.30$ N/kN

车辆单位基本阻力 $w_0''=1.61+0.004\ 0\times160+0.000\ 187\times160^2=7.04$ N/kN

由式(7-13),有

$$G=\frac{63.9-138\times7.30\times9.81\times10^{-3}-138\times(1+0.06)\times0.02}{7.04\times9.81\times10^{-3}+(1+0.06)\times0.02}=566\ \text{t}$$

根据有关规定,旅客列车的牵引质量化整为 10 t 的整数倍,不足者舍去。因此,该旅客列车的牵引质量取 560 t。

(三)按"动能闯坡"要求检算

某个区间或区段内坡度最大的坡道虽不一定是限制坡道,但也要求列车能以不低于 v_j 的速度闯过此坡道。如图 7-2 所示,坡段 i_3 为需要进行动能闯坡验算的坡道,经几次验算,由右侧的 $v=f(G)$ 曲线,找出 $G=f(v_j)$ 的列车牵引质量。

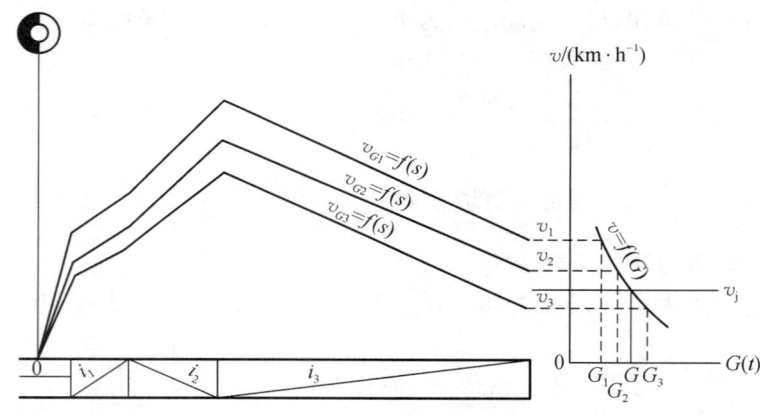

图 7-2 动能闯坡验算示意图

(四)按车站到发线有效长检算

列车的牵引质量 G 不应大于区段内最短到发线有效长 l_e 所允许的列车质量 G_e。

$$G_e=q_c\cdot\frac{l_e-l_j-l_a}{l_c}\quad(\text{t})\tag{7-14}$$

式中 q_c——每辆货车的平均总重,t;

l_c——每辆货车的平均长度,m。

其他符号意义同前。

若出现 $G > G_e$ 的情况，为防止列车在站内停车与邻线列车发生侧面冲突，应降低列车牵引质量（如取 $G = G_e$），或规定该列车在该站禁止停车会让。

此外，对于复杂的线路条件，还要考虑列车牵引质量是否受长大下坡道上制动机充风和空走时间的限制，小曲线机车黏着牵引力降低的限制，内燃机车通过隧道最低速度的限制，列车追踪间隔时间的限制等，并进行相应的检算。

三、列车牵引定数确定

区段内的列车牵引质量要根据线路的平纵断面条件，分别计算不同区间的牵引质量，通过技术经济分析，合理确定统一的牵引质量，即列车牵引定数。如图 7-3 所示，AG 整个区段的牵引质量以区间 CD 的 $G_{CD} = 2\ 600$ t 为最低，若以此为牵引定数，则其他区间的运输能力会浪费很大。若取区间 BC 的 $G_{BC} = 3\ 500$ t 为牵引定数，则区间 DE 和 FG 运输能力损失不大，对区间 CD 和 EF 采取一定的技术措施（如动能闯坡或双机牵引），从而实现区段牵引定数的统一。因此，AG 区段的列车牵引定数取 3 500 t 更为理想。

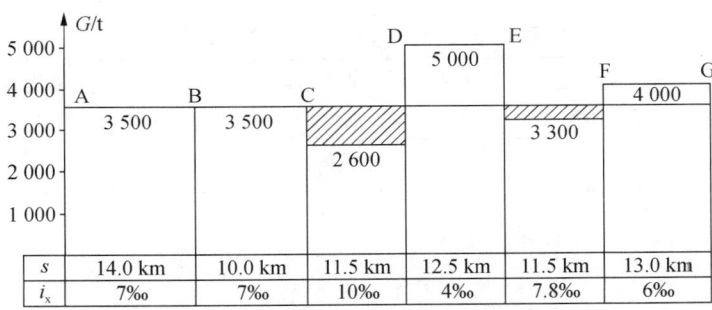

图 7-3 列车牵引定数确定示意图

第四节 列车牵引能源消耗计算

一、电力牵引耗电量计算

电力牵引耗电量 Q 包括牵引运行耗电量 Q_y（包括自用电量），惰行、制动及停站时的自用电量 Q_o，出入段及途中调车作业耗电量 Q_t。

（一）牵引运行时耗电量 Q_y

$$Q_y = \frac{U_w \left[\sum (I_p \cdot \Delta t) + I_{p0} \cdot \sum \Delta t \right]}{60 \times 10^3} \quad (\text{kW} \cdot \text{h}) \quad (7-15)$$

式中　U_w——受电弓处网压，V。

I_p——平均有功电流，A，可从有关机车特性曲线图或表中查得。《牵规》规定：最高负荷（最高手柄位）按九折计；其他负荷（手柄位）取值也不得大于同一速度最高负荷九折后的 I_p 值。SS$_1$ 型机车有功电流如表 7-13 所列。

I_{p0}——自用电有功电流，A。一般情况下，牵引运行时 4 轴或 6 轴机车取 6 A，8 轴机车取 7.5 A。SS_1 型机车牵引时取 7 A,惰行、停站及空气制动时取 2 A,电阻制动时取 10 A。

Δt——相应工况的运行时分,min。

表 7-13　　　　　　　　SS_1 型电力机车有功电流

	速度/(km·h^{-1})	0	10	12.4	18.6	20	24.8	30	31.0	37.0	40
I_p	手柄位	4	9	13	17	17	21	21	25	29	29
	最高负荷/A	24	37	84	114	105	144	109	173	202	167
	速度/(km·h^{-1})	41.2	43.0	47.9	52.9	57.4	60	70	80	90	95
I_p	手柄位	33	33	33-Ⅰ	33-Ⅱ	33-Ⅲ	33-Ⅲ	33-Ⅲ	33-Ⅲ	33-Ⅲ	33-Ⅲ
	最高负荷/A	223	194	193	192	191	177	146	129	119	116

电力牵引的耗电量计算可按表 7-14 所示式样进行。

表 7-14　　　　　按"有功电流"求解牵引运行耗电量计算表

速度间隔序号	操纵方式	初速 v_1 /(km·h^{-1})	末速 v_2 /(km·h^{-1})	平均速度 v_p /(km·h^{-1})	运行间隔 Δt /min	平均有功电流 I_p /A	$I_p \cdot \Delta t$ /(A·min)

(二) 惰行、制动、停站时自用电量 Q_o

$$Q_o = \frac{U_w \cdot \sum(I_{p0} \cdot \Delta t_0)}{60 \times 10^3} \quad (kW \cdot h) \tag{7-16}$$

式中　I_{p0}——自用电有功电流,A。一般情况下,惰行、空气制动及停站时,取 2 A;电阻制动时 4 轴或 6 轴机车取 10 A,8 轴机车取 13 A。

　　　Δt_0——对应各 I_{p0} 的时间,min。

(三) 出入段及途中调车作业时耗电量 Q_t

电力机车出入段及途中调车作业耗电量不考虑工况,仅按时间计算。各类作业所用的时间按规定的标准确定。耗电量 Q_t 的计算标准如下:①出入段每小时 100 kW·h;②途中调车作业每小时 250 kW·h。

二、内燃机车燃油消耗量

内燃机车燃油消耗量 E 包括牵引运行燃油消耗量 E_y、柴油机空转(包括惰行和制动)燃油消耗量 E_0 和出入段及途中调车作业燃油消耗量 E_t。它要按照牵引工况和非牵引(如惰行、制动和停站等柴油机空转)工况分别计算。

$$E = E_y + E_0 + E_t = \sum(e_y \cdot t) + \sum(e_0 \cdot t_0) + E_t \quad (kg) \tag{7-17}$$

式中　e_y, e_0——牵引工况(包括手柄位和速度)和柴油机空转的单位时间燃油消耗量,kg/min。DF_4 型内燃机车燃油消耗量指标见表 7-15。

t, t_0——牵引工况和柴油机空转的运行时分，min。

内燃机车燃油消耗量计算可参照表 7-16 所示形式进行。内燃机车出入段及途中调车作业燃油消耗量 E_t 由铁路局集团公司自行查定。

表 7-15　　　　　　　　　DF$_4$ 型内燃机车燃油消耗量指标

速度/(km·h^{-1})		10	16.5	20	30	40	50	60	70	80	90	100
e_y/(kg·min^{-1})	手柄位 8	3.00	3.00	3.00	3.00	3.00	3.00	2.98	2.95	2.90	2.85	2.80
	12	5.23	5.23	5.23	5.23	5.27	5.28	5.27	5.18	5.08	4.89	4.70
	15	7.29	7.29	7.29	7.29	7.29	7.28	7.23	7.14	6.80	6.40	5.98
	16	8.15	8.24	8.28	8.33	8.34	8.33	8.24	7.97	7.55	7.08	6.52
手柄级位		0,1	2	3	4	6	8	10	12	14	15	16
e_0/(kg·min^{-1})		0.35	0.38	0.41	0.46	0.58	0.70	0.84	1.01	1.20	1.34	1.48

表 7-16　　　　　　　　　燃油消耗量计算表

坡段序号	运行工况	运行速度/(km·h^{-1})			牵引工况			惰行和制动工况			区间燃油消耗量 E/kg
		v_1	v_2	v_p	Δt/min	e_y/(kg·min^{-1})	E_y/kg	Δt/min	e_0/(kg·min^{-1})	E_0/kg	

注：$v_p = (v_1 + v_2)/2$。

应用表 7-15 计算 DF$_4$ 型内燃机车燃油消耗量时，应注意以下几点：

(1) 在起动过程中，0~10 km/h 的单位时间燃油消耗量，按 3 kg/min 计。

(2) 惰行、空气制动的单位时间燃油消耗量，按柴油机空转第 0,1 手柄位 0.35 kg/min 计。

(3) 牵引运行的单位时间燃油消耗量，应根据运行速度（取速度间隔的平均速度值）和手柄位查表 7-15 取值。

(4) 在高原、高温地区进行牵引力修正时，单位时间燃油消耗量也应进行相关调整。

【例 7-5】　DF$_4$ 型内燃机车牵引 2 500 t 货物列车（重车，滚动轴承），要求：以 65 km/h 的限速行驶于加算坡度 1.5‰ 的坡段。试求此时的机车单位时间燃油消耗量。

【解】　经计算，机车和车辆在 65 km/h 时的单位基本阻力分别为 4.94 N/kN 和 1.76 N/kN。

维持列车以 65 km/h 均衡速度运行的牵引力为

$$F = [135 \times (1.5 + 4.94) + 2\,500 \times (1.5 + 1.76)] \times 9.81 \times 10^{-3} = 88.5 \text{ kN}$$

由 $F = 88.5$ kN 和 $v = 65$ km/h，查 DF$_4$ 型内燃机车牵引特性曲线（图 5-2）可知，牵引级位大约在 15 手柄位。

查表 7-15，由内插法得：$e_y = 7.19$ kg/min。

复习思考题 7

[7-1] 为什么要将列车制动过程假定为"空走过程"和"有效制动过程"？该假定成立的条件是什么？

[7-2] 列车制动过程中的空走时间与线路坡度的关系是什么？

[7-3] DF_4 型机车牵引一列由 40 辆 C60 型货车（L 闸瓦，滚动轴承）编成的重车车列，在 10‰ 直下坡道上运行。现列车在 70 km/h 时施行紧急制动，走行 678 m 后停车。试求列车换算制动率。

[7-4] 根据复习思考题[5-7]和[5-12]的条件，假定列车行经在 20‰ 长大下坡道上，请验算列车在什么情况下能确保运行安全？（要求：最高速度不得超过 80 km/h）

[7-5] 根据复习思考题[6-6]的计算结果，试计算相应的燃油消耗量。假定：

(1) 列车运行环境：环境温度 30 ℃，海拔高度 500 m 的标准环境，修正系数为 1.0。

(2) 单位时间燃油消耗量简化按 16 手柄位的九折取值。

计算精度要求见表 7-17。参照表 7-16 的格式编制计算表，并附以必要说明。

表 7-17　　　　复习思考题[7-5]计算精度要求

计算项目	单位	取值规定
内燃机车区段燃油消耗量 E	kg	取整数
单位时间燃油消耗量 e_y	kg/min	取至小数点后 2 位
速度 v_p	km/h	取至小数点后 1 位
区间运行时间 Δt	min	取至小数点后 1 位

第八章 动车组运行计算特点

动车组一般指由动车和拖车组成的动力分散型列车,目前已成为城际和城市轨道交通客运的重要交通工具。除列车动力类型有电动和内燃之别外,目前运行中的动车组仍属于轮轨系统。因此,其运行计算的基本特征与机车和车辆组成的动力集中型列车大同小异。

第一节 动车组牵引特性

一、动车组组成

动车组一般由数辆装有动力装置的动车和无动力装置的拖车混编而成。我国目前轮轨(双轨)系统的城市轨道交通列车和时速在 200 km 及以上铁路的旅客列车均采用动车组。例如,中国生产的 CRH2 型动车组由 4M(动车)+4T(拖车)组成(图 8-1)。

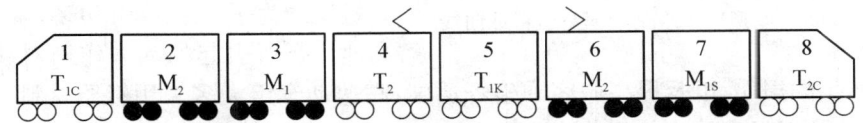

T—拖车;M—动车;C—驾驶室车;K—带酒吧车;S—等车。

图 8-1 CRH2 型动车组列车构成

二、牵引力

(一)牵引力限制

动车组的牵引力来自其中的各个动车。动车的本质是一个能量转换机构,通过动力传动装置(牵引电动机)将电能转换为机械能,并通过机械传动装置传递到动车的动轮上,使列车运动或加速。

动车动轮牵引力与机车一样,也受黏着条件的限制,即可实现的最大黏着牵引力 F_μ 为

$$F_\mu = P_\mu \cdot g \cdot \mu \quad (\text{kN}) \tag{8-1}$$

式中 P_μ——动车组所有动轮对钢轨的垂直载荷之和,t。

其他符号意义同前。

(二)牵引特性

动车组牵引力计算可根据牵引特性曲线取值。根据相关文献,CRH1 型和 CRH2-200 型动车组全功率牵引特性曲线如图 8-2 和图 8-3 所示。动车组牵引性能特点包括:

(1)低速区的轮周牵引力恒定(图 8-2)或随速度升高而略有下降(图 8-3);动力分散型

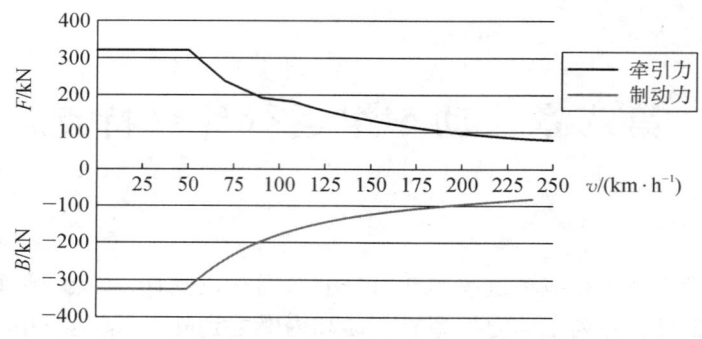

图 8-2　CRH1 型动车组牵引、制动特性曲线

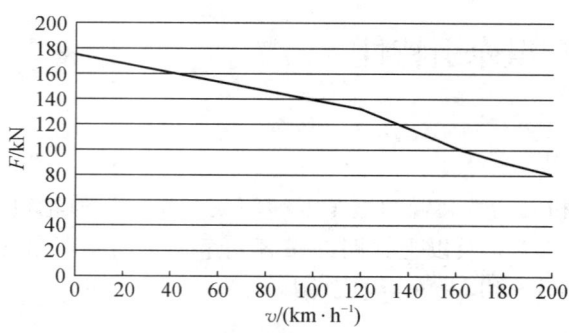

图 8-3　CRH2-200 型动车组全功率牵引特性曲线

高速动车组,起动时及低速范围的牵引力略低于黏着牵引力。

(2) 高速区为恒功率范围,牵引力随速度升高而呈现双曲线关系下降。CRH1 型和 CRH2-200 型动车组的恒功率范围起始点约为 50 km/h 和 125 km/h(图 8-2,图 8-3)。

(3) 动车组牵引力明显低于大功率电力机车。为了节省牵引功率,降低动车组高速运行所引起的动力作用对线路结构、车辆结构产生的损伤,以及提高旅客乘坐舒适度,高速动车组大多采用轻质材料,最大限度地降低其轴重,以保持较高的起动加速能力。

(三) 牵引力计算

根据动车组不同的速度,查动车组牵引特性曲线,可以得出该速度对应的牵引力。CRH2-200 型动车组(4M4T)全功率的牵引力 F (图 8-3)由式(8-2)计算。

$$\begin{cases} F = 175 - 0.36v, & 0 \leqslant v \leqslant 125 \text{ km/h} \\ F = 16\,250/v, & v > 125 \text{ km/h} \end{cases} \quad \text{(kN)} \tag{8-2}$$

单位合力为

$$c = \frac{F \times 10^3 - W}{M \cdot g} \quad \text{(N/kN)} \tag{8-3}$$

式中　M——动车组总质量,t。CRH2A 型动车组车体编组质量 345 t,定员荷载质量 408.5 t。

其他符号意义同前。

与机车一样,动车组所能实现的最大牵引力也受黏着条件的限制。我国动车组的黏着系数 μ_s 一般采用式(8-4)和式(8-5)计算。

干燥轨面:　　　　　　$\mu_s = 0.062\,4 + \dfrac{45.6}{v + 260}$ \qquad\qquad\qquad (8-4)

潮湿轨面：
$$\mu_s = 0.0405 + \frac{13.55}{v+120} \tag{8-5}$$

三、运行阻力

动车组运行阻力按其产生原因，可分为基本阻力和附加阻力。

（一）基本阻力

动车组基本阻力产生的原因同机车车辆。实际运用中，也采用以速度为参变量的一元二次经验公式进行计算，但函数的经验常数与具体的车型有关。国产 CRH 型动车组的单位基本阻力一般可采用以下公式计算。

CRH1 型动车组： $w_0 = 1.12 + 0.00542v + 0.000146v^2$ （N/kN） (8-6)

CRH2 型动车组： $w_0 = 0.88 + 0.00744v + 0.000114v^2$ （N/kN） (8-7)

CRH3 型动车组： $w_0 = 0.42 + 0.0016v + 0.000132v^2$ （N/kN） (8-8)

CRH5 型动车组： $w_0 = 1.65 + 0.0001v + 0.000179v^2$ （N/kN） (8-9)

（二）附加阻力

动车组的附加阻力也分为三类：坡道附加阻力、曲线附加阻力和隧道附加阻力，其计算方法可参考普速列车。各类单位附加阻力之和的加算坡道的坡度值为

$$i_j = \pm i + w_r + w_s \quad (‰) \tag{8-10}$$

（三）动车组阻力

动车组的运行阻力（W）等于基本阻力（W_0）和附加阻力（W_j）之和，即

$$W = W_0 + W_j = (w_0 + i_j) \cdot M \cdot g \quad (N) \tag{8-11}$$

动车组单位运行阻力为

$$w = w_0 + i_j \quad (N/kN) \tag{8-12}$$

四、制动力

（一）制动分类

动车组制动按用途可分为以下四类：

(1) 常用制动。指动车组控制列车速度或进站停车所施行的制动。

(2) 非常制动。指动车组在紧急情况下为使列车尽快停住而施行的制动，其特点是使用了电制动和空气制动的联合制动，制动作用迅猛，有时也称为快速制动。

(3) 紧急制动。指动车组在紧急情况下仅用空气制动的全力制动将列车制停。

(4) 辅助制动。指动车组在某些特殊情况（如救援、回送、常用制动回路发生故障等）下施行的制动。

（二）制动力计算

1. 制动特性

动车组的制动系统是一种由再生（电）制动和盘形（空气）制动组成的复合制动系统。其

中,动车采用再生制动+盘形制动;拖车采用盘形制动。车载微机通过制动控制单元(BCU)优先采用再生制动,盘形制动作为再生制动的后备与补充。CRH2型动车组采用"拖车优先延迟充气控制"。当动车的再生制动不足以承担拖车所需的制动力时,BCU会起动拖车盘形制动作为补充;当拖车盘形制动仍不能满足自身制动需求时,BCU起动动车盘形制动作为补充;当再生制动不起作用时,BCU将启动拖车和动车盘形制动。

2. 再生制动

图8-4为CRH2型动车组单辆车的再生制动性能曲线,其制动特性如下:

(1) 在速度15 km/h以下时不使用再生制动;

(2) 在速度15~70 km/h范围内为VVVF控制的恒力区;

(3) 在速度70~250 km/h范围内,制动力受电机功率的限制,随着速度的升高而减小。

CRH2型动车组再生制动力可用式(8-13)计算:

$$\begin{cases} B = 172, & 15 \text{ km/h} \leqslant v \leqslant 70 \text{ km/h} \\ B = 187 - 0.225v, & v > 70 \text{ km/h} \end{cases} \text{(kN)} \quad (8\text{-}13)$$

电制动力计算一般参考动车组电制动特性曲线(图8-4),运用线性插值法或曲线拟合法求解。

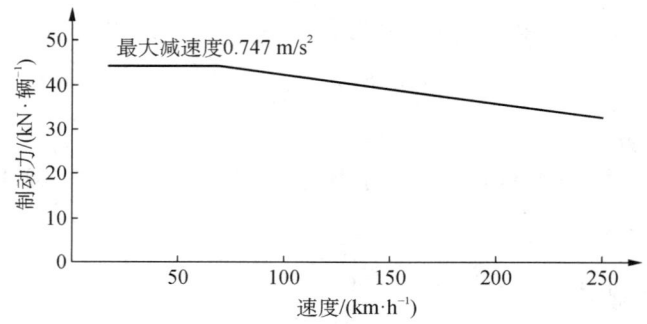

图8-4 CRH2型动车组再生制动性能曲线

3. 减速度

CRH2型4M+4T动车组的制动性能(减速模式)如表8-1所列。

表8-1 CRH2型减速度参数

速度/(km·h^{-1})		70	118	200
减速度 a /(m·s^{-2})	常用制动	−0.747	−0.619	−0.505
	紧急制动	−1.12	−0.931	−0.758

第二节 动车组运行计算

一、运动方程

在动车组运行计算中,简化做法是将动车组简化为单质点模型,即将动车组视为一个刚性系统。因此,动车组运动方程推导原理与机车和车辆组成的列车方程相同。由第六章第二节式(6-9)可知,动车组运动方程的一般表达式为

$$\frac{\mathrm{d}v}{\mathrm{d}t}=\xi \cdot c \tag{8-14}$$

式中　ξ——动车组加速度系数,$\xi=\dfrac{127}{1+\gamma}$,其中$\gamma$为动车组回转质量系数;

　　　　c——动车组单位合力,$c=f-(b+i_\mathrm{j}+w_0)$,N/kN。

其他符号意义同前。

动车组加速度系数ξ的值因车型及其回转质量系数γ而异,可通过试验得出。对于动车组来说,一般规律是动车γ值大于拖车;动车和拖车组成列车后,原则上γ值按质量加权平均计算。如动力集中式动车组γ值一般可取0.06～0.08;动力分散式动车组γ值一般取0.08～0.11。由有限差分法,动车组在每个速度间隔内的运行时间和速度可用式(8-15)和式(8-16)计算。

$$\Delta t = \frac{3\,600 \times (v_2 - v_1)}{\xi \cdot c_\mathrm{p}} \quad (\mathrm{s}) \tag{8-15}$$

$$\Delta s = \frac{500 \times (v_2^2 - v_1^2)}{\xi \cdot c_\mathrm{p}} \quad (\mathrm{m}) \tag{8-16}$$

式中　v_1,v_2——每个速度间隔的始速度和末速度,km/h;

　　　　c_p——每个速度间隔内平均速度下的单位合力,N/kN。

其他符号意义同前。

二、动车组制动距离计算

对于动车组来说,制动不仅关乎安全问题,它还是限制动车组速度进一步提高的重要因素。对于高速动车组,除要具备较大的牵引功率外,还必须拥有足够强的制动能力。从能量的角度分析,列车的制动能量与速度的平方成正比。时速200～250 km的动车组的制动能量约为普速列车的4～10倍。

动车组制动时,制动指令由BCU将控制信号传送至电空转换阀会有一定的延迟,从而造成各车的制动缸不可能同时充气、增压。《时速200和300公里动车组主要技术条件》(铁运函〔2006〕462号)给出的CRH型动车组制动空走时间如表8-2所列。因此,动车组制动距离应由制动延迟响应的空驶距离和施加制动后的有效制动距离组成。

表8-2　　　　　　　　　　CRH型动车组制动空走时间

类型	CRH1	CRH2	CRH5
常用制动空走时间/s	1.7	2.3	1.5
紧急制动空走时间/s	1.5	1.5	1.5

1. 空驶距离

同第七章第一节假设条件,即假设空走时间t_k(s)内动车组始终以制动初速v_0(km/h)

均速惰行,仍可使用式(7-1)计算。

在一定的加算坡度 i_j 条件下,t_k 计算分两种情况:

(1) 常用制动时,可参考式(7-3),考虑空气制动的延迟。例如,CRH2-300 型动车组制动初速为 200 km/h,在平直道上列车制动主管减压量取 350 kPa,按 8 辆车编组计,$t_k = 9.7$ s,$s_k = 539$ m。

(2) 紧急制动时,采用式(8-17)计算:

$$t_k = 3.5 - 0.08 i_j \quad (\text{s}) \tag{8-17}$$

式中 t_k ——动车组制动延迟响应空驶时间,s。

在加算坡道的坡度 $i_j = 0$ 的线路条件下,$t_k = 3.5$ s,$s_k = 194$ m。

2. 有效制动距离

由于 CRH 系列动车组均采用再生制动和电空制动的复合制动系统,制动过程中优先采用再生制动方式,当再生制动力不足时,由车载微机启动盘形空气制动,补足制动力。

根据制动的速度间隔 $(v_0 - v_z)$,可分段累计动车组的有效制动距离 s_e。

$$s_e = \frac{1}{25.92} \sum_i \frac{v_{i+1}^2 - v_i^2}{a_i} \quad \text{或} \quad s_e = 500 \sum_i \frac{v_{i+1}^2 - v_i^2}{\xi \cdot c_{p_i}} \quad (\text{m}) \tag{8-18}$$

式中 v_i, v_{i+1} ——第 i 速度间隔的始速度和末速度,km/h;

c_{p_i} ——速度间隔 (v_i, v_{i+1}) 内动车组的平均单位合力,N/kN;

a_i ——速度间隔 (v_i, v_{i+1}) 内动车组的平均减速度,m/s²。

其他符号意义同前。

3. 总制动时间和制动距离

总制动时间 T_b 和制动距离 s_b 可按式(8-19)或式(8-20)计算:

$$\begin{cases} T_b = t_k + 3\,600 \sum_i \dfrac{v_{i+1} - v_i}{\xi \cdot c_{p_i}} \quad (\text{s}) \\ s_b = \dfrac{v_0 \cdot t_k}{3.6} + 500 \sum_i \dfrac{v_{i+1}^2 - v_i^2}{\xi \cdot c_{p_i}} \quad (\text{m}) \end{cases} \tag{8-19}$$

或

$$\begin{cases} T_b = t_k + \dfrac{1}{3.6} \sum_i \dfrac{v_{i+1} - v_i}{a_i} \quad (\text{s}) \\ s_b = \dfrac{v_0 \cdot t_k}{3.6} + \dfrac{1}{25.92} \sum_i \dfrac{v_{i+1}^2 - v_i^2}{a_i} \quad (\text{m}) \end{cases} \tag{8-20}$$

CRH2-300 型动车组的制动减速度见表 8-3。

根据表 8-3 的数据,由式(8-19)推算的 CRH2-300 型动车组 200 km/h 的紧急制动距离为 1 930 m,满足我国铁路技术政策规定的 2 000 m 制动距离限值要求。

表 8-3　　　　　　　CRH2-300 型(6M2T)动车组制动减速度

速度/(km·h^{-1})		200	180	160	140	120	100	80	60	40	20	0
减速度 a / (m·s^{-2})	紧急制动	0.70	0.76	0.80	0.86	0.92	1.02	1.17	1.26	1.37	1.40	1.40
	常用制动	0.50	0.52	0.54	0.56	0.58	0.62	0.67	0.69	0.68	0.68	0.68

注：紧急制动的减速度为湿轨 EB 数据；常用制动减速度为 90% 常用全制动数据。

复习思考题 8

[8-1] 动车组提高列车牵引力的主要途径是什么？

[8-2] 按照动能的转移方式，动车组采用的制动方式有哪几种？

[8-3] 与普速列车相比，动车组制动的不同意义表现在哪些方面？

[8-4] 动车组制动控制与普速列车的主要不同点是什么？

[8-5] 某 CRH380A 型动车组 8 节编组(6M2T)，全列满载定员荷载 429.2 t，持续行驶速度 350 km/h。已知该动车组的主要技术条件如下：

(1) 动车组全功率牵引力 $\begin{cases} F = 197.2, & 0 \leqslant v \leqslant 160 \text{ km/h} \\ F = 31\ 512/v, & v > 160 \text{ km/h} \end{cases}$ (kN)；

(2) 动车组单位基本阻力 $w_0 = 0.16 + 0.005\ 3v + 0.000\ 118v^2$ (N/kN)。

(注：当速度 $v < 10$ km/h 时，按 $v = 10$ km/h 计算)

若该动车组以初始速度 250 km/h 进入 5‰ 的直上坡道，坡长 10 km。试求其行驶至该坡段末端时的速度和耗时各为多少？(计算距离误差控制在 10 m 以内)

第九章 列车运行仿真计算

第一节 概　　述

如前所述，列车运行计算较为复杂，通过列车运行仿真计算可优化铁路线路设计方案，确定列车运行时间和能耗等运营指标，为线路挖潜提效和运行安全提供科学依据。

一、列车运行仿真计算模型

牵引计算主要研究列车在外力作用下沿轨道运行的规律。由于列车是由数辆串联的车辆组成，因此，列车运行仿真计算模型如何真实地反映列车运行状况是仿真建模的关键。列车运行计算模型主要有列车模型和牵引模型。

（一）列车模型

列车运行计算的运动方程所假定的条件是：整个列车的质量都集中在列车长度的中心点，且列车是一个刚性系统。这两点假定与实际存在较大的差异，如制定列车区间限速，是以列车头部抵达限速点为准，而非列车中心点。当今高速铁路列车运行时速数百公里，半个列车长度也会对列车速度变化有一定影响。此外，对于由车钩串接成列的列车，每个车辆不可能瞬间同步加速或减速，因此列车更像一个"弹性链"。若将列车中各车辆当作单独的质点，那么用多质点来描述列车的运动规律更符合实际。

1. 单质点模型

单质点模型将列车视为一个没有尺寸的质点，所有的受力都在质点上。因此，单质点模型的分析计算比较简单，容易实现。以往的手工计算和早期列车牵引电算软件均采用此类模型。单质点模型的缺点是对列车运行过程描述过于简略，会有一定的计算误差。

2. 多质点模型

列车是由多个车辆编挂而成，列车行驶在不同线路的平纵断面中，各辆车的受力情况实际上是不同的。因此，以每辆车为一个质点，则可以较好地反映实际情况，相对于单质点模型，多质点模型的受力分析更加复杂，但计算结果误差相对较小。

（二）牵引模型

牵引模型是描述列车牵引过程的数学模型。在列车运行方程的基础上，针对列车起动、牵引、惰行、制动等不同工况，分别建立相应的列车运行状态计算模型，并且能根据不同的平纵断面情况以及通过道岔、信号机等特殊线路设备的限速要求，描述列车运动状态的变化。但由于列车运行状态过于复杂，难以建立准确的解析模型。因此，实际中基本上采用计算机模拟算法，以时间或距离间隔为步长，近似描述列车运行过程。随着高性能计算机的发展，即使多质点模型也可以在可接受的时间里得出列车运行计算的结果。

二、列车运行仿真软件特点

随着计算机技术和性能的飞速发展,计算机数据与图形处理能力大大加强,为列车运行仿真计算的优化,提供了良好的基础条件。自 20 世纪 80 年代以来,各国相继研发了多款铁路牵引计算仿真系统。如北美的 RAILSIM 系统、日本的 URTAS 系统、德国的 RailSys 系统和 Dynamis 系统等。国内北京交通大学、西南交通大学等高校也与铁路企业合作研发了 GTMSS 和 QYJS 列车运行仿真计算系统。这些系统都可以实现列车运行速度、运行时间及运营能耗等指标的计算。这类软件经过多次应用升级,目前还可以实时动态显示列车运行全过程,模拟列车试验时的各种列车编组和线路条件,完成基于节时、定时、节能等多种策略的列车牵引计算和策略对比分析。其主要特点如下:

(1)一次允许计算的线路长度大大增加。现代高性能计算机运算速度快、存储容量大,大大提高了基础数据处理能力,从而使一次性计算规模扩大。

(2)程序整体性好,具有良好的用户界面,所有功能可在统一的中文菜单提示下操作。

(3)程序应用目的多样化。程序中的列车运行模型采用多质点的列车动力学数学模型,可对列车中每一节车辆所在线路位置及所受载荷进行分析和计算。

(4)具有计算机仿真功能。程序采用列车操纵模拟方式,使用者可通过列车操纵指令进行列车运行计算。通过应用计算机动画技术,使列车运行计算过程和结果可以根据用户的要求做到可视化,直观形象地反映列车运行计算的结果。

第二节　列车运行仿真计算软件简介

开发一个列车运行仿真计算软件,涉及大量专业性和计算机方面的知识与要求。一般来说,需要处理好以下四个方面的问题。

1. 数据准备与格式设计

列车运行计算需要大量的数据,主要可划分为以下三类。

(1)机车数据:将不同类型的机车牵引特性和动力制动特性,通过插值法或分段函数法转化成计算机可以读取的数据。机车的阻力特性只要保存各工况下的阻力计算系数即可。一般可通过数据库设计,将机车数据事先存于计算机中。

(2)线路数据:这是列车运行计算中数据量最大的数据,尤其是坡段和曲线的数据,随线路长度的增加与平纵断面复杂程度的上升而增加。一般按线路名称、线路坡道、线路曲线、线路信号机位置、车站位置等分类进行数据组织。由于这部分数据需要人工输入,因此,程序应提供方便、快速的输入功能。通过数据库的合理设计,达到既节省存储容量的开销,又方便程序对线路数据读取与使用的目的。

(3)有关列车运行和环境的数据:指除机车、线路等相对固定的原始数据之外的一些与列车组成、运行要求等有关的数据。例如,列车初始状态、位置与速度;机车初始手柄位置;列车阻力、牵引质量和列车制动等计算的相关参数;不同车站进出站道岔限速(与在该站是否停车有关);与海拔高度和环境温度相关的内燃机车牵引力修正系数等。这类数据比较复杂,其中一部分是固定数据,可预先存储在计算机中,使用时直接读取。

2. 建立模型

以列车运动方程为基础,以列车运行速度为主要自变量,建立与其相关的牵引力、阻力、制动力、合力等计算模型。通过近似积分求解方法，分段计算列车在线路某一段上的运行时分、运行距离，进而求得从每段（或该线路）计算始点至计算终点的累计时间和累计距离。

3. 算法设计

列车运行计算中，最为复杂的是牵引工况合理切换的选择（含进站限速制动）与某一坡段末速的确定。通过算法的合理设计，以实现列车运行计算的自动化，尽量减少人工干预的不确定性。程序框图见图9-1。根据需要添加一些子程序，还可以同时计算机车燃料消耗数量等。

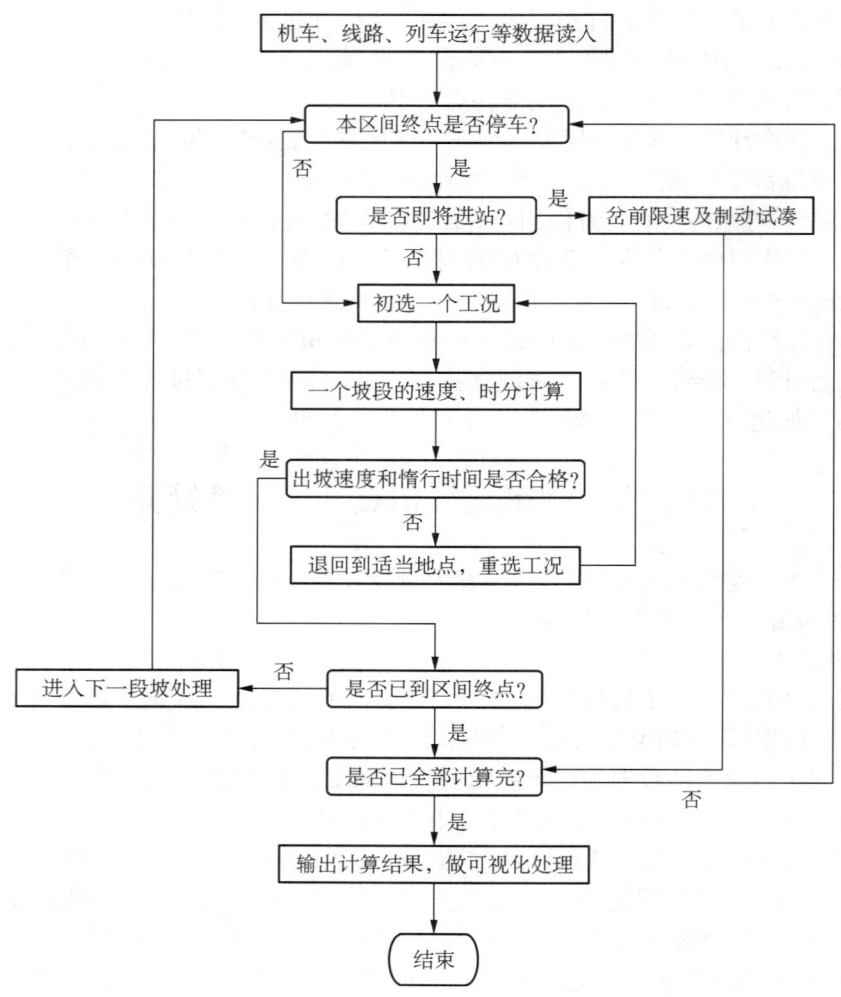

图 9-1　列车运行速度、时间计算程序框图

4. 结果输出

完成列车运行计算后，将数值型的列车运行计算结果转化为图形化的速度、时分曲线。既可以在屏幕上动态显示计算结果，还能通过绘图仪或打印机，按用户需要输出图形结果。根据需要添加一些小模块，还能对各区段的平均速度、运行时分及能耗等指标作统计分析，供线路设计中方案比选使用。对需要保留的计算条件与结果数据，可以文件方式存储在计算机上，便于用户随时查阅或重新计算。

第三篇

有轨交通线路选线设计

专题12 铁路选线概述

第十章 铁路选线

第一节 铁路选线概述

铁路是一条带状的三维空间实体结构物。在规划或设计阶段,用铁路中心线表示。铁路中心线在水平面上的投影称为线路平面;铁路中心线展直后在铅垂面上的投影称为线路纵断面;垂直于铁路中心线的线路断面在铅垂面上的投影称为线路横断面。铁路选线就是在地形图或地面上选定线路的走向并确定线路的空间位置。

一、铁路选线的意义

铁路空间位置的研究一般包括选线和定线两个过程。铁路选线就是通过线路规划工作,在线路的起讫点之间选择并确定一条技术上可行、经济上合理、符合线路设计要求的铁路中心线的空间位置,确定与线路有关的各类设备与建筑物(如路基、桥梁、隧道、车站、电力牵引供电设备、机务段等)的类型和分布。而铁路定线则是在线路基本走向已确定的基础上,经线路方案比选,通过平面、纵断面、横断面设计,最后确定线路的位置。

一条铁路线建成之后,将会对沿线地区的政治、经济、文化和国防建设,起到积极的促进作用。如1997年建成的京九铁路,增加了铁路网的南北通道能力,也给皖、鄂、湘、赣等革命老区对外经济与文化交流提供了新的大容量运输通道。截至2018年,我国已建成"四纵四横"高速铁路干线网,铁路快速客运的功效已显现,铁路客运周转量全国占比再次超过40%。

铁路建设具有投资大、施工期和投资回收期长,而且作为固定建筑物具有不可转移的特点,因此,铁路选线既要满足当地政治、经济、国防等方面的要求,还要考虑线路行经地区的自然、地质条件,以尽量减少铁路建设所耗费的资金、材料、劳力以及对可耕农田的占用,合理确定线路的位置以及设计线的技术标准。

二、铁路选线的资料收集

为做好铁路选线工作,应通过各种方式和手段尽可能收集现有的资料,以减少外业勘测与调查的工作量。与铁路选线相关的主要资料如下:

(1) 各种比例尺的地形图、航测资料和以往的勘测设计资料。
(2) 沿线地区客货运输量及需求调查等经济勘察资料。
(3) 相邻线路的主要技术标准、平面与纵断面图、历史年度的客货运输量统计以及设计、施工和运营资料。
(4) 线路行经地区的地质、水文、气候等自然条件方面的有关资料。
(5) 线路行经地区的城镇、工矿、交通、水利建设与规划资料。

三、铁路选线工作的基本内容

大型的铁路线路建设项目，一般包括以下四个阶段：

（1）可行性研究阶段：根据铁路项目建议书，选线时通常利用1∶10万～1∶5万的小比例尺地形图，在规定的线路起讫点间大面积范围内，找出一切可能方案，经过方案比选，提出可行的线路原则性方案，作为建设项目主管单位编制设计任务书的主要依据。这一阶段选线工作特点是通过重点踏勘，确定线路走向和接轨问题，完成"由面到带"工作。

（2）初步设计阶段：根据设计任务书，仔细研究线路方案，通过外业初测，得到1∶5 000～1∶2 000的大比例尺带状地形图。在此基础上，进行各方案的线上定线和主要技术标准比选，进而推荐出最佳方案（"从带到线"），供建设项目主管单位审批。

（3）技术设计阶段：根据批准的初步设计方案和审批意见，逐段研究线路位置的合理性，进行线路的平面、纵断面、横断面的改善；然后将带状地形图上的线路测设于地面；再根据定测的资料编绘线路详细的平面图及纵断面图，与此同时，展开各专业的单项工程设计。

（4）施工图阶段：仅对线路需要进一步改善的个别地段，重新编绘线路详细的平面图和纵断面图。

四、铁路选线工作的特点

铁路选线工作是一项外业与内业相结合的工作。外业勘测与调查是内业定线的依据，而内业定线又指导下一阶段的外业勘测。经过多次反复，最后才将线路测设于地面。

铁路选线是铁路勘测设计中决定全局的重要工作。要做好选线工作，必须综合考虑多方面因素，解决好以下几方面的问题：

（1）树立全局观念，在不违背总体设计原则的条件下，分阶段、按步骤地进行。设计内容是从粗到细、从整体到局部；工作过程是从面到带、从带到线，最终确定线路的合理位置。

（2）正确处理铁路建设与沿线地区其他建设项目的关系，使二者协调配合；在兼顾国家、地方和铁路各方利益的基础上，调动各方的积极性，寻求合理的线路建设方案。

（3）正确选择主要技术标准。既要使设计线各主要技术标准达到最佳配合，又要力争与邻接铁路相互协调，并应考虑整个路网的远期发展要求。

（4）正确处理好线路与其他专业的关系。线路和线路上分布的各类建筑物（如车站、机务段等）是一个有机整体，应尽量使它们在能力上、结构与强度上相互配合、协调一致。

（5）正确处理好设计、施工与运营之间的关系。结合线路建设意义与作用，努力寻求方便施工、节省工程和便利运营的线路方案。

五、线路走向的选择

（一）线路走向的拟定

在设计线起讫点间，因城市位置、资源分布、工农业布局和自然条件等具体情况不同，常有若干可供选择的线路走向。如图10-1所示，A为新兴的旅游城市，拟从A市建一条与干线上C站相连的铁路线。若从A市出发，与经过的B市、C市直接连接，则线路必须多次跨过大河，穿越较高的山岭和著名风景旅游区，不仅投资大，而且破坏了风景区的自然美。为了降低工程造价、节约运营支出和不影响风景区旅游资源的开发,线路可根据自然条件选择有利地点通过,如特大桥或复杂大桥的合适桥址 D、E,绕避风景区的 F、G,垭口 H、I(这些点称为控制点)。这样,据点 A、B 之间就有两个可能走向,即 ADFB 和 AGEB,而据点 B、C 间也有 BHC 和 BIC 两个可能走向,它们通常称为航空折线。选线的基本任务之一,就是从中选出最合理的方案作为进一步设计的依据。

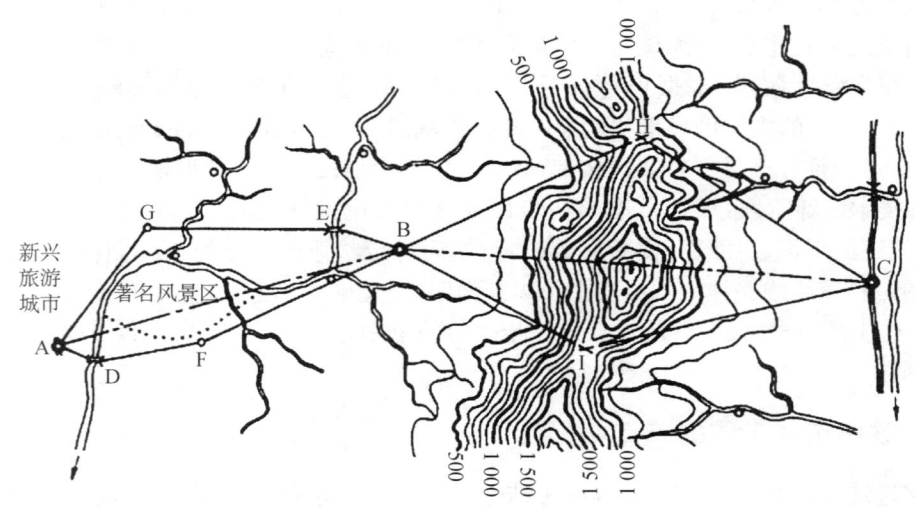

图 10-1　线路走向的拟定

线路走向的选择,关系到能否适应国家的要求和地区国民经济发展的需要,并直接影响铁路本身的经济效益和工程运营条件。因此,必须充分做好调查研究与分析,使设计线路更好地满足国家的要求和地区的需要。新建铁路干线的走向一般在路网规划经济选线的初步轮廓基础上,通过勘测设计工作,根据新的要求和情况,作进一步研究与落实。

(二) 影响线路走向选择的主要因素

1. 设计线的意义及其在路网中的作用

选择线路走向,首先应明确该线路在政治、经济和国防方面的意义,以及在路网中的作用。对于线路意义重大、在路网中起骨干作用、年输送能力需求大且以直通客货运为主的干线铁路,线路走向应力求顺直,以缩短直通客货运输的距离和时间;对于地区运输特征明显,或远期年客货运量较小的铁路,则考虑以满足地区运输为主,线路宜尽量经过或靠近线路行经的政治与经济控制点。

京沪高速铁路是连接京津唐环渤海和长三角两个经济区域的重要铁路客运干线。因此在选线时,主要考虑三大经济区和沿线主要城市交通快速联系的要求。在南京—丹阳段选线时,有南线(经句容市)方案和北线(经镇江市)方案(图 10-2)。从线网布局均衡考虑,在尚无铁路的句容地区引入高速铁路,既可以彻底改变该地区无铁路的现状,提高苏南地区的铁路可达性,而且相对于北线方案,线路长度也有所缩短。但是,京沪高速铁路是为发达地区提供快速铁路客运交通服务为主要目标,客流以商务流为主。相对而言,镇江市的客流吸引范围和数量远超过句容地区,镇江市的区位条件更能发挥高速铁路的效用。因此,最终选择了北线方案。

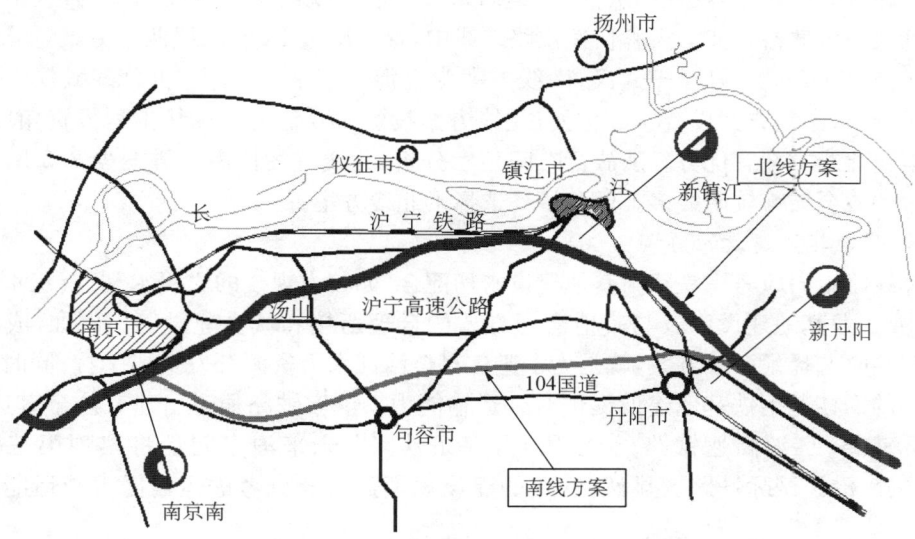

图 10-2　京沪高速铁路南京—丹阳段选线

2. 政治经济控制点和经济效益

选择线路走向时，对重要的政治经济控制点，必须考虑通过。对重要干线经过某些政治经济控制点有困难时，可考虑采用支线联结的方案。如合(肥)九(江)铁路，为缩短全线的距离和减少工程量，采用了从高河埠引支线的方式，连接安徽省的重要经济据点安庆市。

铁路对经过地区的经济发展有很大的影响。因此，选择线路走向应尽可能有利于该地区的经济发展和扩大吸引范围，同时也扩大铁路客货运量，增加运输收入，争取较高的铁路建设经济效益。如"八五"期间国家重点工程南昆铁路(图 10-3 中粗实线)的线路东段(广西盆地)，选择了靠近广西铅矿、右江煤矿、穿右江石油开发区；线路中段(百色至罗平)，选择了靠近黔西南地区煤炭资源及主要城镇；线路的西段则靠近滇东南煤炭及著名风景旅游区路南石林。

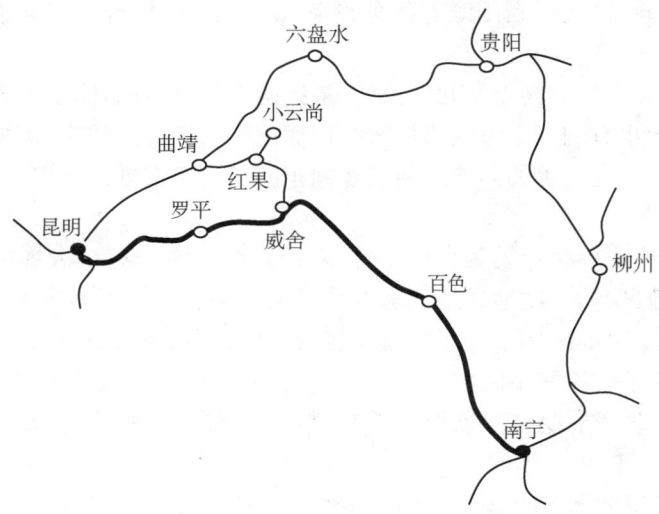

图 10-3　南昆铁路走向示意图

在线路方案拟定中,要正确贯彻"强本简末"的理念,既要重视投资的控制,也不能忽视线路的社会综合效益。如沪汉蓉快速铁路选线中,曾提出过南线、北线两个方案。北线方案为上海—南京—合肥—麻城—武汉;南线方案为上海—南京—芜湖—九江—武汉。从工程投资角度分析,南线方案投资 452 亿元,北线方案投资 470 亿元。单从工程投资角度分析,南线方案比北线方案有优势。从旅行时间角度分析,北线方案比南线方案少 2.5 h,且北线方案经过的省会城市较南线多。因此最终选择了北线方案。

3. 铁路与其他建设的协调

选择线路走向应考虑铁路与其他建设密切配合,如较大规模的农田水利建设、水力资源开发、重要工业基地建设以及与其他交通方式的合理衔接和城乡建设等。例如,成(都)昆(明)铁路当时选择了西线方案,就是为了避免对金沙江水力资源开发造成干扰,同时为我国西南重要的攀枝花钢铁基地建设提供对外运输能力。沪宁铁路通道已建有沪宁普速铁路、沪宁城际铁路、京沪高速铁路(沪宁段)等多条铁路。未来沪宁间还将出现第三条时速 350 km 的南沿江城际铁路。显然,铁路的建设规模需要充分考虑运输需求与运能供给的协调。

4. 合理选择接轨点

接轨站是指设计线起点或终点以及中间与既有线相连的车站。在选择线路走向的同时,要研究合适的接轨点,有利于铁路干线、支线的衔接和路网发展。理想的接轨点应具备的条件如下:

(1) 符合路网的发展。在铁路枢纽中接轨时,要考虑枢纽的发展与改建工程量。如南昆线起讫点的接轨点,东端选择在南宁枢纽中江西村站,改建工程较小;西端选择在昆明南站,不仅工程小、投资省,还有利于昆明东枢纽的疏解和昆明枢纽南环线的形成。

(2) 主要客货流方向顺直。如宝成铁路,在天水和宝鸡两个接轨站方案比较中,最后采用宝鸡站方案,主要理由之一就是此线为关中入川的干线铁路,而主要货物交流为西南与华中之间,约占总货运量的 2/3。在宝鸡站接轨可缩短运距(154 km),节省运费(图 10-4)。

(3) 充分利用既有设备,减少工程投资。如南昆线的北端从威舍引出支线与盘西线上的红果(区段)站接轨,既便于利用既有机务设备,减少工程投资,也有利于西南地区路网的发展。

京沪高速铁路在上海的终点站几经比选,最终确定为虹桥站,除了充分反映上海城市建设与发展的需求外,也有利于上海铁路枢纽结构优化和未来上海沪宁、沪杭两翼高速铁路通道的贯通,为东部南北向通道的高速直通旅客列车的运营组织创造条件(图 10-5)。

5. 自然条件

地形、地质、水文、气象、地震等自然条件,对选择线路走向有很大影响。对于严重的不良地质地区、缺水地区、高烈度地震地区和高大山岭、崎岖峡谷等非常困难的自然障碍,选线时尽量考虑绕避。不同的线路走向,因自然条件的差异,其线路长度、工程量和工程费、运营费和运输效率等是各不相同的。在保证行车安全和正常运营的条件下,应选用经济效益较好的线路方案。早期宝成铁路的线位选择宝略段方案,自然条件就是重要影响因素之一。

6. 主要技术标准和施工条件

线路的主要技术标准在一定程度上影响线路走向的选择。例如,同样的运输任务,采用

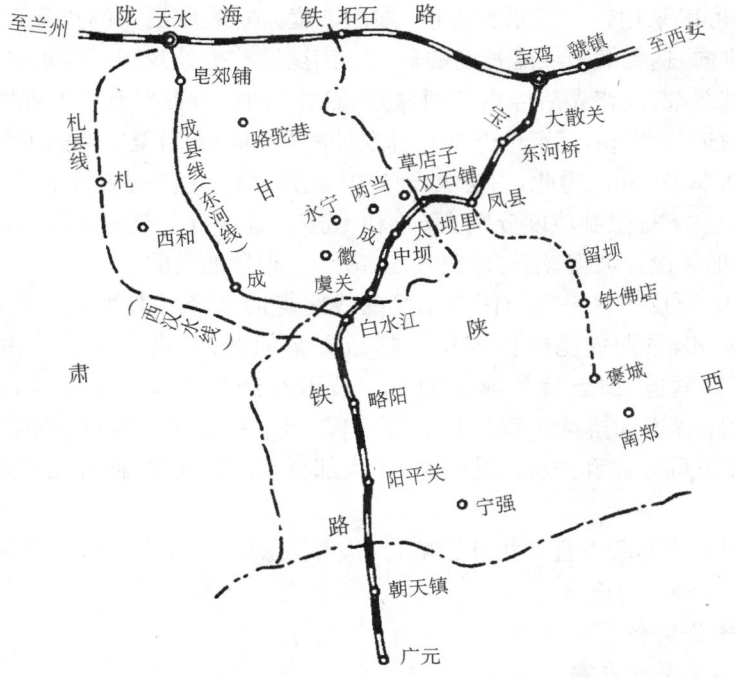

图 10-4 宝成铁路北段选线示意图

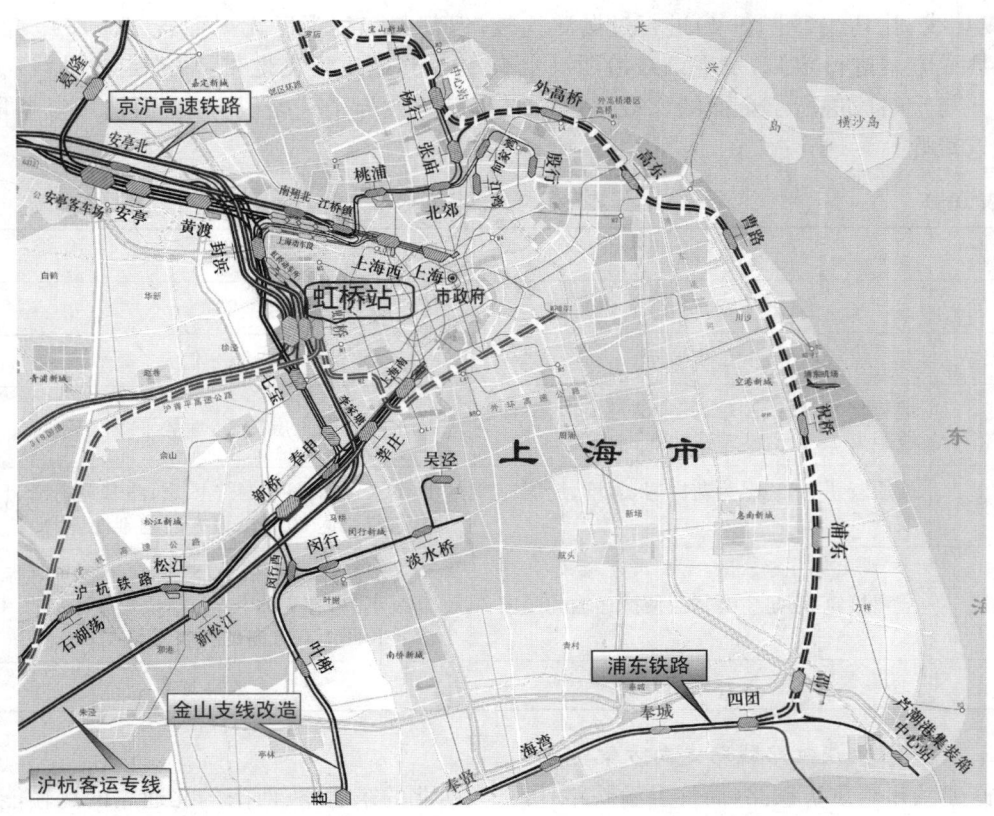

图 10-5 京沪高速铁路虹桥站位示意图

大功率机车,则可以采用较大的最大坡度(限制坡度)值,克服更大的拔起高度,使线路有可能更靠近短直方向,达到缩短线路长度的目的。南昆铁路地处我国西南地区,沿线地形及工程地质条件极其复杂,线路先后经由广西盆地、黔桂山地、云贵高原三大地貌单元。线路设计高程自南宁附近的 78 m,逐渐上升到石林东部的 2 088 m,后至昆明的 1 910 m。上、下行需克服总高程达 5 098 m。为此,南昆线设计中选用初期一次实现单线电气化牵引,上、下行分向坡度方案(上、下行限制坡度分别为 6‰ 和 13‰),其中百色至陆良段(506 km)采用双机牵引,从而实现加大设计坡度、缩短线路长度、减少工程量的目的。

施工期限、施工技术水平等对困难山区的线路走向选择具有重大影响,有时甚至是决定性的因素。例如,早期成昆线沙木拉打隧道方案的选定,贵昆线梅花山隧道方案的取舍,都与当时工期紧迫、缺乏特长隧道的施工技术和经验有关。随着铁路施工技术的进步,如今我国铁路隧道和桥梁工程虽是关键工程,但不一定成为项目的限制工程。2010 年建成通车的沪宁城际铁路和沪杭高速铁路,绝大部分为高架铁路,而且项目都比原工期安排提前竣工。

上述各项因素相互联系且又相互影响,故应深入调查,掌握情况,从整体考虑才能选出较为理想的线路走向。

(三) 铁路选线案例

1. 宝成铁路越秦岭方案

1949 年前,作为大同至成都线的一部分,曾对宝略段线路做过多次尝试,后又对宝成线、成县线、礼县线(图 10-4)进行过勘测比较,但都因工程艰巨无果而告终。1949 年后,对礼县线方案进行定测,发现该线沿西汉水有 40 km 地质不良地带,后改走成县线(天略段),并与宝略段进行了全面的比较(表 10-1),最后放弃了天略段方案,而选用宝略段方案穿越秦岭。

表 10-1　　　　　　　　　宝略段与天略段比较

因素	宝 略 段	天 略 段
长度	242 km	237 km
投资	2.9 亿元	2.2 亿元
地形	地势陡峻,展线困难,其中渭河至秦岭口间直线距离 25 km,高差达 800 m,坡陡 32‰	分水岭处有土层覆盖,地势平缓,工程小
地质	地质较恶劣,地层为花岗岩,岩堆、崩塌、滑坡较严重	地下水发达,隧道施工困难;路基易坍滑,且板岩地层长达 60 km,塌方问题难处理
意义	宝鸡接轨,满足主要货流便捷运输的要求	宝天线技术标准低,且沿狭窄的渭河河谷,修复线不易,在天水接轨,单线难以承受华中与西北和西南双方向的巨大运量需求
结论	推荐采用方案	放弃方案

2. 兰州至重庆铁路线路走向方案

修建兰州至重庆铁路(简称兰渝铁路)可扩大西北的东通路、西南的北通路的运输能力,开辟一条新的西北石油入川通道,为西北地区新增一条连接东南沿海经济发达地区的捷径,对线路经行区域发展具有重要作用。结合区域铁路网规划,在系统考虑沿线经济布局的基础上,初拟了四个走向方案(图10-6),方案比较如表10-2所示。

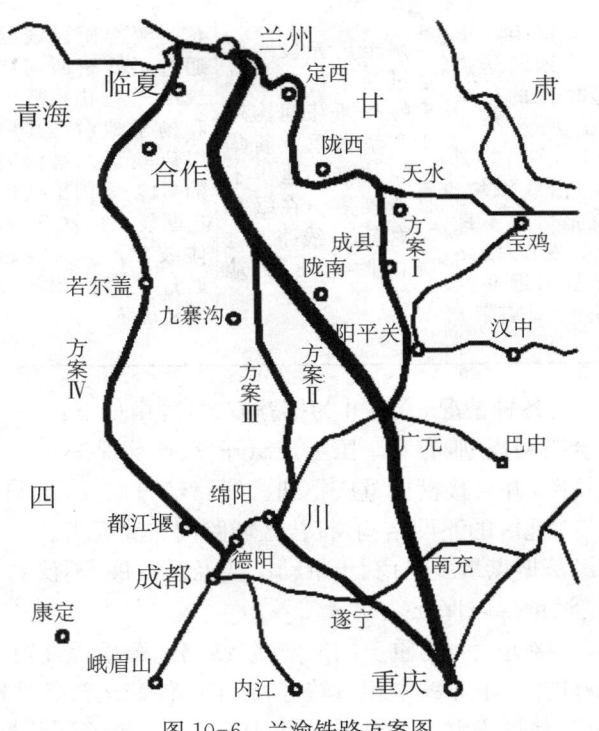

图10-6 兰渝铁路方案图

表10-2 兰渝铁路走向方案比较

因素	方案Ⅰ	方案Ⅱ	方案Ⅲ	方案Ⅳ
线路走向	兰州—阳平关—广元—南充—重庆	兰州—广元—南充—重庆	兰州—绵阳—遂宁—重庆	兰州—成都—遂宁—重庆
接轨站	陇海铁路三阳川站	兰州枢纽骆驼巷站	兰州枢纽骆驼巷站	兰新铁路河口南站
(线路运营长度/km)/(建筑长度/km)	1 029.47/636.27	869.65/788.22	1 009.662/819.39	1 305.41/804.91
桥隧比重/%	60.7	61.1	63.3	63.1
途经地区社会经济情况	多地利用既有铁路,仅通过成县、康县、宁强县等3个贫困县	吸引25个县市区,经过12个国家级贫困县	布局偏西,部分地段远离县城,新增吸引范围较小	新线地段人烟稀少
对环境的影响	较小	较小	线路通过国家级风景名胜区九寨沟及白河、勿角、王郎、泗河、小河沟等省级自然保护区	线路通过卧龙国家级自然保护区、若尔盖湿地省级自然保护区

续 表

因素	方案Ⅰ	方案Ⅱ	方案Ⅲ	方案Ⅳ
不良地质特征	线路经陇南山字形构造及陇南斜迭弧形构造体系的交错部位，岩性繁杂多变，线路大多沿断裂带走行，沿线滑坡、泥石流错落等不良地质十分发育，线路经过礼县附近9度以上高烈度地震带	兰州至广元段线路通过西京构造南端秦岭东西纬间构造带和华厦系及新华厦构造。地质不良地段集中在岷县至陇南段，线路通过陇南附近8度地震区	兰州至绵阳段线路通过秦岭东西向褶皱带、龙门山褶皱带和扬子地台。其中黑店峡至九寨沟间的秦岭、龙门山区构造断裂十分发育，岩体破碎严重。线路通过九寨沟附近8度地震区	线路通过祁吕贺兰山山字形构造体系西褶皱带、秦岭—昆仑东西向褶皱带、松潘—甘孜褶皱带、龙门山褶皱带及四川地台成都坳陷。沿线构造十分复杂，断裂十分严重，松潘附近为9度以上地震区，且线路通过若尔盖草原沼泽区，地表土具季节性冻土特点

综合比较表 10-2 的各种情况，方案Ⅱ为推荐方案，理由如下：

(1) 线路走向符合路网规划，有利于国土资源开发、环境保护。

(2) 全线为新建铁路，并直接衔接重庆枢纽。线路经过广元，可与广元—乐坝—达州铁路一起，改善川东北广大地区的路网结构，符合区域路网布局要求。

(3) 线路经过的经济据点最多，有利于带动沿线经济发展；不仅对带动地方经济发展有利，而且使本线的客货运量得以保证。

(4) 线路走向顺直，接近兰州与重庆的航空线，线路运营里程最短。

(5) 地形、地质条件在 4 个方案中相对较好，施工条件和运营条件较佳。

(6) 经测算，项目全部投资财务内部收益率为 5.15%，投资回收期为 21.22 年(含建设期)，贷款偿还期为 16.67 年(含建设期)。项目全部投资经济内部收益率为 15.27%，经济净现值为 183.5 万元，符合项目投资经济效益要求。

3. 京沪高速铁路引入济南铁路枢纽方案

济南铁路枢纽是京沪高速铁路经由的重要枢纽之一，是京沪、胶济和邯济三大铁路干线的交汇点。枢纽布局已初步形成，其中济南站为主要客运站，济南东站为辅助客运站(图 10-7)。

济南市已经确定了"东拓、西进、南控、北跨、中疏"的城市总体发展战略。整个城市由东向西将形成"东部产业带、东部新城、泉城特色风貌带、西部新城、西部片区"五大区域和拟跨黄河发展的北部片区。

(1) 东线方案。京沪高速铁路引入既有济南(客)站。规划济南站为枢纽主要客运站，济南东站为枢纽辅助客运站，预留济南南站为第二辅助客运站的条件。该方案修建高速正线约 69 km。济南站设高速客运车场和普速客运车场。津浦上、下行线改线，修建北园站至济南站第三线，津胶联络下行线向东侧改线；预留修建京沪上行线至邯济线的联络线。

(2) 西线方案。京沪高速铁路采用新建济南高速站(济南西站)。济南站和济南西站为枢纽主要客运站，济南东站为枢纽辅助客运站。该方案修建高速正线约 59 km，新建济南高速站和于家庄动车运用维修所。考虑京沪高速铁路与青岛方向的交流，近期设南、北联络线，结合规划的太(原)—青(岛)客运专线，济南高速站预留其接轨条件和疏解条件。

东线、西线方案的比较见表 10-3。考虑到东线方案投资大，施工干扰严重，走行距离长，换乘便利优势有限等情况，最终选择了优点明显、与城市规划配合好的西线方案。据此

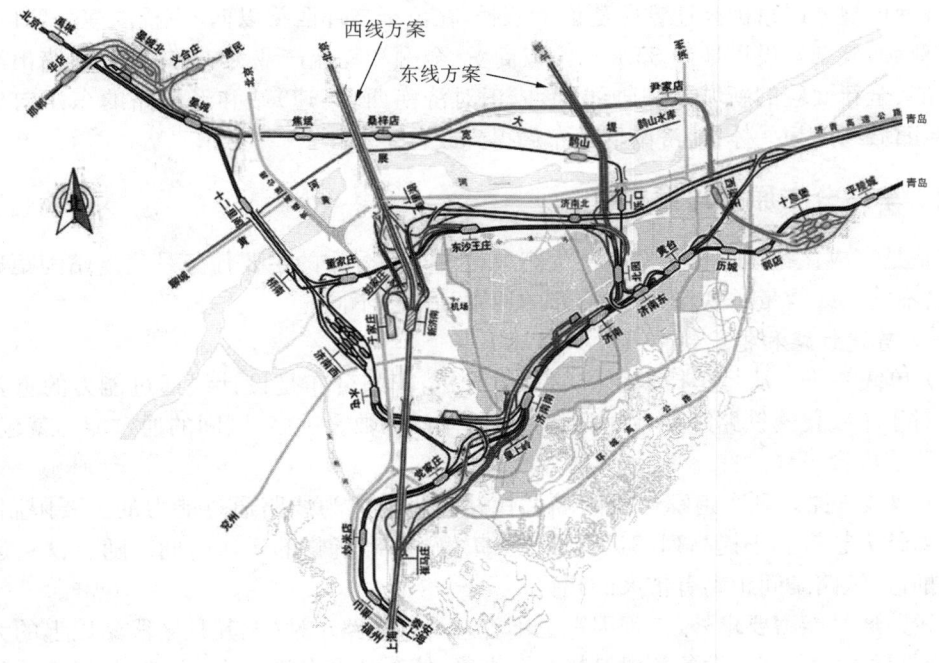

图 10-7 京沪高速铁路引入济南枢纽示意图

表 10-3 京沪高速铁路引入济南枢纽方案比较

方案	优点	缺点
西线方案	(1) 正线修建长度缩短约 10 km，运行时分减少，工程投资节省约 2.9 亿元 (2) 线路条件顺直，无限速区段 (3) 拆迁工程小 (4) 站址交通规划条件较好 (5) 施工对既有线运营干扰小 (6) 有利于枢纽运输组织 (7) 对城市的环境保护有利 (8) 符合地方规划发展要求 (9) 枢纽具备进一步发展条件	(1) 高速主客运站位于城市新区中心，京沪高速铁路运营初期，旅客乘车距离较远，对吸引客流不利 (2) 距离普速铁路济南站较远，旅客换乘不便
东线方案	(1) 主客运站位于城市中心，旅客能就近乘车，可以较好地吸引客流 (2) 高速客场与普速客场同站布置，旅客换乘距离近，换乘方便	(1) 正线修建长度增加 10 km，建设投入多 (2) 枢纽内线路平面条件较差，部分线段需要限速运行 (3) 在既有济南站扩建，拆迁工程量大 (4) 济南站集疏运的市内交通条件难以满足旅客集散高峰的要求 (5) 施工对既有铁路线干扰大 (6) 高速客场、普速客场共站布置，客流组织复杂、难度大 (7) 多条铁路线直接引入城市中心区，对城市的环境保护不利 (8) 方案与济南市发展规划不吻合 (9) 既有济南站改扩建难度大，无进一步发展空间

方案,济南市规划以京沪高速铁路建设为依托,在位于二环西路以西、京福高速公路以东,建设西部新城,规划建设用地约 35 km²。以商贸、金融和物流产业为支撑,形成沿腊山河南北全新功能、全新面貌的新城景观轴线,形成正对济南西(高速)站和经十路的东西向功能轴线,将新旧城区连为一体,使济南城市布局得到改善。

六、车站分布原则与要求

车站是完成铁路运输任务的基层生产单位。车站分布的主要任务是确定站间距离。不同性质、不同正线数量的铁路,车站分布的原则和要求不同。

(一)普速铁路和重载铁路

(1)单线铁路。从行车技术组织的角度分析,车站分布是设计线通过能力的重要决定因素。对于单线普速铁路来说,站间距离越短,车站的数量越多,区间的通过能力就越大,但列车运营速度会下降。

(2)双线铁路。列车追踪运行间隔替代站间距离成为线路通过能力的主要限制因素。站间距离越大越有利于提高列车运行速度,缩短旅客和货物的运送时间。随着铁路运输集中化的推进,铁路站间距离有扩大的趋势。

除线路通过能力要求外,工程因素也不容忽视。铁路车站(尤其是区段站以上的大型车站)的作业量大、人员多、设备与建筑物布置密集,使车站具有投资大、占地多、建成后难以迁移的特点。铁路车站数量增多,不仅增加站内设备投资,而且在地形困难情况下,需展长线路,增加区间线路的工程投资以及运营中列车的起停次数,造成旅行速度下降,运营费用增加。另外,车站站坪宽度及其平面、纵断面的主要技术标准比区间正线要求高,有时各类车站会在不同程度上影响或控制线路走向和位置,而设计线的不同方案又会对车站分布产生重要影响。

1. 车站分布的基本原则

(1)应满足远景线路年输送能力的要求。

(2)办理客货运业务的中间站应根据日均客货运量,结合该地区其他运输工具的发展情况,并与城市或地区规划相协调,合理分布。有技术作业的中间站应满足技术作业要求。

(3)应考虑地形、地质、水文和铁路运营条件,并满足养护维修、救援等要求。

(4)重载铁路为减轻枢纽技术作业站重载列车组合分解作业的压力,在后方通路上需设置一定数量的组合分解站,可承担装车点重车列车的组合或空车列车的分解作业。

(5)应考虑区间通过能力的均衡性。

2. 车站分布的一般要求

(1)根据技术作业的要求,在线路适当地点设置技术作业车站。单线铁路技术站相邻区间的列车往返走行时分,应小于该线车站分布的最大往返走行时分,其减少的规定为:区段站相邻区间各减少 4 min;其他技术作业站如因技术作业需要(如补机摘挂、制动检查、凉闸、长隧道通风等)而影响通过能力,且将来不易消除者,可根据需要减少相邻区间走行时分。

(2)新建单线铁路的个别地段,当设站引起巨大工程量时,经技术经济比较,可延长区间距离,设计为双线。

(3)新建双线铁路车站分布,应根据不同牵引种类、客车对数和路段旅客列车设计行车速度等因素确定。站间货物列车单方向的运行时分不宜大于表 10-4 规定的数值。困难条件下,个别区间的货物列车运行时分可较表 10-4 规定的数值增大 1~2 min。

表 10-4　　　　　　新建客货共线双线铁路站间货物列车单方向运行时分

路段旅客列车设计行车速度/(km·h^{-1})		200	160	≤120		
旅客列车对数/(对·d^{-1})		—	—	≤20	21~40	>40
站间货物列车单方向运行时分/min	电力牵引	25	20	30	25	20
	内燃牵引	—	35	45	40	—

（4）新建铁路的站间距离,从经济的角度分析,客货共线铁路单线和双线分别不宜小于 8 km 和 15 km。大城市范围内铁路枢纽的车站间最短距离可再缩短一些,但不得小于 5 km。重载铁路单线宜为 15 km,双线宜为 30~50 km。

（5）远期为双线、近期为单线的新建铁路宜按双线标准分布车站。当近期不能满足通过能力需要时,可采用增加会让站、双插、局部双线等措施过渡。

（二）客运专线铁路

城际铁路和高速铁路线路因运行速度高而采用双线、全封闭线路结构。

（1）高速铁路的车站分布,主要取决于沿线城镇分布和市场需求。为了使列车尽可能高速运行,高速铁路站间距较普速铁路大。国外高速铁路平均站间距为 30~160 km。如日本东京—大阪新干线(515.4 km)的平均站间距为 43 km;法国高速铁路东南线(巴黎—里昂,426 km)平均站间距为 89 km。我国目前已开通运营的高速铁路平均站间距西北地区为 40~60 km,京沪高铁和郑武高铁达到 60 km,其他东部、南部及东北地区为 30~40 km。为此,《线规》要求高速铁路站间距宜为 30~60 km。

（2）城际铁路的车站分布应根据沿线城镇分布、客运需求、运输组织、设计输送能力及养护维修等技术作业要求,结合城市综合交通枢纽、规划铁路客运站等综合确定,站间距离宜为 5~20 km。

（3）车站分布主要原则如下:

① 车站设置应最大限度地满足沿线各城镇旅客出行需求,促进地区经济发展与交流;

② 车站设置应满足城际铁路和高速铁路运输组织需要(如套跑、跨线列车组织等);

③ 车站位置应考虑城际铁路和高速旅客集散便捷要求,并方便与其他交通方式中转、换乘;

④ 车站分布必须与综合维修工区设置一并考虑;

⑤ 车站选址还应考虑地形、地质、水文和拆迁工程量等影响因素。

铁路选线实践经验表明,为了保证选线设计的质量,应将车站分布与铁路选线有机结合起来。对于客货共线的普速铁路,其一般过程是:先结合机车交路设计分布区段站;然后结合纸上定线,并根据需要的通过能力,分布中间站、会让站、越行站。而对于以客运为主的客运专线铁路,则是先确定线路的大致走向,然后结合沿线城镇和重要居民点的分布情况以及与行车速度相适应的最小站间距离限制,确定合理的车站分布。在随后的铁路定线过程中,根据实际情况,有时也可对已分布的车站位置作适当的调整。总之,铁路选线与车站分布应互相配合,全面考虑,从而得到整体上较为理想的线路位置。

七、普速铁路车站分布

(一) 区段站分布

区段站是划分机车牵引区段的车站。其主要任务之一是为邻接区段及时供应机车,此外还有通过列车的接发作业、区段和摘挂列车的解编作业以及机车整备检修和车辆检修等作业。除车站运转需要的人员与设备外,区段站还设有客货运业务设备、机务段、车辆段。因此,区段站分布对线路的方向选择和工程、运营条件,特别是对机车运用效率有很大影响,必须结合机车交路设计,对区段站位置认真进行技术经济比较,从而得出经济合理、运营方便的优化方案。

影响区段站分布的因素较多,主要应考虑以下几个方面:

(1) 结合路网布局和相邻铁路机务段布局,并适应车流的需要,合理分布区段站。区段站设置应与接轨站结合考虑,可利用既有线的机务基本段或折返段[图 10-8(a)],或设计线新建机务基本段而在既有线区段站折返[图 10-8(b)]。方案需根据车流情况、既有线机务段的负荷与改建条件以及设计线设置区段站的条件比选后确定。

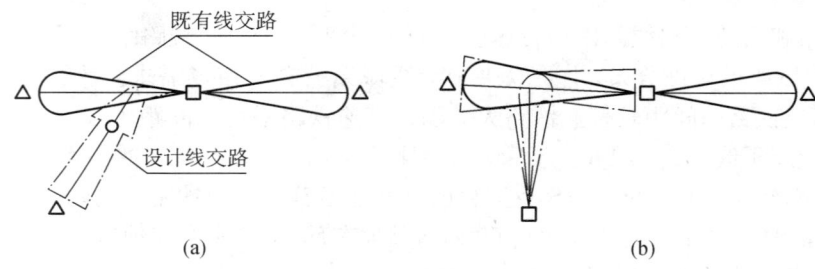

△—机务折返段; □—机务基本段; ○—中途换班点。

图 10-8 各种接轨情况下的机车交路和区段站设置示意图

(2) 尽量采用长交路、轮乘制,以加速机车车辆周转,提高运营经济效益,并节约区段站投资。

(3) 区段站分布要满足机车乘务员工作不超劳的要求。按规定,机车乘务组一班一次连续工作时间(包括出退勤)一般以 10 h 为宜,最长不得超过 12 h。因此,区段站分布要结合机车交路要求,相互适应、相互配合。

(4) 尽量靠近较大城镇和工矿企业所在地设置区段站,以满足客货流集散的需要,并可改善铁路员工的生产与生活条件。区段站站址要与城镇发展规划相配合。

(5) 区段站应设在地形平坦、地质条件较好、占用农田少、便于"三废"(废气、废水、废渣)处理和水源、电源较为方便的地点。

(6) 尽可能在列车换重、补机摘挂地点设置区段站,以减少列车改编设备和补机设备的投资。

(二) 中间站、会让站、越行站分布

中间站的功能主要有两个:一是进行列车会让、越行及其他技术作业,以满足行车及通过能力的要求;二是进行客货运作业,以满足地方客货运需求。办理客货运业务的中间站分布应结合城市或地区以及交通规划进行合理设置,以方便地方客货运输,为多种运输方式的

联合运输创造条件。

随着铁路发展,集中化运输不再站站办理客货运业务。对不办理客货运业务、仅办理列车会让和越行且没有其他技术作业的车站,单线铁路称为会让站,双线铁路称为越行站。车站分布首先必须满足国家规定的客货运量要求,即通过能力 N 必须大于需要通过能力 N_x。对于客货共线铁路,N_x 可按式(10-1)计算:

$$N_x = (1+\alpha)(N_{zt} + \varepsilon_k N_k + \varepsilon_{kh} N_{kh} + \varepsilon_{ld} N_{ld} + \varepsilon_{zg} N_{zg}) \quad (对/d) \quad (10\text{-}1)$$

式中 α ——通过能力储备系数;

N_{zt},N_k,N_{kh},N_{ld},N_{zg} ——按行车组织设计确定的直通货物、旅客、快货、零担、摘挂列车对数,对/d;

ε_k,ε_{kh},ε_{ld},ε_{zg} ——旅客、快货、零担、摘挂列车的换算系数。

1. 单线铁路

对于单线半自动闭塞铁路(图 10-9),其通过能力要求为

$$N = \frac{1\,440 - T_t^{单}}{T_z} = \frac{1\,440 - T_t^{单}}{t_w + t_f + t_b + t_h} \geqslant N_x \quad (对/d) \quad (10\text{-}2)$$

式中 t_w,t_f ——上、下行列车区间往和返走行时分,min;

t_b,t_h ——车站到达间隔和会车间隔,min;

$T_t^{单}$ ——单线铁路维修天窗,min,不应小于 90 min。

分布车站时,应使相邻车站之间的列车往返走行时分之和的最大值 $(t_w + t_f)_{max}$ 不大于按 N_x 计算得出的最大区间走行时分。变换式(10-2)可得

$$(t_w + t_f)_{max} \leqslant \frac{1\,440 - T_t^{单}}{N_x} - (t_b + t_h) \quad (min) \quad (10\text{-}3)$$

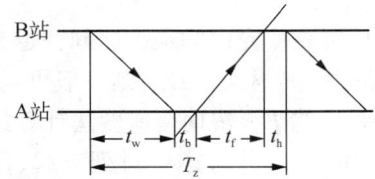
图 10-9 单线平行成对运行图

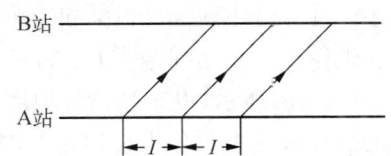
图 10-10 双线追踪运行图

2. 双线铁路

双线铁路一般采用自动闭塞,上、下行列车在双线上可实现单方向追踪运行(图 10-10),其通过能力要求为

$$N = \frac{1\,440 - T_t^{双}}{I} \geqslant N_x \quad (对/d) \quad (10\text{-}4)$$

式中 $T_t^{双}$ ——双线铁路维修天窗,min,不应小于 120 min;

I ——同向前后两列车由同一车站发车的追踪间隔时分,min。

双线自动闭塞铁路车站分布的疏密与该线的平行运行图能力没有直接的关系,但当客

货列车运行速度差增大时,在一个区间内,客货列车会形成一定的走行时差,使货物列车避开旅客列车的概率增加,影响实际的(非平行)运行图能力。因此,双线铁路车站的站间距离可以超过 20 km,但最长以不大于 30 km 为宜。

(三) 单线铁路规划纵断面

根据地形特点并考虑通过能力要求,对一段线路的车站分布进行总体安排,概略地估计各车站位置、标高和区间坡度,其线路纵断面称为规划纵断面。对于单线普速铁路,规划要求是各车站位置满足式(10-3)的要求。根据实际地形的变化,规划纵断面区间有多种类型(图 10-11)。

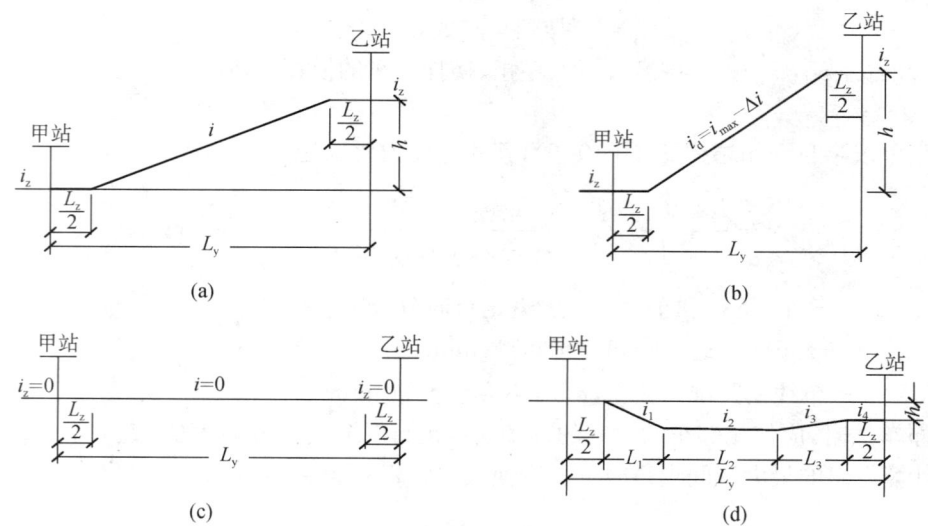

图 10-11 规划纵断面区间类型

1. 单面坡

如图 10-11(a)、(b)所示,当区间为单一坡度 i 时,可先按允许的最大区间往返走行时分 $(t_w+t_f)_{max}$ 求得允许的站间距离 L_y,若车站分布的站间距离不大于 L_y,则一般可满足要求。

如图 10-11(a)所示,设车站站坪坡度为 i_z,站坪长度为 L_z,按均衡速度法计算站坪范围内和区间的加算坡度上每公里往返走行时分为 $t_{wf(z)}$ 和 $t_{wf(i)}$,并考虑一对列车起、停各一次(时分为 t_q 和 t_t)。那么,区间的往返走行时分将有:

$$t_{wf(i)} \times (L_y - L_z) + t_{wf(z)} \times L_z + (t_q + t_t) = (t_w + t_f)_{max} \quad (10\text{-}5)$$

允许的站间距:
$$L_y = \frac{(t_w + t_f)_{max} - t_{wf(z)} L_z - (t_q + t_t)}{t_{wf(i)}} + L_z \quad (\text{km}) \quad (10\text{-}6)$$

相邻车站中心高差:
$$h = i(L_y - L_z) + i_z L_z \quad (\text{m}) \quad (10\text{-}7)$$

对于紧坡地段[图 10-11(b)],为了缩短线路的总长度,除站坪范围内设计较缓坡度外,其余地段需用足最大坡度设计纵断面。由于平面上不可避免地会有曲线或隧道(≥400 m),故最大坡度 i_{max} 应予以减缓(Δi)。定线坡度 i_d 为

$$i_d = i_{max} - \Delta i \quad (‰) \quad (10\text{-}8)$$

式中，Δi 根据定线的经验，视地形、地质困难情况取 $0.05 i_{max} \sim 0.15 i_{max}$。

2. 平坡

如图 10-11(c) 所示，当地形平坦时，车站及区间坡度可取平坡（$i=0$）。两相邻车站的高差 $h=0$。若平坡的每公里往返走行时分为 $t_{wf(0)}$，由式(10-6)可得允许的最大站间距为

$$L_y = \frac{(t_w + t_f)_{max} - (t_q + t_t)}{t_{wf(0)}} \quad (km) \tag{10-9}$$

3. 多坡段组合

如图 10-11(d) 所示，当缓坡地段的区间取为若干个地段的平均坡度（均小于最大坡度）时，应按式(10-10)验算区间走行时分：

$$\sum_{m=1}^{n} t_{wf(m)} L_{i(m)} + t_{wf(z)} L_z + (t_q + t_t) = (t_w + t_f)_{max} \quad (min) \tag{10-10}$$

允许的站间距：

$$L_y = \sum_{m=1}^{n} L_{i(m)} + L_z \quad (km) \tag{10-11}$$

相邻车站中心高差：

$$h = \sum_{m=1}^{n} i_m L_{i(m)} + i_z L_z \quad (m) \tag{10-12}$$

式中　n——该区间的坡段数；

　　　$L_{i(m)}$——区间内第 m 个坡道的坡段长度，m；

　　　$t_{wf(m)}$——区间内第 m 个坡道按加算坡度求得的每公里往返走行时分，min。

八、客运专线铁路车站分布

城际铁路和高速铁路的站间距大，对列车的运行有利；站间距小，对吸引客流有利。站间距大小还受线路速度目标值、信号控制系统种类、列车的加减速性能和行车组织方案等因素的影响。根据运营经验，区间以目标速度运行的距离应占整个区间的 50% 以上。城际铁路和高速铁路不同速度目标值与加减速距离匹配的合理站间距见表 10-5。

表 10-5　　　不同速度目标值与加减速距离匹配的合理站间距

线路种类	速度目标值/(km·h^{-1})	加减速距离/km	合理站间距/km
城际铁路	80	0.7	>1.4
	120	1.7	>3.4
	160	3.75	>7.4
	200	7.5	>15
高速铁路	250	16	>32
	300	26	50~60
	350	35	60~70

第二节　铁路定线原则

一、概述

铁路定线受自然条件影响极大。自然界中的各种地质现象，有的适宜建设铁路，有的则不适宜；有的经过工程处理后，铁路可以安全通过，有的技术难点目前尚难以克服，或要付出巨大的投资。为了保证铁路安全、畅通，又节省工程费和运营费，定线时，应掌握线路行经地区的工程地质和水文地质情况，尽量绕避滑坡、崩塌、泥石流、岩溶、软土、沙漠和多年冻土等严重地质不良地段，必须通过时，也应结合工程措施，选择合理位置，尽量缩小穿越范围。

（一）坡段分类

地形条件是铁路定线中具有决定性的因素之一。地形条件通常以地面平均自然坡度 i_{pz} 来表示。地面平均自然平均坡度一般是指在 3~5 km 的路段内，两端高程控制点高差（m）与其间距离（km）的比值，用"‰"表示。i_{pz} 的大小往往直接影响线路的方向、位置、平面和纵断面的技术标准以及工程的难易。定线通常分两种情况，采用不同的设计原则和方法。

（1）采用的最大设计坡度大于地面平均自然坡度（$i_{max} > i_{pz}$），这样的地段称为缓坡地段。线路不受高程障碍的限制，主要矛盾是如何绕避平面障碍（如大河、湖泊、恶劣地质带等），按短直方向定线，以得到最佳的线路位置。

（2）采用的最大设计坡度小于或等于地面平均自然坡度（$i_{max} \leqslant i_{pz}$），这样的地段称为紧坡地段。线路不仅受平面障碍的限制，还受高程障碍（如高山、分水岭、艰险的悬崖陡壁等）的控制。主要矛盾集中在如何根据地形变化，选择地面平均自然坡度与设计最大坡度基本吻合的地面定线，有意识地将线路展长，使其能达到预定的高程。

有时为了定线工作需要，按地理特征，将地形分为平原、丘陵和山岳等类型。

在定线中，从工程和运营角度考虑，常需要绕避一些障碍，线路会因此偏离短直方向而展长，增加铁路建设长度，因而增加与线路长度有关的工程费和运营费。线路的展长通常用展线系数指标来衡量。定线的起讫点间无经济据点时，展线系数为定线长度与起讫点间的短直距离之比；定线的起讫点间有经济据点时，展线系数为定线长度与起讫点间各经济据点的短直折线之比。

在克服高程障碍时，线路往往要以一定的坡度随地势的起伏而上升或下降。起讫点间一个方向上所有上坡升起的高度总和称为拔起高度。定线中减少拔起高度，对减少运营支出有利。

（二）定线形式

铁路定线有纸上定线（又称室内定线）和现地定线（野外定线）两种基本形式。纸上定线是在等高线地形图上选定线路的走向和位置；现地定线则是在实地选定线路的走向和位置。这两种方式各有利弊（表 10-6）。在实际选线过程中，为了选出最佳的线路位置，通常需要二者相结合，交替进行。例如，在方案研究阶段，对纸上拟定和研究的方案，需要通过野外踏勘予以核实和方案修正；在初测阶段，为了测绘大比例尺带状地形图，需要根据在小比例尺地形图上确定的线路位置，到现场测设导线，指出线路的方向和概略位置；在最后的定测阶段，还要将通过纸上定线确定的线路位置，测设于地面上，必要时按照地面实际情况，作局部改动。

表 10-6　　　　　　　　　　　　铁路定线方式比较

纸上定线	现地定线
(1) 能迅速判明线路行经地区的自然地形、地貌情况,有利于大面积选线 (2) 在图纸上定线,有利于多方案比选,提高选线质量 (3) 纸上定线省力、速度快,是铁路定线采用的基本方法	(1) 便于清楚了解线路与地形、地物之间的相关位置关系以及现地的地质和水文情况,使定线更能符合实际情况 (2) 当出现比较复杂的地形、地质和水文情况时,现地定线因受视野限制,确定线路最佳位置的难度增大,常需要进行多次改动、完善

二、普速铁路定线原则

(一) 缓坡地段

在缓坡地段,地形平易,定线时可以航空线为主导方向,既要力争线路顺直,又要尽量节省工程投资。为此,应注意以下几点:

(1) 为了绕避障碍而使线路偏离短直方向时,必须尽早绕避前方的障碍,力求减小偏角。线路与主导方向的偏角一般在 15°以内时,线路延长比较小。图 10-12 表示两种绕避湖泊的方法,虚线方案在全长范围内较少偏离短直(航空线)方向,但其曲线数目、总偏角和线路长度均较实线方案有所增加。因此,绕避某障碍时,定线应从离该障碍尽可能远的地方开始,如从前一个障碍引向下一个需绕避的障碍。

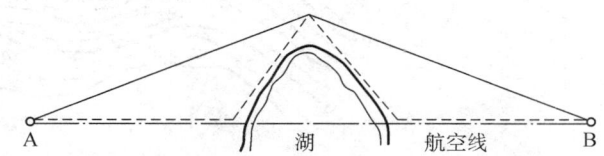

图 10-12　绕避平面障碍方案比较图

(2) 线路绕避山嘴、跨越沟谷或其他障碍时,必须使曲线交点正对主要障碍物,使障碍物位于曲线的内侧并使其偏角最小。从图 10-13 中可见,曲线正对障碍物的实线方案就比未正对障碍物的虚线方案的土石方数量少。

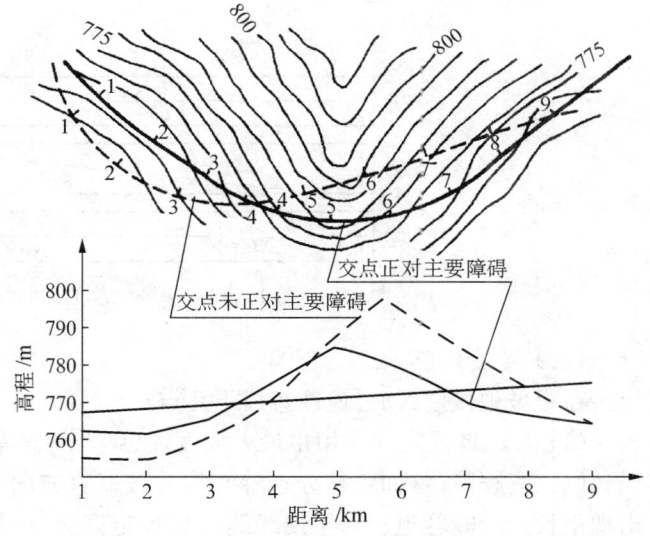

图 10-13　平面曲线合理位置示意图

(3) 设置曲线应有理由,必须是确有障碍存在。曲线半径应结合地形尽量采用大半径,以减少线路的展长。在缓坡地段,线路展长的程度,取决于线路的意义、运量大小和地形、地质条件。路网干线,应力求顺直;地方铁路,为降低工程造价并靠近沿线城镇,平原地区的展线系数一般约为 1.1,丘陵地区为 1.2~1.3。

(4) 坡段长度最好不小于列车长度,应尽量采用下坡方向无需制动的坡度,即无害坡度。

（5）尽量减少总的拔起高度，但为绕避高程障碍而导致线路延长时，则应认真比选。

（6）车站的设置应不偏离线路的短直方向，并尽量将车站站坪设在凸形地段且地形应平坦开阔，以减少工程量。

如图 10-14 所示，甲站的设计标高为 600 m，在前方约 9.3 km 的地方需设乙站，其合理的设计标高约为 608 m。两站之间地形较为平缓。此时，两站间的线路纵断面设计有三个方案，这三个方案的线路长度和工程量都很接近。但就列车出站加速和进站减速的条件而言，不论甲站或乙站，均以方案①最有利，所以应按方案①的纵断面来考虑线路的平面位置。这样定线可以改善列车运行条件。

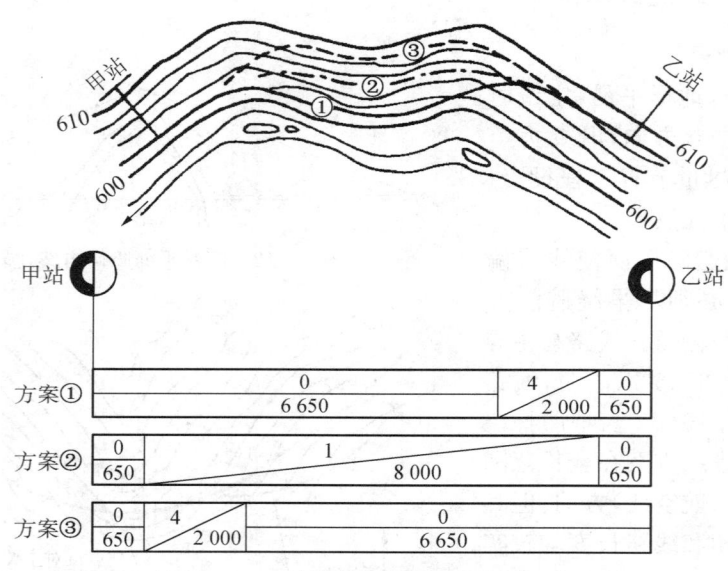

图 10-14　缓坡地段的站间纵断面设计

（二）紧坡地段

在紧坡地段定线时，应注意以下几点：

（1）紧坡地段定线应用足最大坡度，以克服高程障碍，使线路不至于额外展长。当线路遇到巨大高程障碍（如跨越分水岭）时，若按短直方向定线，则不能达到预定的高度，或可能出现很长的越岭隧道。为了使线路达到预定高度，往往需要展线。这时需要根据地形变化情况，在平面上选择与最大坡度基本吻合的地形定线，有意识地将线路展长，使其能达到预定的高程。

（2）在展线地段定线时，若在长距离内机械地全部用足最大坡度，丝毫不留余地，必然会给以后的局部改线（如常见的局部线路工程、运营条件改善）带来严重困难。因此应注意结合地形、地质等自然条件，在坡度设计上适当留有余地。

（3）展线地段若无特殊原因，一般不采用反向坡度，以免增大需要克服的高度，引起线路不必要的展长和运营支出增加。

（4）在紧坡地段定线，一般应从困难地段向平易地段引线，因为垭口附近地形困难，展线不易，故从预定的越岭隧道洞口开始向下引线较为合适。个别情况下，当受山脚的控制点

(如高桥)控制时,也可由山脚向垭口定线。

(5) 困难地段选线与车站分布的配合 在地形、地质条件复杂的山区,站坪位置通常是影响线路展长的主要因素之一。如图 10-15 所示,站坪长度为 L_z(km),站坪坡度为 i_z(‰),定线坡度为 i_d(‰),则设置车站损失的高度 $h_z=(i_d-i_z)L_z$(m),相应的线路展长为 $1\,000h_z/i_d$(km)。实际中,理想的线路方案往往找不到合适的设站位置,或选定了较理想的站址又会影响合理的线路位置。因此,在困难地段应结合地形地质条件、通过能力要求和经济据点等情况,做好选线与车站分布的配合方案的技术经济比选,以确定较理想的站址方案。

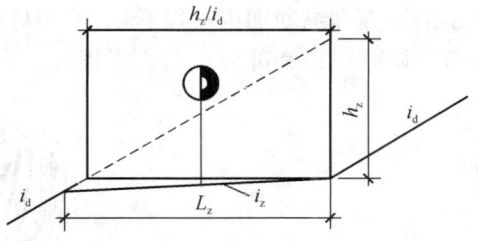

图 10-15 车站高度损失与线路延长

(三) 展线方式

展线是指为了克服巨大高差,采用展长线路的办法,使线路达到预定的高度。一般根据需要的最短展线长度,结合地形、地质等条件,用直线和曲线组合成各种展线形式来延长线路。各种展线形式基本上由以下几种基本展线方式组合而成。

1. 套线

当沿河谷定线时,遇到主河谷自然坡度大于定线最大坡度,而侧谷又比较开阔时,通常在侧谷内采用套线式的展线[图 10-16(a)]。当需要沿山坡上升至分水岭或由分水岭下降时,往往也采用这种套线。简单套线由三个曲线组成,每一曲线的偏角均不大于 180°。一般山区选线,不论是迂回支流侧谷,还是沿山坡上升(或下降),通常用转向角接近 180°的一个最小曲线半径的套线,或两个(或三个)最小曲线半径的反向套线[图 10-16(b)]。

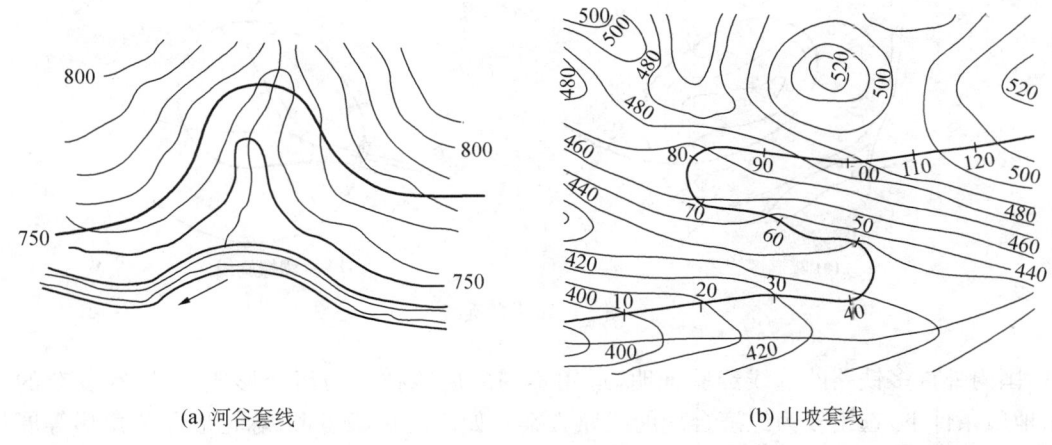

(a) 河谷套线　　　　　　　　(b) 山坡套线

图 10-16 套线示意图

2. 灯泡线

在谷口狭窄的侧谷内,若采用套线展线,则在谷口往往需要修建隧道或路堑等,从而引起较大工程。为了更好地适应谷口狭窄地段,可采用灯泡形展线。它是由三个或三个以上的曲线组成(若为三个曲线,则中间一个曲线的偏角大于 180°而小于 360°)。从图 10-17 所示的平面和纵断面中可以看出,采用灯泡形展线(实线方案)比采用套线展线(虚线方案)可节省两条隧道和部分土石方工程。

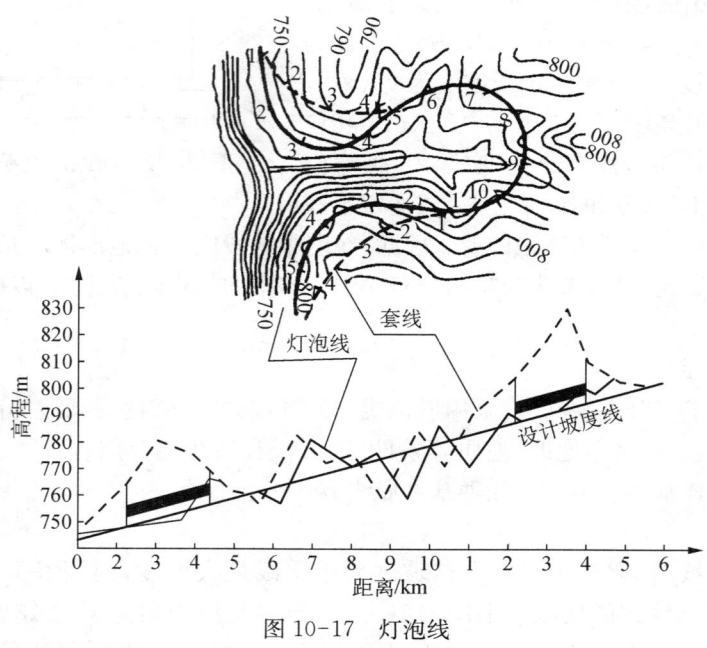

图 10-17　灯泡线

3. 螺旋线

在地形特别困难的地段,线路可以迂回 360°成环状,称为螺旋线。在上、下两线交叉处,可以采用跨线桥或隧道通过(图 10-18)。

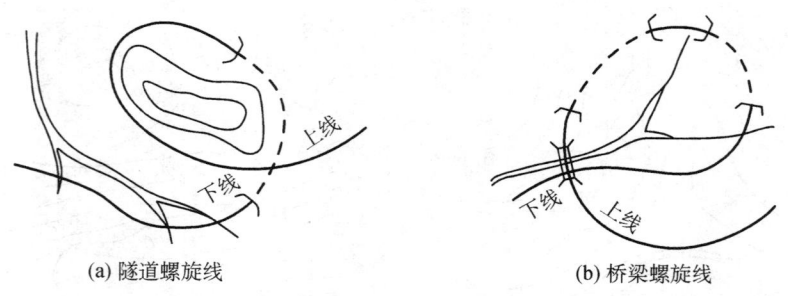

(a) 隧道螺旋线　　(b) 桥梁螺旋线

图 10-18　螺旋线

国内外许多铁路的选线经验证明,运用不同的展线技术与组合形式,可以在复杂的地形、地质条件下,选出较为经济合理的线路方案。如成昆线眼镜形、麻花形和羊角形等展长线路,使最终选定的线路方案,较好地适应了自然地形条件。宝成铁路是新中国第一条工程艰巨的铁路。为了克服地势高差,以 3 个马蹄形和 1 个螺旋形的迂回展线上升,线路重列 3 层,高达 817 m,随后以 2 000 多米长的隧道穿过秦岭垭口,进入嘉陵江流域。图 10-19 是宝成线北段运用套线、灯泡线和螺旋线等展线方法选线,由渭河河谷沿嘉陵江上升,跨过秦岭的实例。

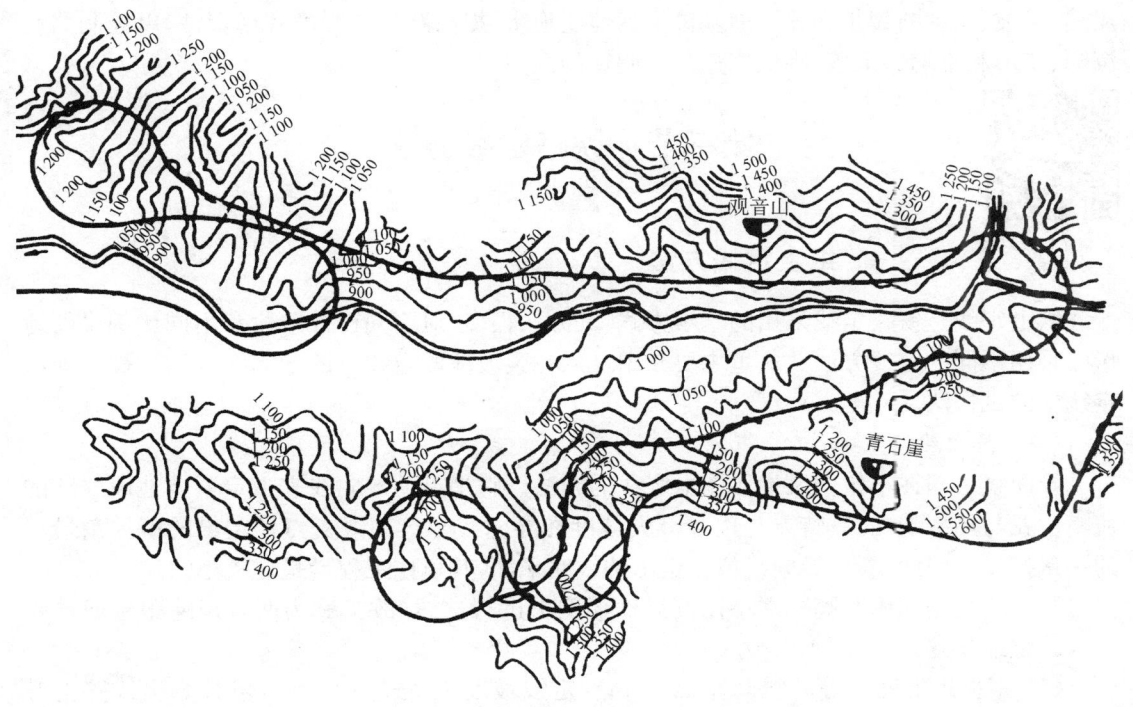

图 10-19　宝成铁路跨越秦岭的展线

三、高速铁路定线原则

高速铁路是客运专线,旅客的安全性、舒适性是定线时需要考虑的重要因素。高速铁路定线的基本原则有以下四点。

1. 投资节省原则

高速铁路技术标准高、造价高。为了减少工程投资、节省运营成本,高速铁路的线路走向应尽量靠近航空线,以短直方向为主要定线原则。必要时,可以采用线路高架结构或隧道跨越平面障碍或穿越高程障碍。

2. 旅客舒适原则

高速铁路的列车运行速度超过 200~300 km/h,列车的竖向和横向加速度增大,列车各种振动被叠加,并且振动的衰减距离被延长。因此,高速铁路线路的平面、纵断面应采用较大的平面圆曲线半径、较长的纵断面坡段和较大的竖曲线半径,以提高线路的平顺性,从而提高旅客的乘坐舒适度。

3. 争取高速原则

为了达到高速铁路的速度效果,应使列车运行的平均速度和最高速度的比值控制在合理范围内(如 0.9 以上)。因此,在线路平面、纵断面设计中,尽量不降低技术标准,避免或少出现限速区段。对于高、中速混行的高速铁路,更需要合理配置圆曲线参数,达到列车速度和旅客舒适度的均衡。

4. 确保安全原则

高速铁路的列车动荷载远高于普速列车,对线路基础稳定要求更高。因此,线路应绕避塌陷、滑坡、活动断裂带和软弱地基等不良地质地带，提高路基的刚度和稳定性，以控制路基沉降、变形和不均匀沉落，降低高速列车脱轨的危险。

第三节　铁路定线方法

专题13　铁路定线方法

一、纸上定线方法

纸上定线是铁路定线采用的基本方式，其方法很多，对不同设计阶段和不同比例尺的地形图采用不同的定线方法。这里主要介绍常用在紧坡地段定线中的导向线法和在缓坡地段定线中的试探法。

（一）导向线法

导向线法即在小比例尺地形图上定线的方法。它是借助导向线来拟定紧坡地段线路的概略位置与局部走向，其特点是用足最大坡度在导向线与等高线交点处定出的填挖量最小的一条折线。因此，参照导向线位置定出的线路平面，其填挖工程量是比较小的。

导向线法是利用两脚规在小比例尺地形图上进行选线（故又称为两脚规跨距法或步距法），其定线步骤如下（图10-20）：

（1）根据地形图上等高线间距 Δh（m），定线坡度 i_d ［式(10-8)］，可计算出线路上升 Δh（m）需要引线的距离，即定线步距 Δl。Δl 按式(10-13)计算：

$$\Delta l = \frac{\Delta h}{i_d} \quad (\text{km}) \tag{10-13}$$

若等高线地形图的比例尺为 x，则在图纸上两脚规的开度 Δl_k 为

$$\Delta l_k = \Delta l \cdot x \cdot 10^5 \quad (\text{cm}) \tag{10-14}$$

（2）参照规划纵断面［图10-20(a)］，在平面图上选择合适的车站位置，从紧坡地段的车站中心开始，向前进方向绘出半个站坪长度（$L_z/2$），同时要注意车站两端变坡点位置以及缓和曲线和纵断面设计要求，并以此作为导向线起点（或由预定的其他控制点开始）。

（3）按地形图比例尺，取两脚规开度为 Δl_k，将两脚规的一只脚，定在起点或附近地面标高与设计路肩标高相近的等高线上，再用另一只脚截取相邻的等高线。如此依次前进，在等高线上截取多个点［图10-20(a)中，a，b，c，…］，将这些点连成折线，即为导向线。在同一起迄点间，有时可定出若干条导向线。如图10-20(a)中的虚线即为另一导向线，因其偏离短直方向较实线线路距离长，故可以放弃。

绘制导向线时，应注意以下几点：

（1）导向线应绕避不良地质地段并使导向线趋向前方的控制点（或车站）。

（2）如果两脚规开度 Δl_k（即定线步距 Δl）小于等高线平距，表示定线坡度大于局部地面自然坡度，线路不受高程控制，即可根据短直方向引线。遇到等高线平距小于 Δl 的地段，继续按上述方法绘制下一段的导向线。

当某些地段地形等高线疏密变化差异大时，可不严格按步距引线，但要使总的步距数和跨过的等高线数相等。这样，整个路段的平均坡度仍接近定线坡度。

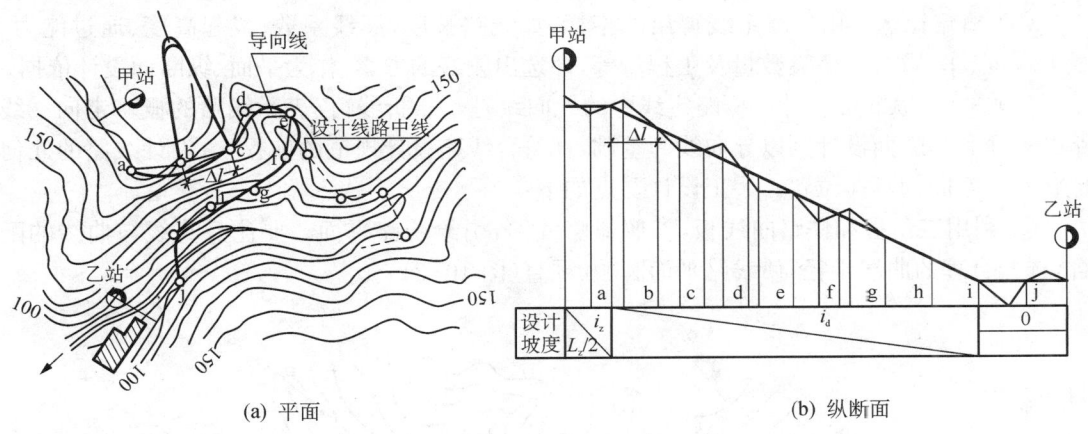

(a) 平面　　　　　　　　　(b) 纵断面

图 10-20　导向线定线

(3) 线路跨越沟谷,需要设置桥涵,故导向线不必降至沟底,可直接从山坡一侧向对岸同一标高或较低的等高线引线[如图 10-20(a)中 i 点至 j 点],但应考虑预留因设桥涵所需的路堤高度。线路穿过山嘴,需要开挖路堑或设置隧道,导向线也不必升至山脊,可直接跳过山嘴。跨越沟谷或山嘴时,引线长度是 Δl 的几倍,即表示线路将下降或上升几个 Δh,由此决定在沟谷或山嘴对侧的哪条等高线开始绘制导向线。

(4) 到达设站位置时线路应顺沿等高线布置,以减小站坪范围的工程量。

(二) 试探法

试探法适用于平原、丘陵地区等缓坡地段的纸上定线。在缓坡地段,由于地面自然坡度不受限制坡度的控制,因而利用控制点间航空线的方向,就可以方便地定出一条平直的线路。

试探法的基本要点如下:

(1) 从实际起点开始,先按控制点间航空线方向直接定线。遇到河湾、村庄、山谷、山嘴和不良地质条件等平面障碍和高程障碍时在图纸上做记号,必要时作绕避方案的比较。

(2) 无论是选用内绕、外绕还是取直方案,都必须先用直线或曲线通过记号点进行试凑(尽可能通过较多的记号点)定线。有时需要经过几次试探,才能定出合适的线路位置。一般情况下,先定出直线,后选配曲线半径;但在地形复杂的困难地段,为保证线路设计符合规范要求,减少不必要的返工,也可先定出曲线然后再定直线位置。

(3) 用试探法定线,一般通过对纵断面的比较,决定方案的取舍,在困难情况下要经过比选,定出较好的方案。

二、纸上定线步骤

纸上定线的工作内容,随不同的设计阶段和不同比例尺的地形图而有所不同,其基本步骤和要求如下:

(1) 线路走向选择。综合考虑影响线路走向的各种因素,经比较选择线路走向。

(2) 编制规划纵断面及概略定线。先根据拟定的限制坡度,将定线线路范围划分为缓坡地段和紧坡地段。按允许的最大区间往返走行时分或允许的站间距离,编制规划纵断面,并用导向线法(紧坡地段)或试探法(缓坡地段),概略确定线路位置。

(3) 概略比选。由概略定线得出的指标,如线路长度、展线系数、拔起高度、通过能力、最大坡度、车站数目、桥隧数量及工程量等,评选出较好的方案,作为平面、纵断面设计依据。

(4) 平面、纵断面设计。概略定线中的导向线是一条折线,仅表示线路的概略走向。线路的平面和纵断面设计则以导向线为基础,在符合线路设计规范的前提下,设计线路的几何形状及在空间的具体位置。手工设计要点如下:

① 利用三角板和铁路曲线板,参照概略线路,引绘线路平面。要注意直线与曲线的配合,选配合理的曲线半径,使线路平面圆顺、顺直(图10-21)。

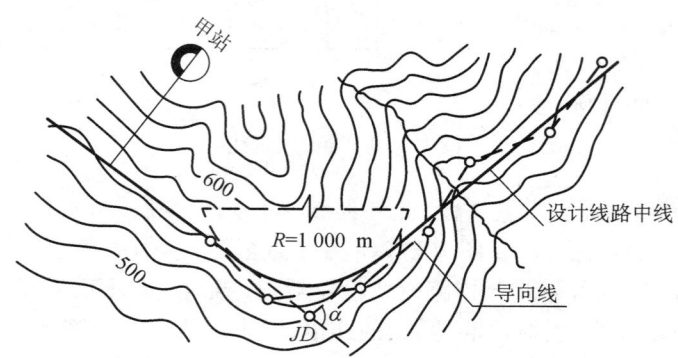

图 10-21　沿导向线定线及半径选配

② 用量角器量出曲线偏角,选配缓和曲线长度,求出切线长、曲线长(可查阅《铁路曲线测设用表》)。

③ 按切线长在地形图上定出曲线的直缓点和缓直点。由设计起点或后方曲线的缓直点开始,量出各千米标、百米标和直缓点里程。直缓点里程加曲线长,即得该曲线缓直点里程。

④ 按里程及地面特征点(设加标)的标高,以规定的比例尺绘出纵断面图的地面线。在纵断面图"线路平面"栏按里程绘出平面示意图,曲线内侧填注曲线要素。

⑤ 根据地面起伏、地面横坡、地质条件和有关规范规定,进行纵断面设计(填挖高度要适当),定出各个坡段长度(一般取 50 m 的整数倍)及坡度大小(除减缓地段外,一般取 0.5‰的整数倍)。计算变坡点处的路肩设计标高(取至厘米),绘出设计坡度线。

⑥ 通常在定出一小段平面后,紧接着设计纵断面,并同步检算列车运行时分,按单线或双线车站分布的要求,留出车站站坪。试定出 3~5 km 线路后,应进行全面的检查、分析,看线路是否合理。经过修改,至满意为止。

⑦ 重复以上步骤,设计下一段线路,直至设计线终点。

⑧ 最后,按标准图式绘制平面图和纵断面图。

(5) 桥隧及其他单项工程的布置。线路设计的合理性,要结合单项工程的布置与设计综合考虑。除车站分布已如前述外,还应进行桥梁及涵洞的分布、流量与孔径的计算,确定隧道洞口位置与隧道长度,以及布置挡土墙等。这些工作应由相关的专业配合进行,综合反映到平面、纵断面设计中。

三、线路平面、纵断面的改善

对初步定出的线路平面和纵断面进行研究分析,将会发现,修改原定线路的某些地段,可以减少工程量和改善运营条件。在技术设计（或施工设计）阶段，平面、纵断面是编制施工文件最重要的依据，尤其应该认真复核、研究和修改。

（1）需要进行平面、纵断面改善的内容包括：

①线路局部方案的比选；②减少填挖方及桥梁、隧道的工程量；③绕避不良地质；④车站及桥涵分布的调整；⑤改善某些工点的施工条件；⑥改善局部地段的运营条件；⑦改善采用规范容许最低标准的局部地段的设计；⑧减少农田占用及建筑物的拆迁。

线路平面、纵断面的改善，一般是从分析研究入手，找出存在的问题及解决办法，然后作局部修改。小的改动是凭经验判断，较大的改动需要通过技术经济比较确定。在设计上，平面、纵断面、横断面三者是互相制约的。改动平面，需要检查纵、横断面相应的变化；改动纵断面，需要检查横断面的变化和平面位置的合理性。

（2）常见的修改平面、纵断面以减少填挖方数量有以下几种情况。

① 原坡度设计不当，局部地段出现填挖方过大时，可改变坡段组合或设计标高以减少填挖方数量（图10-22）。

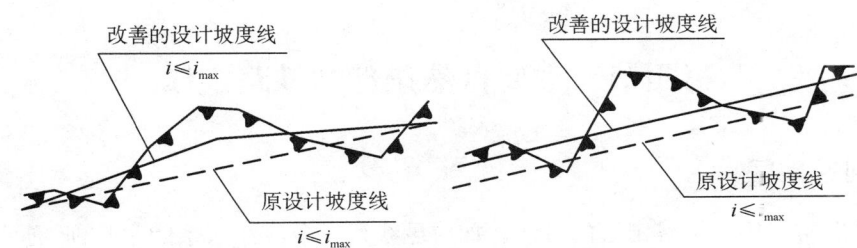

图 10-22 改变设计坡度减少工程量

② 原设计坡度不宜改动（如已用足最大坡度），但在纵断面图上，填挖高度由一端向另一端逐渐增大到不合理的程度时，则可根据具体情况改变线路平面位置，如将线路扭转一个角度（图10-23）。

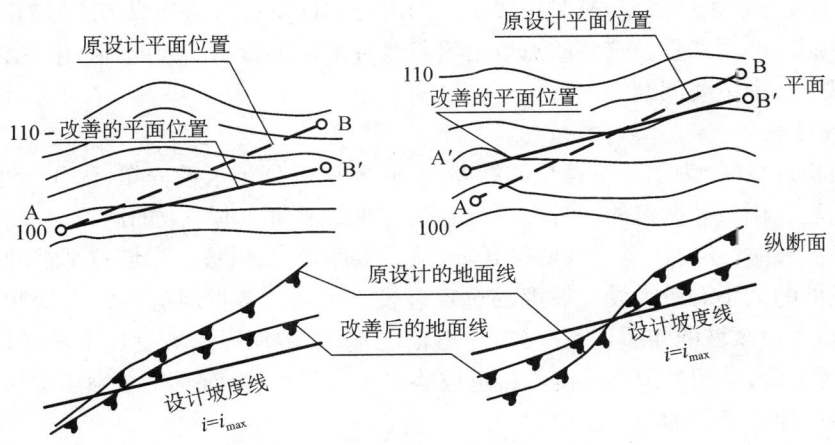

图 10-23 转动直线以减少工程量

③ 原坡度设计合理，但在纵断面图上，填挖高度由两端向中间逐渐增大到不合理的程

度时,则可增设曲线或改变曲线半径以减少中间的填挖高度(图 10-24)。

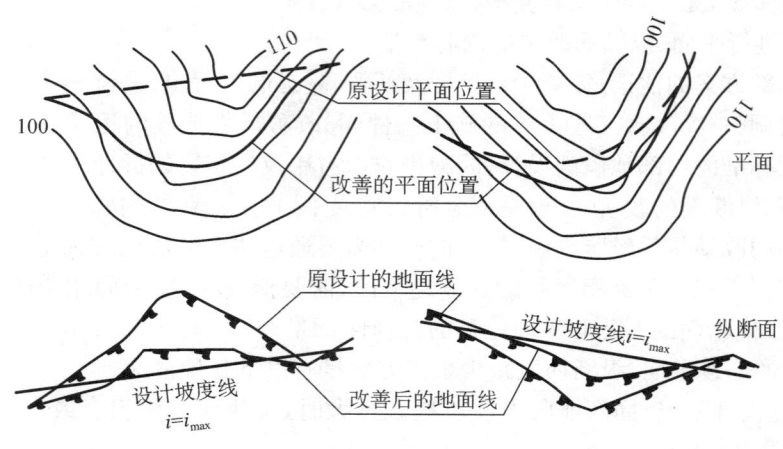

图 10-24 改变曲线以减少工程量

第四节 主要自然条件的铁路定线

一、河谷地区

山区铁路常采用沿河谷定线的方法。如成昆线行经金沙江水系的牛日河、孙水河、龙川江三条河谷,全线长 1 100 km,河谷地段线路长约 860 km,占全线长的 80% 左右。沿河谷定线有许多优点,如河谷地形较开阔,地质条件较好,又常有河谷阶地可利用,因而填挖方及其他工程量较小;纵坡比较平缓的河谷,线路较容易适应;可利用支流侧谷展线;沿河往往城镇居民点多,可更好地为沿线人民生活和经济发展服务,提高铁路的经济效益,同时为铁路员工的物质、文化生活提供方便。

然而,山区河谷条件多变,有时一般山区的河谷,弯曲较多,河谷纵坡大;坡岸陡峭,地质复杂;水流湍急,冲刷严重。这些缺点也给河谷线带来不利影响。因此,利用河谷定线,需要着重解决以下三个主要问题。

1. 河谷选择

在大面积选线时,为了选出理想的线路走向,要认真分析水系分布,优先考虑接近线路短直方向的越岭垭口和两侧的河谷。尽量利用与线路走向基本一致的河谷。

在选择河谷时,还要注意寻找两岸开阔、地质条件较好、纵坡及岸坡较平缓的河谷。

河谷纵坡的大小对最大设计坡度的选定有较大影响。各种河流的纵坡变化较大,即使是同一河流,各段纵坡的陡缓也不一致,一般情况下,上游河段纵坡就比下游河段要陡。因此,对于平缓河段,选用的限制坡度宜接近或略大于河谷纵坡;而对于个别纵坡较陡的河段,则采用展线或加力牵引的办法解决。

图 10-25 为某河谷定线方案。下游乙站至丙站间,河谷纵坡平缓,采用 12‰ 的限坡定线,线路与河谷配合良好。但上游甲站至乙站沿河距离仅 8 km,高差却达 130 多米,河谷平均纵坡在 16‰ 以上。由于两站间距离不长,采用双机牵引对运营不利,故用线路展长方法解

决。在技术设计时,采用早展线、展足线的措施(图中实线),减少了初定线路(图中点划线)因展线不足造成下游线路高悬于山坡上,不能充分利用乙丙站间平缓河谷定线而造成路基和桥隧工程量大等弊病,改善了线路质量。

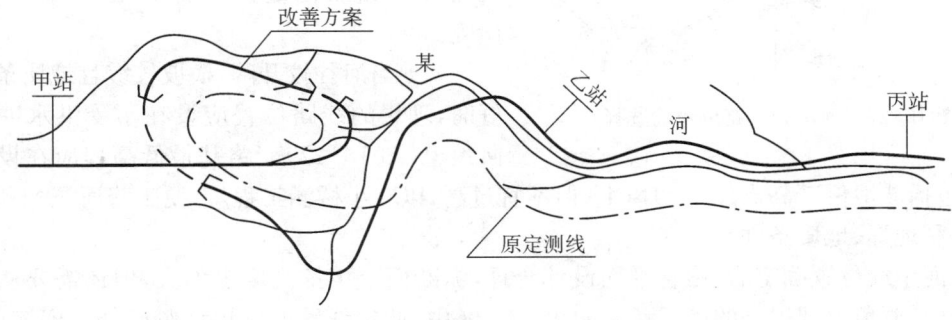

图 10-25　某线合理展线示意图

2. 岸侧选择

河谷选定后,还需进一步研究线路宜设在河谷哪一岸。河谷两岸的自然条件通常有较大差异,应结合地形、地质、水文、农田及城镇分布情况,选择有利的一岸定线。但有利的岸侧,不会始终局限于一岸,应注意选择有利的地点跨河改变岸侧。例如,天兰线 8 次跨渭河,宝成线秦岭至广元之间 16 次跨嘉陵江,成昆线江河至广通之间 49 次跨龙川河,都取得了良好的效果。

线路左右岸侧选择应考虑的主要因素有两方面:

(1) 山区河谷的地形、地质和水文条件。沿河线路如遇不良地质(滑坡、岩堆、崩塌、泥石流等),应通过跨河绕避、隧道绕避与整治措施的比较来确定岸侧(图10-26)。

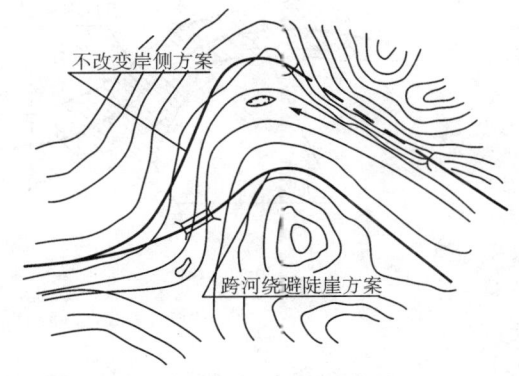

图 10-26　改变岸侧示意图

当河谷两岸地质条件较好或差异不大时,线路应选择在地形宽坦、台地较多、支沟较少、不易受水流冲刷或冲刷较轻的一岸;当需要展线时,应选择在支沟较大,利于展线的一岸。

(2) 线路与沿线居民点、城乡建设、工农业发展和其他交通、水利设施相配合的可能性。线路一般应选择在居民点和工矿企业较多、经济较发达的一岸,便于铁路为地方服务。但有时为了避免大量拆迁民房或不妨碍城镇发展等原因,也可能需要绕避,应根据具体情况进行比选。

河谷地带一般农业发达,农田及水利设施较多,节约用地也是选线中应重点考虑的问题之一。而地形较平坦的一岸,往往良田及建筑物密集,使占田用地的矛盾尤为突出。岸侧选择应征求地方意见,慎重取舍。河谷中遇有引灌渠道与线路平行时,若两岸地形、地质条件相差不大,则宜各走一岸,避免干扰。当必须选在同一岸时,线路位置最好设于灌渠上方。若铁路与公路频繁干扰,可考虑改移公路或分设两岸。

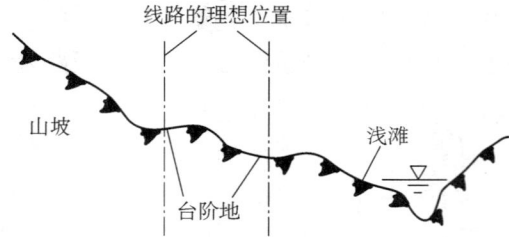

图 10-27 河岸处线路位置的选择

3. 线路位置选择

选定河谷线的岸侧后,还要确定线路中线的具体位置(靠山一些或靠河一些),其对铁路运营安全和工程量大小影响很大,需要慎重研究。

(1) 当河谷较开阔,横坡较缓且地质条件良好时,理想的线路位置应设在不受洪水冲刷的阶地上(图 10-27)。路基最低高程应在设计洪水位(包括波浪侵袭高+0.5 m)以上,但不宜过高,以减小桥涵工程量,便于跨河充分利用两岸的有利地形、地质条件。

当河岸线位置确定后,尽管平面设计合理,纵断面上填挖高度也不大,但还需要从横断面上分析,避免出现很大的工程量。如图 10-28 中,原定线路的路堤坡脚已伸入河流中,填方量大且不利于保持路基稳定。这时需要将线路中线向靠山方向移动。在以路堤坡脚不受水流冲刷以及尽量减少山坡侧路堑开挖量为原则确定的合理移动范围内,寻求能使两端和原定线路妥善连接,平、纵、横三方面均合理的新线路位置。

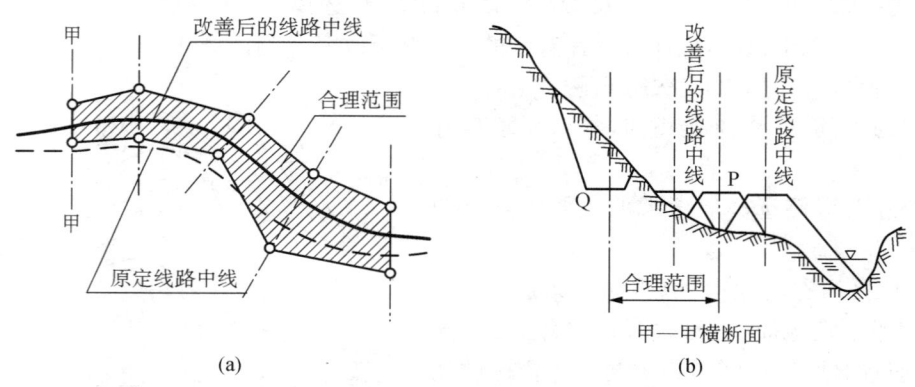

图 10-28 移动线路中线位置以减少工程量

(2) 当河谷狭窄、横坡较陡且地质条件不良时,应作外移建桥(顺河桥)和内移修隧道两种方案的比选。如成昆线铁马大桥,位于牛日河左岸乃托站南端,原设计线路靠山,山坡高达 400~500 m,横坡陡度达 30°以上,松散的碎石土层较厚,基岩也较破碎,山坡处于极限平衡状态,且有几处表土坍塌、滑坡等不良地质现象,威胁施工及运营安全。故经过比较,采用将线路外移至河谷阶地上,修建顺河桥通过的方案(图 10-29)。

(3) 当河谷十分弯曲时,根据山嘴或河湾的实际情况,可采用沿河(或山嘴)绕行和修建桥梁(或隧道)取直的线路方案。如在河湾地段,沿河绕行方案线路迂回较长,桥梁、隧道、挡土墙相间,工程复杂,施工互相干扰,且往往受水流冲刷的威胁,特别是有不良地质的隐患时,线路安全条件差。而建桥跨河方案,线路顺直,可避免上述缺点,运营条件好,但可能工程投资较大,工期较长,在设计时应经过比选确定。在两种方案工程量比较接近,且工期不受影响的情况下,一般以取直方案较为有利(图 10-30)。

线路遇到山嘴,有两种定线方式:一种是沿山嘴绕行,另一种是修建隧道通过。前者定

第十章 铁 路 选 线

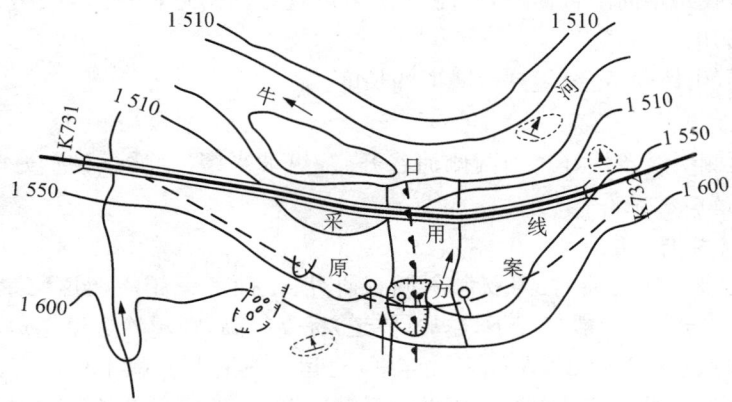

图 10-29 修建顺河桥方案

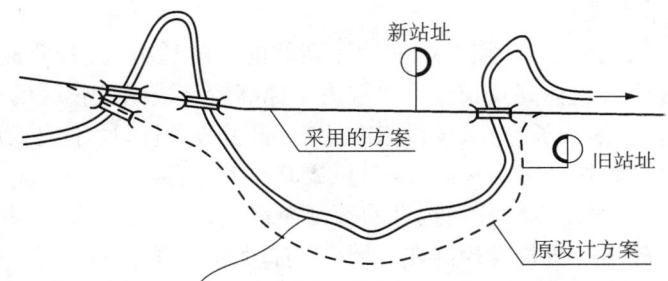

图 10-30 河湾地段绕行与直线方案比较

线线路长,平面条件差,受不良地质影响,工程复杂,占用农田多;后者修隧道取直通过,线路短直,安全条件较好,但往往工程投资较大。定线方式在设计时应通过比选确定。

二、越岭地区

当线路需要从某一水系(河谷)转入另一水系(河谷)时,必须穿越分水岭。如宝成线横越秦岭,川黔线过娄山山脉,成昆线翻越小相岭,这些都是越岭地区定线的实例。越岭地区高程障碍大(一般需要展线),地质复杂,工程集中,对线路的走向、主要技术标准(特别是限制坡度和最小曲线半径)、工程量、运营条件、运输能力等影响极大。因此,在越岭地区应进行大面积选线,认真研究、寻找合理的越岭线路方案。

越岭线路通常是沿分水岭垭口的河谷定线,以隧道穿越垭口,再沿分水岭另一侧的河谷向下游定线(图 10-31)。所以要以选择越岭垭口为重点,解决好越岭垭口、越岭隧道位置及标高(长度)和分水岭两侧引线这三个既各自独立又互相依存的主要问题。

1. 越岭垭口选择

垭口是越岭线路的重要控制点,理想的垭口应具备以下条件:

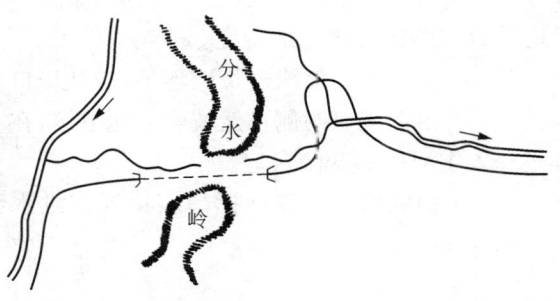

图 10-31 越岭线路

(1) 垭口与线路走向配合良好,如垭口位于短直方向附近,可缩短线路长度,节省筑线工程费和运营费用。

(2) 垭口低,山体薄,可缩短越岭隧道的长度。

(3) 垭口的地质条件好。

(4) 垭口两侧引线条件好。当两侧河谷开阔、纵坡平缓、地质条件较好时,可节省工程量,也为运营创造有利条件。

2. 选择越岭标高

在选定越岭垭口的基础上,需要深入调查研究、全面考虑越岭隧道位置、隧道标高(长度)和两侧引线的方案。一般情况下,越岭(隧道)标高越高,则越岭隧道越短,但两端引线越长;反之,越岭(隧道)标高越低,两端引线越短,对运营越有利。就工程而言,理想的越岭标高应使引线和隧道的总建筑费最小。因此,越岭隧道的合理标高与长度的选择,除了取决于垭口的标高、地面自然坡度、地质条件外,还与设计线的运量、限制坡度(或加力牵引坡度)以及隧道施工技术水平有关。

设计线运量大,限制坡度小,宜采用越岭标高低的长隧道方案;若两侧沟谷地面标高或纵坡相差很大,则越岭隧道标高及长度主要取决于标高较高或纵坡较缓的一侧;若越岭两侧的自然纵坡陡、高差大、展线长,为减少拔起高度,改善引线条件,便于施工运营,在工期容许的情况下,应尽量降低越岭隧道的标高,采用长隧道方案为宜。

隧道施工的技术水平是越岭标高选择的关键因素。20 世纪 50 年代,由于受隧道施工技术水平的限制,越岭隧道一般长度控制在 2 km 左右;其后若干年的施工实践,隧道长度也不超过 6~7 km。因此,在越岭地区,常常不得不采用大量的人为展线以争取高度,致使线路盘旋于崇山峻岭之中,展线路段桥隧工程密集,既耗费巨额工程投资,又严重恶化运营条件。20 世纪 80 年代,京广铁路南段修建第二线,在坪石乐昌间沿武水峡谷的一段线路,裁弯取直而选定了长达 14.3 km 的大瑶山双线隧道并顺利竣工,开创了我国特长隧道施工技术的新局面。当今盾构技术更为隧道修建提供了有效手段,在越岭地区选线时,为合理选用标高低、坡度缓、运营条件好的长隧道方案提供技术支持。

3. 越岭两侧的定线

越岭两侧定线时,应注意下列几点:

(1) 结合地形条件,选择合理的最大坡度(限制坡度或加力牵引坡度)。越岭地区高差大,为了避免大量的人工展线,除研究低标高的长隧道越岭方案外,还应考虑与新型大马力牵引或加力牵引坡度的方案进行技术经济比较。

(2) 垭口附近的引线,地形尤为困难,在有充分依据时,可合理选用较小的曲线半径,但应符合线路设计规范的规定。

(3) 为了避免展线过长或不足,应从垭口(高处)往两侧(低处)定线。

(4) 由于垭口两侧自然坡度上陡下缓,在上游应尽量利用支沟侧谷合理展线,使线路尽早降入主河谷的开阔台地。

(5) 引线的路肩设计标高应比规定洪水频率的设计水位(连同波浪侵袭高度)至少高出 0.5 m。

三、平原、丘陵地区

平原地区地势平坦，丘陵地区丘岗连绵，但相对高差不大，其共同之处是：除人烟稀少的草原外，一般经济都比较发达，占地及拆迁问题往往比较突出。地质条件一般也较好，但水文条件可能比较复杂。定线中遇到的平面障碍多于高程障碍。为此，平原、丘陵地区定线时应着重解决以下几方面的问题。

1. 线路尽量顺直

平原、丘陵地区定线，除跨越大江（河）的合理桥址影响线路走向外，其他自然条件一般不起控制作用，故应遵循航空折线尽量将线路定得顺直一些。绕避障碍物及设置曲线必须有充分理由。在不致引起工程量显著增加的前提下，尽量采用较小偏角、较大半径，以便缩短线路并取得较好的运营条件。

丘陵地区地形起伏，山坡陡缓多变，线路位置对土石方工程影响很大。选线设计时，平面、纵断面和横断面要密切配合，尽量减少工程量。一般地段应注意填挖平衡。

2. 正确处理铁路与行经地区的关系

（1）平原、丘陵地区城镇密布，工农业发达，城镇内外的道路、沟渠、电力线路等纵横交错。选定线路位置时，应尽量减少拆迁、耕地占用以及现有道路、沟渠、电力、通信管线的改移。丘陵地区为了少占农田，在地形有利时，铁路宜靠近山坡，但也应注意避免增大工程量。

（2）分布车站，尤其是大型客货站，应结合城镇规划，既考虑方便地方客货运输，也要兼顾铁路运营效率的发挥。

（3）线路位置要与水利工程、农业灌溉和其他交通方式相配合。为确保铁路行车安全，要认真布置好沿线的公路道口和立交桥涵，有条件时，应修建立交道口，加大排洪桥涵孔径。

3. 注意适应水文条件的要求

平原和低缓丘陵地区，易受洪水泛滥的危害，线路宜选在洪水泛滥线之外；大河的桥址宜选在主流集中、河槽顺直、河床稳固的河段；跨河造桥的桥梁孔径不宜压缩；当线路通过洪水泛滥区时，桥梁和路基应有足够的高度，以免被洪水淹没，并做好路基防护工程。

桥涵设置要保证农田灌溉需要。线路跨过渠道时，若路堤高度允许，应设置涵管，深路堑处应设置高架水槽。

四、不良地质地区

地形与地质条件往往是矛盾的，有的地方地形较平缓，但恰恰可能隐藏着各种不良地质问题。一般情况下，对线路方案选定具有决定性影响的往往是地质条件。线路的方向和位置，必须根据工程地质调查资料进行研究比较后决定，否则可能会造成非常严重的后果。例如，早年修建的宝天线，不重视地质条件，不少地段出现崩坍、滑坡、路基变形等，经常中断行车，危及行车安全，有时还会造成重大灾难，被称为铁路的"盲肠"，后来耗费了大量的劳力和资金进行改线和整治。成昆铁路和南昆铁路，地处西南山区，沿线地形复杂，不良地质现象十分严重，号称"地质博物馆""地层博览""地下迷宫"。由于吸取了以往的经验教训，设计部门十分重视地质工作，进行了大规模的地质勘探，在工程地质问题的处理上取得了不少宝贵经验。通车后的考验表明，绝大多数工程地质问题的处理是成功的。

不良地质地区的选线经验，可以归纳为以下三个方面。

1. 掌握区域地质情况

在大面积选线和线路原则方案比较中,要了解区域地质情况,根据构造特征,慎重研究线路方案。地形、地质条件与工程地质特征都与区域地质有关。因此,只有掌握线路通过地区的区域地质情况,才能深刻认识和理解沿线工程地质特征,掌握不良地质现象分布和发展规律,预见各个地段可能发生的工程地质问题,这是选好方案和正确解决有关工程地质问题的基础。

2. 合理绕避不良地质地段

线路行经不良地质地段时,要进行深入的调查研究,充分掌握资料,针对每段不良地质现象的数量、规模、成因、发展状态、对铁路的危害以及整治的难易程度等,经过分析比较,确定采用绕避或整治措施。对规模较大、正在活动、整治困难、严重危及行车安全的不良地质地段,应尽量绕避。对规模不大的不良地质地段,若绕避投资增加不多,则绕避方案也可采纳,以利于施工、养护和行车通畅。

采取绕避措施应注意以下两点:

（1）在河谷地区沿山坡定线,遇到严重不良地质或山坡岩层很不稳定,难以用路基通过时,可局部移动线路位置,或外移建桥或内移修隧道。

（2）当局部移动线路位置不能彻底避开不良地质的影响且可能留有后患时,可拟定较大范围的绕避方案(包括建桥跨河方案),然后通过技术经济比较确定。

3. 采用工程措施彻底整治

当线路经过规模不大、地质稳定性较好、整治较易的不良地质地段时,可考虑采取有效的和经济合理的工程措施,彻底整治,不绕避而选择有利的部位与合理的标高通过。

第五节 铁路线路设计方案比选方法

铁路线路设计方案比选是指某项线路工程项目存在两种或两种以上实施方案,通过方案之间的比较,筛选出最优(或较优)的方案。在铁路勘察设计工作中,无论是从整体上还是局部上,往往存在多个可能的技术方案,设计方案比选就是从技术上可行、经济上合理的角度淘汰差劣方案,以期项目能够发挥最大的社会效益和经济效益。

一、总体方案经济比较

铁路线路设计方案之间,多数效益相同或基本相同而且难以用数量具体计算。为了简化计算,一般根据铁路工程费和运营费支出情况,采用较为简便的计算方法。

（一）追加投资回收期法

假设某铁路建设项目有甲、乙两个可选方案,都为一次性施工建成,运营过程中不考虑改扩建。两方案的总投资分别为 $A_甲$ 和 $A_乙$,且 $A_甲 > A_乙$；平均年运营费分别为 $\varepsilon_甲$ 和 $\varepsilon_乙$,且 $\varepsilon_甲 < \varepsilon_乙$,则追加投资静态和动态回收期可分别按式(10-15)和式(10-16)计算。

$$T = \frac{A_甲 - A_乙}{\varepsilon_乙 - \varepsilon_甲} \quad (年) \tag{10-15}$$

$$T' = \frac{\lg(\varepsilon_Z - \varepsilon_甲) - \lg[\varepsilon_Z - \varepsilon_甲 - (A_甲 - A_Z) \times i]}{\lg(1+i)} \quad (年) \tag{10-16}$$

式中　T（或 T'）——静态（或动态）追加投资回收期，年；
　　　i——建设资金年利率（或折现率）。

追加投资回收期法的含义是投资大的甲方案通过年运营费的节省（$\varepsilon_Z - \varepsilon_甲$），将追加投资部分（$A_甲 - A_Z$）可在 T（或 T'）年内得到偿还。（$T+1$）（或 $T'+1$）年后，甲方案将比乙方案因运营费的节省而获得更大的效益。

若规定的追加投资标准回收期为 T_p，则当 T（或 T'）$\leqslant T_p$ 时，甲方案有利，反之乙方案有利。

（二）费用现值法

1. 基本原理

新建的铁路线路通常会随着运量增长而逐步扩建和发展。为了适当反映铁路改扩建工程分期投资的经济效益，可根据分期投资额、各年度运营费、计算期末固定资产残值以及回收流动资金，采用一定的折现率，将各项费用支出换算至同一基准年度的费用，然后进行累加、比较，费用现值较小者，即为有利方案。

（1）基准年的确定：可选择投资当年、运营第一年或其他年份，以计算方便为确定原则。

（2）运营期：铁路运营期原则上计算至设计能力达到饱和的年度。当各方案计算期不一致时，取最短的运营年限为计算期，其他方案相应计算回收固定资产余值。费用现值的一般表达式为

$$E_p = E_A + E_\varepsilon + E_y + E_h - R_v \quad (万元) \tag{10-17}$$

式中　E_p——换算费用现值，万元；
　　　E_A——工程投资现值，万元；
　　　E_ε——各年度运营费累计现值，万元；
　　　E_y——机车车辆购置费累计现值，万元；
　　　E_h——货物运输延迟损失费累计现值，万元；
　　　R_v——计算期末回收固定资产残值及流动资金之和的现值，万元。

2. 各项现值费用计算

假设现值的计算基年为第一次投资的前一年（即第 0 年）。

(1) E_A

$$E_A = \sum_{t=1}^{m}(A_t \times K_t) \quad (万元) \tag{10-18}$$

式中　m——工程建设期，年；
　　　A_t——建设期第 t 年的工程投资额，万元；
　　　K_t——第 t 年的折现系数，$K_t = \dfrac{1}{1+i}$。

(2) E_ε

$$E_\varepsilon = \sum_{t=m+1}^{m+n}(\varepsilon_{t-m} \times K_t) \quad (万元) \qquad (10\text{-}19)$$

式中 n—— 铁路计算运营期,年;
ε_t—— 运营期第 t 年的运营费,万元。

(3) E_y

假设机车车辆购置费与运营费一样,也与运量呈线性增长关系,但考虑到机车车辆的使用特点,计算时应注意两点:

① 除运营第一年应按运营需要量全部提前购置外,以后各运营年度只是在上一年度的基础上补充增购不足之数;

② 当年需要的机车车辆购置费必须在运营年度开始前(即提前一年)支出。

$$E_y = Y_1 \times K_m + \sum_{t=m+2}^{m+n}(Y_{t-m} - Y_{t-m-1}) \times K_{t-1} \quad (万元) \qquad (10\text{-}20)$$

式中 $Y_1, Y_2, \cdots, Y_n$—— 铁路运营第 $1, 2, \cdots, n$ 年需要的机车车辆购置费,万元。

(4) E_h

计算方法可比照机车车辆购置费现值的计算方法,唯一的区别是货物运输延迟损失费发生在运营当年。

$$E_h = H_1 \times K_{m+1} + \sum_{t=m+2}^{m+n}(H_{t-m} - H_{t-m-1}) \times K_t \quad (万元) \qquad (10\text{-}21)$$

式中 $H_1, H_2, \cdots, H_n$—— 铁路运营第 $1, 2, \cdots, n$ 年货物运输延迟损失费,万元。

货物运输延迟损失费一般可按货车周转时间的延长而耽误货物运送时间所引起的额外增加的货物周转量的损失计算:

$$H_i = (M_1 - M_2) \times q_{静} \times C \times \gamma_{重} \quad (万元) \qquad (10\text{-}22)$$

式中 M_1, M_2—— 两个方案采用的货车数量,辆,$M_1 > M_2$;
$q_{静}$—— 每辆货车的平均静载重,t/辆;
C—— 每吨货物的平均价值,万元/t;
$\gamma_{重}$—— 重车流比重,$\gamma_{重} = \dfrac{重车流量}{重车流量 + 空车流量}$。

(5) R_v

对于不同的设计方案,因其达到设计能力饱和期限和年运营费占流动资金的差异,期末固定资产余值和可回收的流动资金的计算是不同的,计算方法见式(10-23)。

$$R_v = (F_0 - n \times D + W) \times K_{m+n} \quad (万元) \qquad (10\text{-}23)$$

式中 F_0—— 固定资产原值,万元;
D—— 年基本折旧费,万元;
W—— 计算期末回收流动资金,万元。

二、局部方案技术经济比较

在长大铁路干线选线过程中,常需要分段对某些总局的线路定位进行多方案的比选。

从比较要求出发,根据工程情况,分析计算若干工程数量和经济指标,比较工程数量或工程费,结合方案建设与运营的优缺点分析,决定方案的取舍。京沪高速铁路在设计某段线路位置时,曾比较了两个方案(表10-7)。根据工程数量、经济指标,结合运营条件分析,最终选择了A方案。

表 10-7 A, B 方案比较

章号	项目名称			单位	数量		金额/万元	
					A方案	B方案	A方案	B方案
	线路长度			km	209.798 1	225.077 4	—	—
一	施工准备			万元	—	—	31 707.4	36 155.8
二	路基土石方	区间	土方	10^4 m³	53.46	65.07	3 165.8	3 712.6
			级配碎石	10^4 m³	1.62	2.97	257.8	456.8
		站场	土方	10^4 m³	194.49	312.93	10 781.1	17 347.5
			级配碎石	10^4 m³	—	—	—	—
			干砌片石	圬工方	—	—	—	—
			其他	万元	—	—	43 169.9	54 046.3
			以上小计	10^4 m³	—	—	89 081.9	11 179.0
三	桥涵		特大桥	双延米	220 280	233 358	1 040 823.0	1 102 616.6
			大桥	双延米	—	468.1	—	2 246.4
			中桥	双延米	—	67.5	—	331.5
			小桥	双延米	—	—	—	—
			涵洞	双延米	342.3	352.8	571.1	676.4
			框构桥	m²	—	—	—	—
			小计	万元	—	—	1 041 394.1	1 105 870.9
	隧道		双线隧道	双延米/座	—	—	—	—
			小计	延长米/座	—	—	—	—
五	轨道	正线	铺轨	km	419.596	450.154	58 603.2	62 871.2
			铺砟	万 m³	222.57	234.09	37 506.1	39 444.2
		站线	铺轨	km	11.25	14.28	1 563.8	1 985.3
			铺道岔	组	48	54	777.6	878.4
			铺砟	万 m³	4.1	6.2	679.3	1 019.9
			线路有关工程	万元	—	—	3 688.2	3 956.9
			小计	万元	—	—	102 818.2	110 155.9

续　表

章号	项目名称	单位	数量 A方案	数量 B方案	金额/万元 A方案	金额/万元 B方案
六—九	运营建筑及设备	万元	—	—	2 214.8	2 192.9
十	大型临时设施及过渡工程	万元	—	—	21 929.6	23 485.8
十一	其他费用	万元	—	—	80 265.0	86 265.5
十二	基本预备费	万元	—	—	133 894.6	144 100.6
	工程费合计	万元	—	—	1 503 305.6	1 619 946.3
占地	正线	亩	6 474	7 051	—	—
占地	站线	亩	1 003	1 228	—	—
	占地合计	亩	7 477	8 279	—	—

复习思考题 10

[10-1] 铁路定线的主要工作有哪些？

[10-2] 新建铁路线路走向选择的主要依据有哪些？

[10-3] 在铁路线路定线中，为什么应采用"纸上定线与现场定线"相结合的做法？

[10-4] 何谓紧坡定线和缓坡定线？二者定线时考虑问题的侧重点有何不同？

[10-5] 在单线铁路选线设计中，"站间距"常成为断面规划中需要考虑的最重要因素，为什么？

[10-6] 什么是"展线"？其采用的条件是什么？

[10-7] "展线系数"的含义是什么？铁路选线中常见的展线方式有哪几种？各自的主要特征是什么？

[10-8] 什么是"拔起高度"？铁路选线中减少拔起高度有何好处？

[10-9] 某铁路工程项目有两个实施方案，A方案一次性投资建成，B方案分两期投资建成，其中第二期投资要求在运营第 6 年前完成，分年投资安排见表 10-8。

表 10-8　　　　　　　　　　　　　建设方案　　　　　　　　　　　　　（单位：万元）

方案	第一期 1	第一期 2	第一期 3	第一期 合计	第二期 1	第二期 2	第二期 合计
A	10 000	27 000	13 000	50 000	—	—	—
B	6 000	16 000	13 000	35 000	8 000	12 000	20 000

运营计算期按 10 年计，折现率 $i=10\%$，其他费用经计算列于表 10-9（假定运营费、机车车辆购置费、货物延迟费均与运量呈线性增长关系，计算期末回收余额按投资原值的 10% 计）。试用费用现值法比较哪个方案更经济？

表 10-9　　　　　　　　　　　　　　运营费用计算表　　　　　　　　　　　　（单位：万元）

方案	运营费		机车车辆购置费		货物延迟损失费	
	ε_5	ε_{10}	Y_5	Y_{10}	H_5	H_{10}
A	650	900	800	1 300	—	—
B	700	870	850	1 250	20	25

第十一章 城市轨道交通选线

第一节 城市轨道交通网络规划

一、线网规划的基本原则

城市轨道交通线网规划的目的是使轨道交通的规划符合城市总体规划的要求,满足近远期居民出行的需要,保证轨道交通能够持续有序地建设。线网规划一般应遵循以下基本原则:

(1) 必须根据城市总体发展规划和城市客流流向分布,以合理的线网密度、最佳的线路布置,确定线网的总体规模、覆盖范围、换乘节点等,充分体现公共交通以人为本的宗旨,提高服务水平。

(2) 线网的结构形态要与城市形态、道路布局相适应。线路要沿主客流走廊布置,并尽可能多地串联主客流集散点。站位的布置要考虑轨道交通相交线间以及与其他交通方式的便捷换乘,以减少旅客换乘次数和走行距离。

(3) 线网的基本骨架线路应尽可能合理地经过城市中心及副中心、主要交通枢纽、文化商业区、大型居民区和经济开发区。

(4) 应协调好轨道交通、地面公交、市郊铁路三者之间的关系,使它们在城市客运中充分体现各自的功能地位和服务水平。

(5) 应充分考虑车辆段、停车场的用地问题,并考虑各条线共用的可能性。

(6) 网络中各条线路的形式应因地制宜,在满足环保要求的前提下,结合城市地形、环境、道路等条件,合理选用地下、地面、高架等布置形式,以尽量降低建设成本。

落实上述原则,需要采用定性、定量分析,经客流预测和多方案比选,确定远景线网总图规划。

二、网络的基本结构形式

由城市轨道交通路网中各条线路组成的几何图形一般称为城市轨道交通网络结构形式。目前,世界各国城市的快速轨道交通路网结构形式比较繁杂。从几何图形特征上分析,有放射形、放射加环线形、棋盘形、棋盘加环线形等多种网络结构形式(图11-1)。

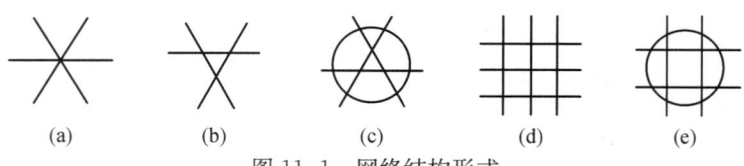

图 11-1 网络结构形式

(1) 放射形[图 11-1(a),(b)],是由若干条线经市中心向外放射形成。类似的路网有捷克的布拉格市地铁(图 11-2)。

第十一章 城市轨道交通选线

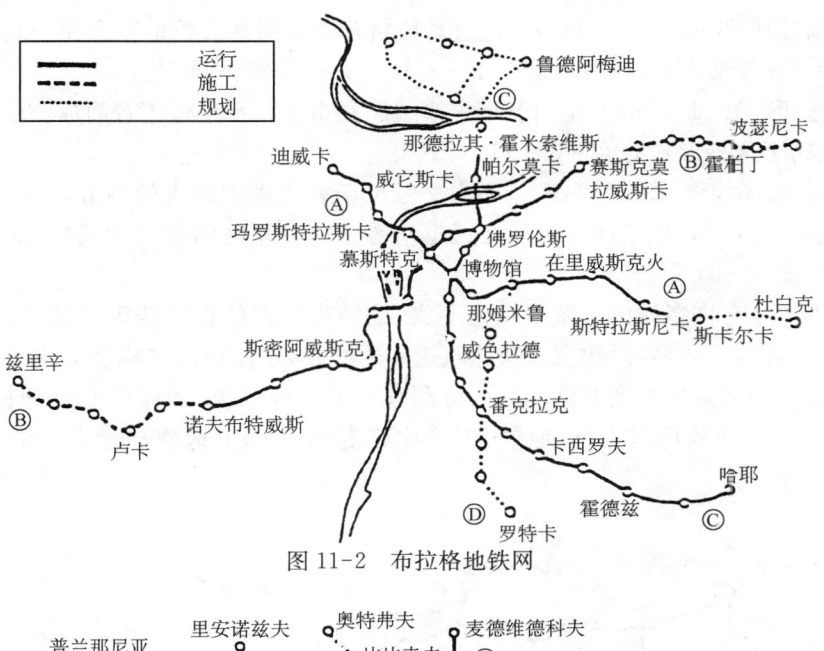

图 11-2 布拉格地铁网

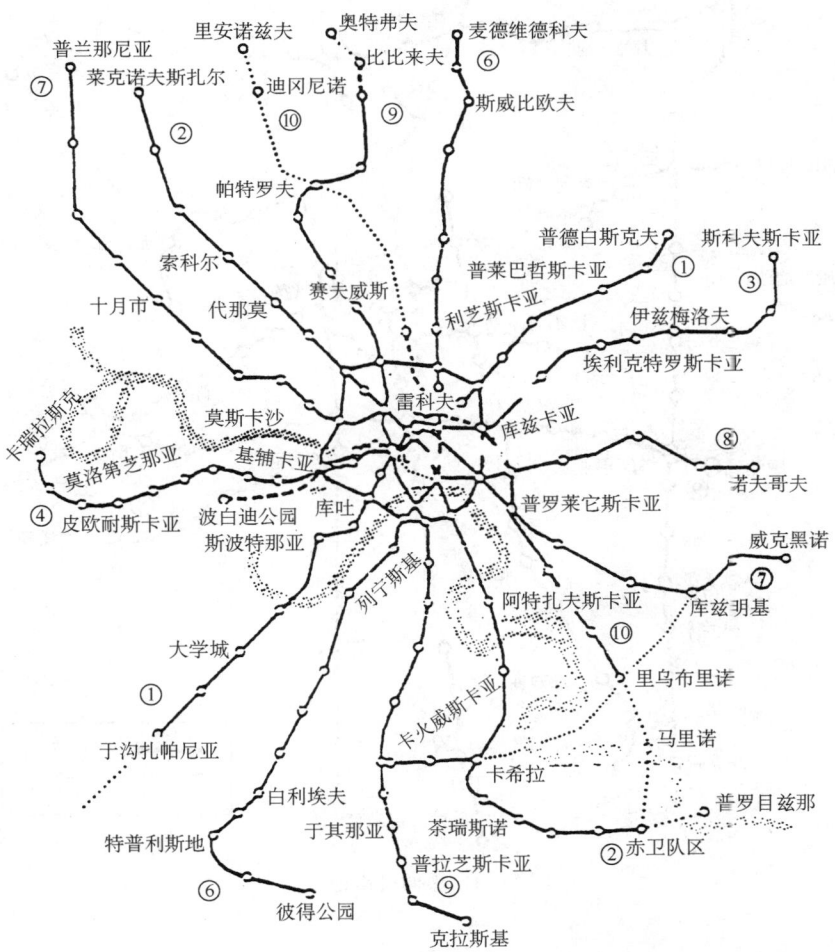

图 11-3 莫斯科地铁网

(2) 放射加环线形[图 11-1(c)],通过环线将各条放射线有机地联系在一起。俄罗斯莫斯科地铁网是比较典型的这种形式(图 11-3)。

(3) 棋盘形[图 11-1(d)],是由若干纵横线路在市区相互平行布置而成。墨西哥市地铁网基本上是属于这种形式的路网(图 11-4)。

(4) 棋盘加环线形[图 11-1(e)],环线一般位于客流密度较大的地方,并尽可能多地贯穿大的客流集散点,如城市对内、对外交通枢纽等。这种路网的典型形式如 1995 年北京地铁路网规划(图 11-5)。

此外,国内外有许多城市因城市规模不大,或城市地理位置特殊等原因,城市客流流向比较集中单一,往往不需要修建很多快速轨道交通线路,这样路网结构就形成了比较简单的几何图形,如国外较典型的类似路网有秘鲁利马一字形地铁、日本神户 L 形地铁、英国格拉斯哥〇形地铁、巴西累西腓 Y 形地铁、哥伦比亚麦德林 T 形地铁和意大利罗马十字形地铁等。

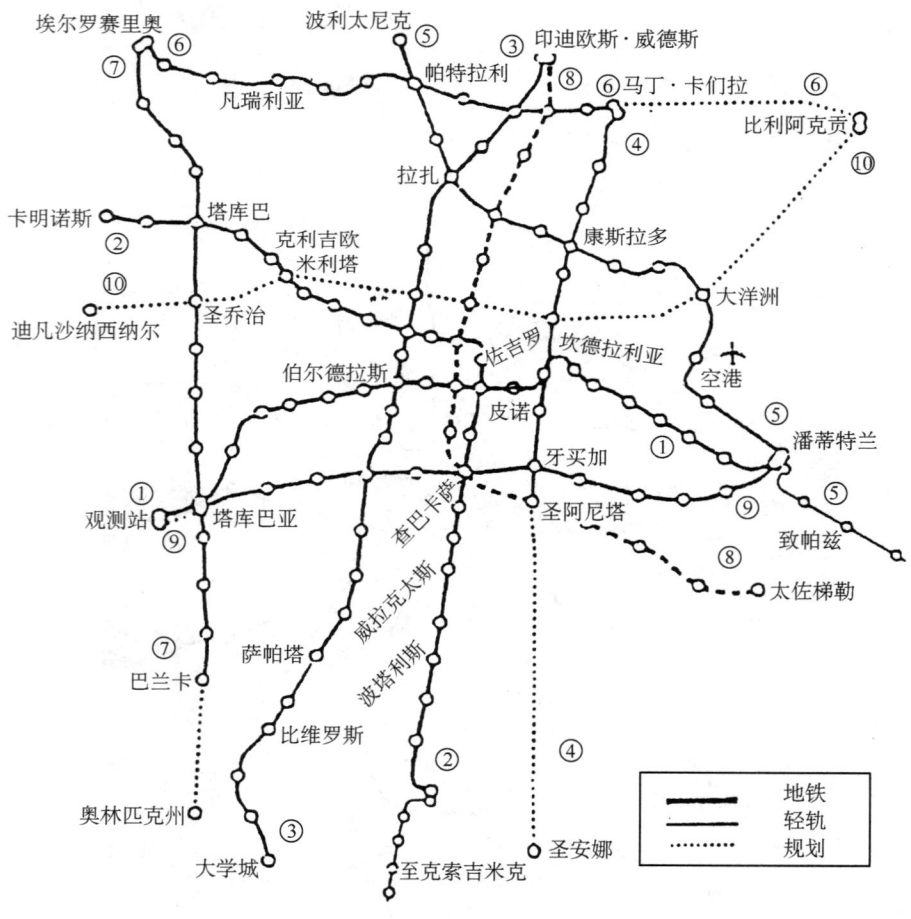

图 11-4 墨西哥市地铁网

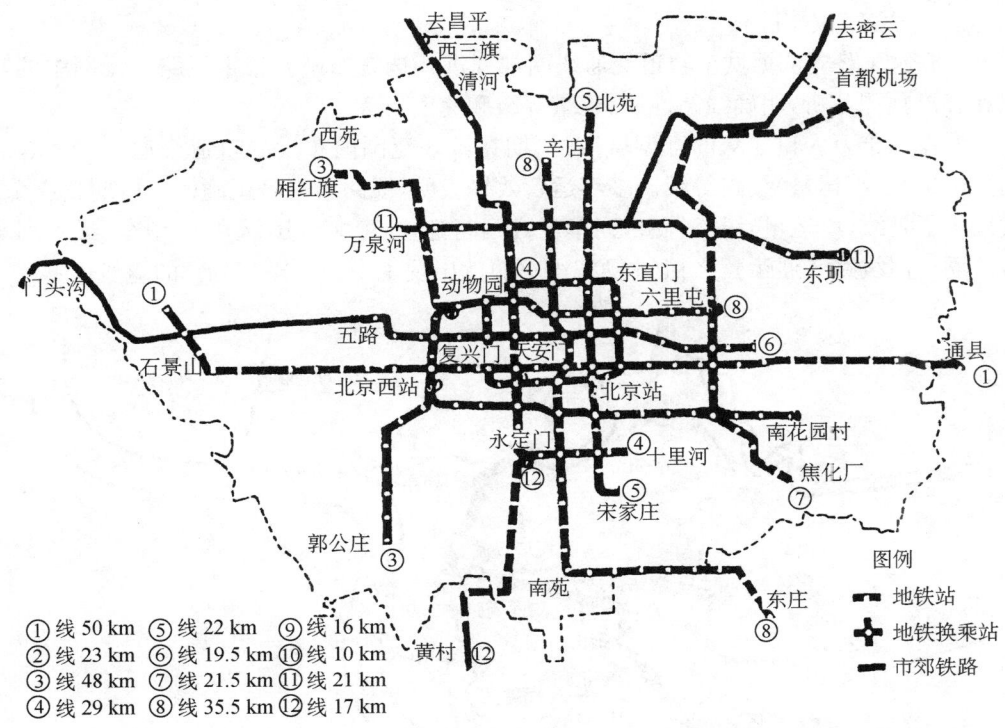

图 11-5 北京地铁路网规划(1995)

第二节 城市轨道交通线路走向选择

一、选线依据

选线是路网规划及建设项目工程可行性研究阶段的重要内容。一般在线路走向、起讫点和主要控制点确定后,需收集以下资料,作为具体选线的依据。

(1) 城市总体发展规划和城市轨道交通路网规划资料;
(2) 客流资料,包括轨道交通路网规划中与其相交线路的客流统计资料;
(3) 城市的经济资料;
(4) 工程地质及水文气象资料;
(5) 地形图资料(包括规划道路红线,道路平交、立交资料、现状,规划道路横断面等);
(6) 线路可能经过区域内的文物保护资料;
(7) 线路可能穿越的街坊建筑区内的主要房屋及基础资料;
(8) 线路可能经由区域内的市政管网(现状及规划)等地下设施资料;
(9) 线路沿线经过的既有轨道交通路线的主要技术标准及平面、纵断面竣工资料;
(10) 车辆技术参数资料。

二、线路总体布局要点

根据国家城市轨道交通建设工程标准规定,线路总体布局应重点把握功能定位、接驳换乘和客流效益三个方面。

(1) 拟建线路应依据城市轨道交通线网规划进行选线布站。根据线路在线网中的功能定位和客流预测分析,明确线路性质、运量等级和速度目标。

上海作为千万人口之众的巨型城市,早期在城区范围内布设的轨道交通 1,2,3,4 号线均采用Ⅰ级(高运量)线路等级。多年运营效果表明,线路选型是正确的。后期轨道交通 8 号线采用了Ⅲ级(中运量)线路等级,列车最高运行速度 80 km/h,选用 C 型车,最长列车编组为 7 辆。但线路开通运营之初(6 辆编组/列)就出现了中心地段"限流"的尴尬。

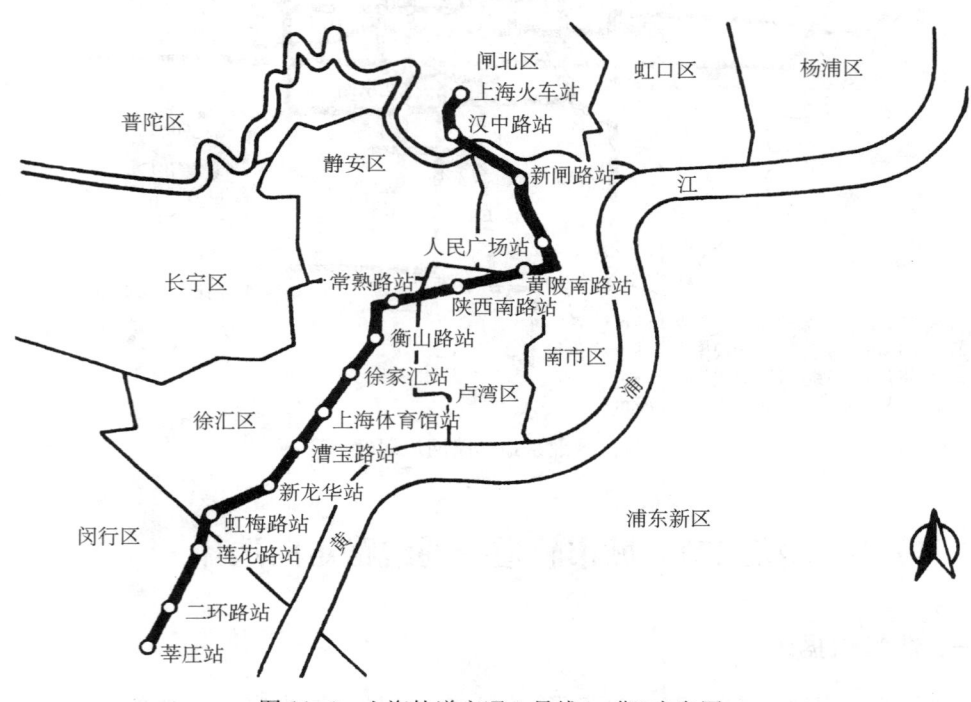

图 11-6 上海轨道交通 1 号线(一期)走向图

(2) 拟建线路应有全日客流效益、通勤客流规模、大型客流点的支撑。车站应服务于重要客流集散点,起讫点车站与其他交通枢纽相配合,构建城市交通一体化,并落实城市规模用地。

上海轨道交通 1 号线一期工程(图 11-6)是为解决上海市漕河泾、徐家汇、人民广场及上海火车站地区之间的南北客流交通繁忙的问题,其中,徐家汇、人民广场、上海火车站是上海市大客流集散点。

从社会效益和经济效益的角度来讲,轨道交通线路应选在客流大而稳定的街区内,尽可能通过或靠近城市主要的工业区、居住区、行政文化区中心、大型商业网点、对外交通枢纽及市内公交集中换乘点,最大限度地吸引客流,以发挥其最大的运营效能,有时可能需要放弃控制点间的最短经由方向。例如图 11-7 中,上海轨道交通 1 号线一期工程衡山路至人民广场间,长约 5 km,有复兴中路、淮海中路和延安中路 3 条路线可选,以复兴中路方案为最短,施工干扰也小,但最后选定的线路是比复兴中路方案长 200 m 的淮海中路方案,理由是繁华的淮海路商业街,客流吸引能力比复兴中路大 50%。

图 11-7　上海轨道交通 1 号线(一期工程)衡山路至人民广场的方案比较

(3) 拟建线路起讫点不应设在市区内大客流断面位置,也不宜设在高峰断面流量小于全线高峰小时单向最大断面流量 1/4 的位置。理由:其一,起点站的上车客流过大,车厢满载过高,会限制下一个车站的上客量,不利于线路的正常运营组织;其二,若终点站下客流量过大,必将延长到站列车的清客停站时间,影响列车折返间隔,降低线路运输能力。

(4) 每条线路长度不宜大于 35 km。对于超长线路应以最长交路运行 1 h 为目标,以旅行速度达到最高运行速度的 45%～50% 为宜。根据线路的建设标准,城市范围内的轨道交通平均旅行速度为 35～40 km/h。1 h 左右的全程运行时间是城市交通一次出行的特性要求,否则乘客会产生乘车疲劳,司机易产生驾驶疲劳,影响行车安全。

(5) 对于穿越城市中心的超长型线路,应分析全线不同地段客流断面和分区 OD 的特征,分析线网中车站和换乘点的分布以及列车在各区间的满载率,合理确定线路起讫点、站间距离和旅行速度目标。上海轨道交通 11 号线原规划是从城市西北(嘉定区)至东南(原南汇区)的市域特征的轨道交通线,线路长约 120 km。由于线路过长,该项工程最终被拆分为北、南两段建设,其中,北段为上海轨道交通 11 号线,由嘉定北站至浦东三林地区(后东延伸至迪士尼乐园,西延伸至昆山花桥);南段为上海轨道交通 16 号线,由龙阳路至临港新城的滴水湖。两段分别采用两种不同的技术模式,北段最高时速 100 km/h,接触网供电;南段最高时速 120 km/h,第三轨供电。两线在罗山路站具有换乘条件(图 11-8)。

(6) 对设置支线的运行线路,支线长度不宜过长,接轨点必须在车站,宜选择在客流断面较小的地段。上海轨道交通 11 号线(北段)就采用干支线的 Y 形线路布局形式(图 11-8),嘉定新城站为接轨站,主线为嘉定北站至迪士尼站,贯通市区,设站 32 座,主线全长 63.168 km;支线为嘉定新城站至花桥站,设站 7 座,支线长 18.208 km。11 号线提供嘉定区(昆山花桥)至浦东新区的快速轨道交通服务,也是全国第一条跨行政区域的地方轨道交通线。

(7) 两条线路的正线共线运行地段,应符合支线接轨条件,且应分别满足两线列车行车密度的要求。上海轨道交通 3 号线、4 号线(环线)在宝山路站—宜山路站区段的九个区间共线运行。自 2005 年通车运营以来,共线段通过能力不足问题阻碍了 3 号线、4 号线运能的进一步提高。

(8) 处理好先期建设的线路与远期规划线路换乘节点的布置与预留。以人为本地进行

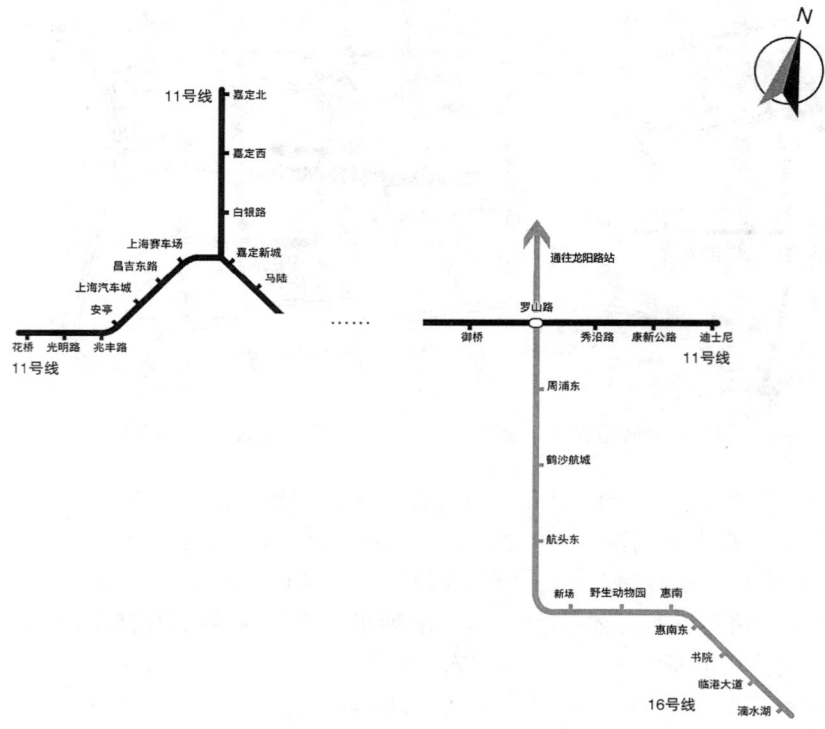

图 11-8　上海轨道交通 11 号线和 16 号线示意图

城市交通建设规划，是当前世界各国城市交通建设的重要原则，主要表现在：①减少换乘时间；②加速旅客输送；③力争使两条换乘线上的绝大多数旅客能够方便换乘，最大限度地缩短换乘距离。这就要求先期建设的线路增加一些费用支出，为未来路网中乘客的换乘方便创造条件，这比以后改建线路增设换乘设施节省投资。上海轨道交通中心换乘站人民广场站换乘系统几经改造便是一个值得吸取经验教训的案例。此外，多线换乘站会给车站流线组织带来难度，人民广场站的 3 线大厅式换乘、世纪大道站的 4 线换乘，就存在客流高峰期"流线对冲"现象，危及乘客安全。

（9）合理安排车辆段、停车场位置。车辆段和停车场是轨道交通系统中占地较多的工程，应根据线网规划统筹安排，充分考虑资源共享。因此，线路走向一方面应结合城市用地情况合理选择车辆段、停车场的位置，另一方面也要尽量减少出入段（场）长度，并使车辆段、停车场与正线有便捷的联系条件。

三、线路方案比选

由于城市交通线路走向的选择对线路工程建设和城市发展影响重大，选线时对局部线路走向应做多方案比选，比较内容如下：

（1）吸引客流条件：包括客流量大小、吸引范围内居住及工作人口的多少、顾及客流集散点的多少、乘客便利条件及与其他交通工具的换乘条件。

（2）线路条件：包括线路长度、曲线半径大小及曲线总转角大小、车站数目、车站设置条件等。

(3) 施工条件：包括施工方法、施工场地安排、施工运输道路以及施工难易条件等。

(4) 施工干扰：包括房屋、地上地下管线等拆迁量大小，对道路交通的影响，对商业经营的影响等。

(5) 对城市的影响：主要是评价线路走向与城市改造发展规划的一致性及结合程度。

(6) 工程造价与运营效益：城市轨道交通更注重宏观经济效益评价。随着我国城市轨道交通相关产业的发展，提高城市轨道交通设备的国产化率是降低工程造价的重要途径。

第三节 车站分布与站位选定

车站分布与站位选定是城市轨道交通线路选线的主要内容之一。站位设置不当或技术条件不合适往往会引起线路平面、纵断面的改变。车站分布与站位选定应与选线紧密结合，相辅相成。

一、车站分布的影响因素

车站应布设在主要客流集散点和各种交通枢纽点上，其位置应有利于乘客集散，并应与其他交通换乘方便。因此，城市轨道交通车站分布与站位选定一定要结合城市规划和城市规模，并根据车站周围的土地使用情况、地面建筑物和地下管线状况、车站附近的客流量大小、沿线大型公共活动场所的位置、地面公交情况、城市轨道交通路网规划中相交线路的换乘关系、工程和环境条件以及考虑适当的站间距离等因素，经详细调研、认真比选后确定。以利于最大限度地吸引客流，方便乘客，充分发挥城市轨道交通在公共交通中的骨干作用和规划线路的服务功能。车站布设的主要影响因素如下：

(1) 城市规模大小。包括城市建成区和规划区面积。城区面积越大，线路客流大，乘距长。城市轨道交通应以长距离乘客为主要服务对象，车站分布宜稀疏一些，以提高城市轨道交通的运行速度。反之，车站分布宜密一些。

(2) 大型客流集散点。大型客流集散点往往是城市的政治、经济、文化中心，是城市的窗口地段。该地段不但客流量大，而且集中，对地面交通影响很大。轨道交通在此处设站，可吸引这些客流，充分发挥自身的效能，并且对解决城市交通可起到积极作用。

(3) 城市人口密度。我国各大城市的人口密度差异很大，如北京市四个中心城区（东城、西城、崇文、宣武）的人口密度为 2.8 万人/km^2（1991）；上海市五个中心城区（静安、卢湾、黄浦、虹口、南市）的人口密度为 4.3 万人/km^2（1998）；广州市中心的荔湾、越秀两区的人口密度为 5 万人/km^2（1988）。人口密度越大，在相同的吸引范围内，发生的交通客流量越大，因此车站分布宜密一些。

(4) 轨道交通路网中相关线路及城市道路网状况。两条轨道交通线路交叉时，在其交叉点应设乘客换乘站；轨道交通线路与城市主干道交叉时，为了让乘坐其他交通工具的乘客方便换乘轨道交通，也宜设车站。

(5) 站间距离。在车站分布数量上，除大型客流集散点及换乘站外，其他车站的间距可根据客流吸引范围和列车旅行速度要求综合确定。根据国内外统计资料，地铁车站对客流的吸引范围为 500～700 m 的半径区域，乘客步行时间为 10 min 左右是比较适宜的。根据列车运行计算,平均站间距为 1.2～1.5 km,列车最高运行速度为 80 km/h 时,旅行速度可达 35～38 km/h。小站间距虽可减少乘客到站时间,但站间距过小,列车巡航(惰行)时间非常短,列车的牵引性能得不到正常发挥,可能致使列车旅行速度下降,而且会增加线路项目的建造成本。《地铁规范》规定:车站间距在城市中心区和居民稠密地区宜为 1 km;在城市外围区宜为 2 km。超长线路的车站间距可适当加大。上海轨道交通 11 号线(北段)的站间距分布如图 11-9 所示。

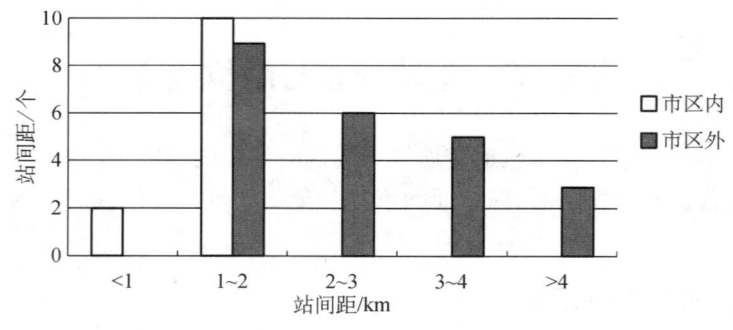

图 11-9　上海轨道交通 11 号线站间距分布

二、车站种类

车站按其运用功能可分为以下三种。

(1) 一般站(或中间站):只供乘客上、下车之用。根据采用的站台形式不同,又可分为岛式站台车站(站台位于上、下行线路之间)、侧式站台车站(站台位于正线外侧)和由岛式、侧式组成的混合式站台车站。

(2) 换乘站:设在两条运营正线的相交处,除供车站吸引范围内(包括地面交通换乘)的乘客上、下车之用,还为两线间需要换乘的乘客提供方便的平面或立体换乘通道。根据两站组合位置的不同,可分为 L 形、T 形、十字形和工字形换乘站。

(3) 折返站(或端点站):站内设有道岔折返设备。除具有一般站的功能外,还可作列车折返之用。

三、站位选择

车站是乘客乘降、集散的场所。站位的选择应充分体现城市轨道交通便捷、安全的特性和服务功能。

(一) 基本原则

(1) 在线路总体走向基本不变的前提下,与城市道路网、公交网密切配合,站位应尽可能靠近公交枢纽、体育场等大型客流集散地,并设在乘客方便的道路交叉口或交叉口的一侧。

(2) 选择站位时应充分考虑与其他轨道交通线的换乘,并使换乘距离最短,方便乘客。

(3) 选择站位时应充分考虑工程地质、水文地质、地形、地物、文物古迹等影响因素。对高架地段应特别注重环境保护和景观效果。

(4) 车站应设在直线上,以创造良好的运营条件。曲线车站在符合规范规定的前提下,尽量采用大半径曲线。车站长度应与列车最大长度匹配。

（5）站位选择还要考虑施工方便，并在满足功能的前提下，尽量减少拆迁和用地。

（二）车站位置

车站设在道路下与设在街坊内各有利弊。车站设在街坊内，施工时可减少对地面交通的干扰和节省地下管线搬迁的费用，对居民正常生活的影响也小，而且还可以对车站的上部空间进行开发，取得经济效益。但是设在街坊内的车站，其两端线路必将部分穿越街坊，导致隧道上方及周围土地利用率降低，从而影响地块的批租和开发，造成一定的损失。车站设在路下，可以方便乘客从道路两侧出入车站，对换乘有利，对两侧开发影响较小，但施工时封闭交通、搬迁管线会增加工程费用，沿街商业经营损失也较大。因此，站位的选定应作充分比选。

常见的车站位置与路口的关系有以下几种：

（1）按纵向位置分为跨路口、偏路口一侧、两路口之间三种位置，如图 11-10(a)，(b)，(c) 所示。

（2）按横向位置分为道路红线内 [图 11-10(a)，(b)，(c)] 和道路红线外 [图 11-10(d)] 两种情况。

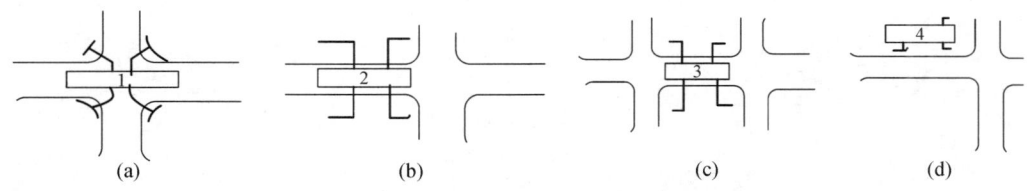

图 11-10　车站位置与路口关系

各类车站位置的比较见表 11-1。

表 11-1　　　　　　　　　　　不同车站位置比较

位置关系	道路红线内		道路红线外	
	1—跨路口站位	2—偏路口站位	3—两路口之间站位	4—道路红线外侧站位
特征	站位跨主要路口，并在路口各个角上都设有出入口	站位一般偏路口一侧设置	站位在路之间，一般两路口都是主路口且相距较近（<400 m）	位于道路红线外侧
优点	（1）乘客出入方便 （2）提高乘车安全性 （3）减少路口的人车交叉 （4）易与地面公交路线衔接，方便换乘	（1）车站对地下管线影响小 （2）可减少车站埋深，方便乘客进出站	可兼顾两路口，方便换乘（当横向公交线路及客流较多时）	（1）减少对既有道路与管线的影响 （2）有利于与危房旧区改造相结合 （3）减少交通干扰
缺点	工程量大，易带来地下管线的变更	乘客易集中在车站一端出入，增加运营管理难度	站址选择困难	不利于交通换乘

复习思考题 11

[11-1] 试比较有、无环线的城市轨道交通线网布局的适应性。
[11-2] 为什么一条城市轨道交通线路不应过长?
[11-3] 城市轨道交通站间距确定的主要依据有哪些?
[11-4] 调研某城市的轨道交通站位情况,分析不同站位的环境条件,推测其定位的主要理由。

第十二章 线路平面设计

第一节 概　　述

线路中心线是有轨交通勘测设计中线路的表示方法。它以路基横断面上 O 点的纵向连线表示（图 12-1）。O 点为距外轨半个轨距的铅垂线 AB 与路肩水平线 CD 的交点。

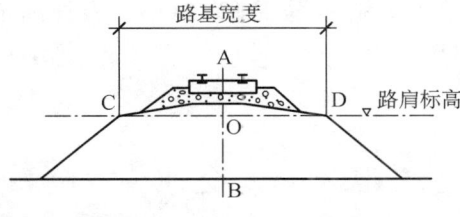

图 12-1　线路中心线的位置

线路的空间位置是由它的平面、纵断面和横断面决定的。其中，线路的平面表示线路走向的曲直；线路的纵断面表示线路的起伏情况。线路的平面和纵断面设计一般要遵循以下原则：

（1）保证行车安全、平顺和快速。如列车在行车过程中不脱钩、不断钩、不脱轨，不造成旅客乘车不适，不造成线路结构的破坏，保证设计的运输能力，等等。

（2）在工程和运营方面，力求技术经济最合理。从运营角度来说，线路最好既平又直，有利于提高行车速度和输送能力，还节省运营支出。但由于地形起伏、地表和地下障碍（如城市中建筑群、道路红线、地下管线等）以及不良地质等条件的限制，设计平直线路，势必会带来工程量的增加和工程费用的上涨，甚至会造成施工困难、工期延长。因此必须根据线路的特点，正确处理好工程和运营二者之间的矛盾。

（3）满足各建筑物对线路的技术要求。线路上要修建大量的建筑物，如桥涵、隧道、路基、道口、车站和各种防护工程，线路平面和纵断面设计不但关系到这些建筑物的类型选择和工程量，而且还会影响其安全稳定和运营条件。因此，在线路平面和纵断面设计中，还要协调好线路与各类建筑物的关系，做到总体布置合理。

第二节　区间线路平面设计

专题 14　曲线设计与半径选择

区间线路平面由直线和曲线组成。平面设计主要指圆曲线半径的选用、缓和曲线长度和曲线间夹直线长度的确定，并计算相关的技术数据，处理直线与曲线、曲线与曲线的正确合理连接。

一、直线

设计线路平面时，相邻两直线的位置不同，其间曲线位置也相应改变。因此，在选定直线位置时，要根据地形条件综合考虑，使直线与曲线相互协调，线路所处位置最为合理。直线设计的原则有以下几点：

(1) 应尽量沿拟定的线路走向设计较长的直线段,减少(曲线)交点个数,以缩短线路长度,改善运营条件。

(2) 在确定相邻直线位置时,应力求减小(曲线)交点偏角的度数。因为偏角大,则线路转弯急,总长增大,而且列车行经曲线所要克服的阻力功也要增加,运营支出会相对增加。

(3) 相邻曲线之间夹直线段长度,从行车平稳和线路养护要求出发,应满足线路设计规范规定的最小长度要求。

二、曲线几何要素

在平面图和纵断面图中,圆曲线的表示分两种情况:在概略定线中,平面、纵断面图中不绘出缓和曲线[图 12-2(a)];在详细定线时,平面、纵断面图中才绘出缓和曲线[图 12-2(b)]。

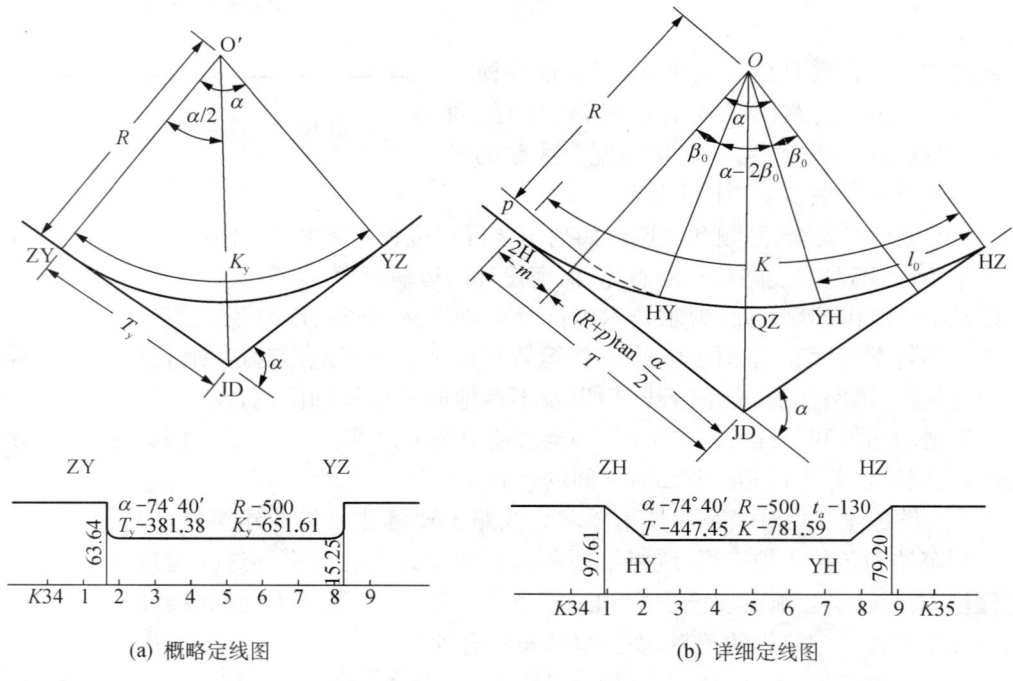

(a) 概略定线图　　　　　　　　　(b) 详细定线图

图 12-2　曲线要素示意图(下半部为纵断面图中的平面展开图)

(一) 未加缓和曲线

未加缓和曲线的曲线要素一般有 4 个:偏角(转角)α、半径 R、切线长 T_y 和曲线长 K_y。偏角 α 可在平面图中直接量得,曲线半径 R 按规定选配,切线长 T_y 和曲线长 K_y 按式(12-1)和式(12-2)计算:

$$T_y = R \cdot \tan \frac{\alpha}{2} \quad (m) \tag{12-1}$$

$$K_y = R \cdot \frac{\pi \cdot \alpha}{180} \quad (m) \tag{12-2}$$

(二) 加缓和曲线

加缓和曲线后的曲线要素有 5 个：偏角 α、半径 R、缓和曲线长 l_0、切线长 T 和曲线长 K。偏角 α 可在平面图中直接量得，圆曲线半径 R 和缓和曲线长 l_0 由选配得出，切线长 T 和曲线长 K 分别按式(12-3)和式(12-4)计算：

$$T = (R+p)\tan\frac{\alpha}{2} + m \quad (\text{m}) \tag{12-3}$$

$$K = R\frac{\pi(\alpha - 2\beta_0)}{180} + 2l_0 = R\frac{\pi\alpha}{180} + l_0 \quad (\text{m}) \tag{12-4}$$

式中 p ——内移距离，m，$p = \dfrac{l_0^2}{24R} - \dfrac{l_0^4}{2\,688R^3} \approx \dfrac{l_0^2}{24R}$；

  m ——切垂距，m，$m = \dfrac{l_0}{2} - \dfrac{l_0^3}{240R^2} \approx \dfrac{l_0}{2}$；

  β_0 ——缓和曲线角，(°)，$\beta_0 = \dfrac{90l_0}{\pi R}$。

(三) 曲线起讫点里程推算

从图 12-2(a)与图 12-2(b)对比可见，相同偏角、相同半径的曲线，在两种表示方法中，未设缓和曲线时，曲线的切点位置正好在缓和曲线半长处。这个概念对于纵断面设计中竖曲线不与缓和曲线重叠的确认具有很重要的作用。

曲线的里程常用 ZY(直圆)、YZ(圆直)、ZH(直缓)、HY(缓圆)、YH(圆缓)、HZ(缓直)来表示。若 ZY(或 ZH)里程可在平面图上量得，则其他里程按曲线要素可推算而得。

未加缓和曲线时：YZ 里程＝ZY 里程＋K_y

加缓和曲线时：

HZ 里程＝ZH 里程＋K；HY 里程＝ZH 里程＋l_0；YH 里程＝HZ 里程－l_0。

三、圆曲线设计

线路平面设计时，相邻两直线段之间需用一定半径的圆曲线连接。圆曲线设计主要解决最小曲线半径的确定和圆曲线半径的选用问题。

(一) 曲线对工程和运营的影响

1. 曲线对工程的影响

在地形困难地段，采用小半径曲线虽能适应地形变化，对降低工程造价有显著效果，但小曲线半径会对工程产生不利影响，分析如下。

(1) 增加线路长度。对单个曲线，当曲线偏角一定时，采用小半径曲线[图 12-3(a)]会增加线路长度；对一段线路，采用小曲线半径[图 12-3(b)]，线路也会因曲线数目增多和曲线偏角增大而增长。

(2) 轨道强度需要加强。当曲线半径小于 600 m 时，车轮对钢轨的横向冲击力将加大。为了维持轨道的稳定，线路设计规范规定要加装轨撑和轨距杆，加铺轨枕，增加外侧道床宽度并增铺道砟。

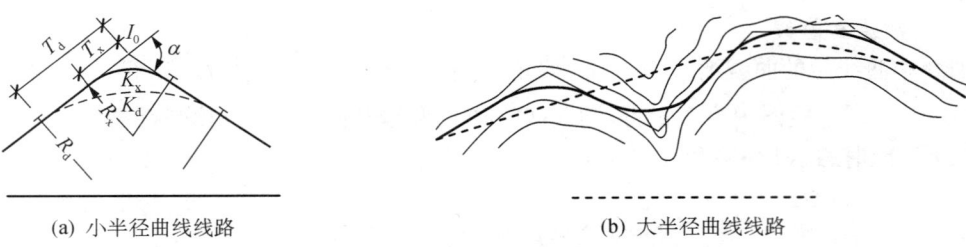

(a) 小半径曲线线路　　　　　　　　(b) 大半径曲线线路

图 12-3　小曲线半径线路长度增加

(3) 增加接触导线的支柱数量。电力牵引时,接触导线对受电弓中心的最大容许偏移量为 500 mm。在曲线地段,若接触导线的支柱间距不变,则曲线半径越小,线路中心弧线与接触导线的矢度越大。为了防止受电弓与接触导线脱离,接触导线的支柱间距要求随曲线半径的减小而缩短,从而增加导线支柱的数量。

2. 曲线对运营的影响

(1) 限制行车速度。列车运行速度受到曲线的限制,尤其是小半径曲线使高速行驶的旅客列车速度受到的限制更为明显。当行车速度较高的列车通过曲线时,曲线设置的外轨超高所产生的向心加速度虽会抵消一部分离心加速度,但仍存在一部分未被平衡的离心加速度,它按要求不能超过旅客舒适允许的限度,为此要限制行车速度。

如图 12-4 所示,离心加速度 a_L 为

$$a_L = \left(\frac{v}{3.6}\right)^2 \cdot \frac{1}{R} \quad (m/s^2) \tag{12-5}$$

式中　R——曲线半径,m;
　　　v——行车速度,km/h。

向心加速度 a_x 为重力加速度 g (9.81 m/s²)向曲线中心的分量,计算如下:

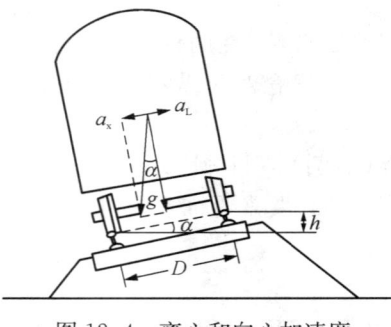

图 12-4　离心和向心加速度

$$a_x = g \cdot \sin\alpha \approx g \cdot \tan\alpha = g \cdot \frac{h}{D} = \frac{h}{153} \quad (m/s^2) \tag{12-6}$$

式中　h——外轨超高,mm;
　　　D——两根钢轨轨头中心间的距离,取 1 500 mm。

未被平衡的离心加速度为

$$a_{LW} = a_L - a_x = \left(\frac{v}{3.6}\right)^2 \cdot \frac{1}{R} - \frac{h}{153} \quad (m/s^2) \tag{12-7}$$

未被平衡的加速度体现在外轨超高不足部分,即欠超高 h_q 为

$$h_q = a_{LW} \cdot \frac{D}{g} = 11.8\frac{v^2}{R} - h \quad (mm) \tag{12-8}$$

由此可导出列车行车速度 v 与曲线半径 R 的关系式为

$$v = \sqrt{\frac{h+h_q}{11.8}R} \quad (\text{km/h}) \tag{12-9}$$

由于在小半径曲线地段列车要限速运行,通过曲线后又要加速,必然会使机车额外做功,增加运营支出。

(2) 降低黏着系数。机车在 $R<600$ m 的曲线上运行,会引起轮轨间黏着系数的降低,从而导致机车黏着牵引力的降低,在曲线范围内有可能引起线路的额外展长,增加工程量和运营费用。

(3) 维修工作量加大。小半径曲线易引起轨距和方向上的错动,使钢轨磨耗加剧。图 12-5 表明,当 $R<400$ m 时,钢轨磨耗急剧加大,维修工作量和维修费用也相应增加。

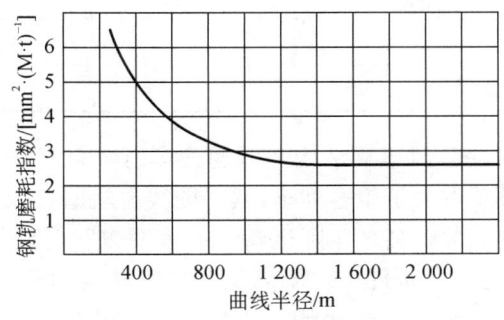

图 12-5 钢轨磨耗与曲线半径的关系

(二) 超高参数

1. 超高种类

无论是客货混行的普速铁路还是客运专线(高速)铁路,都存在着不同速度的客货列车或旅客列车混行的情况。我国绝大部分普速铁路为客货共线运行。由式(12-9)可知,当曲线半径和实设超高一定时,行车速度高的旅客列车需要较高的超高,若实设超高不足,就会产生欠超高,影响列车运行的平稳和旅客乘车的舒适度;而行车速度低的货物列车或中低速旅客列车,需要的超高值小于实设超高,就会形成过超高。超高过大会引起内外轮轨磨耗不均加剧,不利于轮轨的养护和维修,严重时甚至危及行车安全。

2. 超高参数的确定

(1) 最大超高 $h_{\max}$。最大超高与线路的运输性质和列车速度有关,受曲线停车横向倾覆安全条件、轨道横向稳定条件、行经曲线旅客乘车舒适度要求等因素控制。中国铁道科学研究院的专项试验表明,当列车停在超高为 200 mm 的曲线上时,部分旅客感到站立不稳,行走困难且有头晕不适之感。综合各方面考虑,我国《线规》规定:高速铁路的有砟和无砟轨道最大设计超高允许值分别为 150 mm 和 175 mm;其他铁路兼顾运营养护实际,最大实设超高采用 150 mm。

(2) 允许欠超高 h_{qy} 和允许过超高 h_{gy}。对于高、低速列车共线运行的线路,由于曲线的实设超高 h 是按两类列车的均方根速度 v_{JF} 确定的[式(4-14)],由此造成列车实际运行中高速列车 $v_G = v_{\max} > v_{JF}$ 因超高设置不足而产生欠超高 h_q;低速列车 $v_D = v_{\min} < v_{JF}$ 因超高设置过多而产生过超高 h_g。最大的欠超高 h_q 和最大过超高 h_g 可分别按式(12-10)和式(12-11)计算:

$$h_q = 11.8 \frac{v_{\max}^2}{R} - h \tag{12-10}$$

$$h_g = h - 11.8 \frac{v_{\min}^2}{R} \tag{12-11}$$

欠超高反映旅客舒适度要求,也反映外轨的磨耗程度,它与客车结构、转向架构造及其悬挂方式有关。客运专线追求旅客舒适度,试验得到的旅客舒适度不同评价的欠超高允许值见表12-1。

表12-1　　　　　　　　　欠超高允许值 h_{qy}　　　　　　　　　(单位:mm)

舒适度条件	优秀	良好	一般
高速铁路	40	60	90
城际铁路	40	80	110

允许过超高反映内轨偏磨程度,与车辆结构和低速列车行车量有关。客货共线的干线铁路,因货物列车的轴重及通过总重大于旅客列车,其对曲线内轨磨耗及线路的破坏作用较大,允许的过超高应远小于允许的欠超高。实际运营情况表明,适当降低过超高(如30 mm及以下)时,可以更好地改善轨道受力条件。对于高低速列车共线运营的高速铁路,列车的车辆走行性能比货物列车要好,因而过超高引起的内轨磨耗对线路的破坏作用要小,故其过超高允许值可以适当放宽。

(3)超高参数值选择。从舒适度角度分析,过超高与欠超高对旅客舒适度的影响是相同的。因此,过超高可采用与欠超高相同的标准,见表12-1。

对于高低速列车共线运行工况比较固定的低速铁路,考虑为实际运营列车条件变化预留一定的超高调整幅度(0~20 mm),设计超高与欠超高之和的允许值见表12-2。

表12-2　　　　　　　　设计超高与欠超高之和的允许值

线路种类		$[h+h_{qy}]$/mm		
舒适度条件		优秀	良好	一般
低速铁路		180	210	240
高速铁路	有砟轨道	200	220	250
	无砟轨道	210	235	265

对于高低速共线运营的(高速)铁路,联解式(12-10)和式(12-11),可得欠超高与过超高之和的允许值(表12-3)。

表12-3　　　　　　　　欠超高与过超高之和的允许值

舒适度条件	优秀	良好	一般
$[h_{qy}+h_{gy}]$/mm	100	140	180

重载铁路因一般不考虑开行旅客列车,故重点考虑轮轨磨耗均匀;客货列车共线铁路则需

兼顾旅客舒适度和轮轨磨耗两个因素。非客运专线铁路的欠超高、过超高允许值见表12-4。

表 12-4　　　　　　　　　　　非客运专线铁路超高

最大实设超高/mm	允许欠超高 h_{qy} /mm		允许过超高 h_{gy} /mm	
	一般条件	困难条件	一般条件	困难条件
150	70	90	30	50

（三）最小曲线半径的确定

新建铁路的最小曲线半径一要考虑设计线的运输性质，如客运专线铁路主要追求旅客舒适度，重载铁路重视轮轨磨耗均匀（均磨）；二要保证列车运行安全；三要追求经济合理，采用较小的曲线半径，可减少工程量和对自然环境的破坏，但其对运营的不利影响不容忽视。因此，线路平面的最小曲线半径应根据铁路等级、路段旅客列车设计行车速度和工程条件，经技术经济比选后确定。

1. 最小曲线半径标准的确定

（1）最小曲线半径 $R_{\min}$ 应保证该线列车以最高速度 $v_{\max}$ 通过曲线时所产生的欠超高不大于允许值 h_{qy}。由式（12-9）可导出

$$R_{\min} \geqslant 11.8 \frac{v_{\max}^2}{h_{\max} + h_{qy}} \quad (\text{m}) \tag{12-12}$$

式中　　$v_{\max}$——线路设计最高速度，km/h。对于客货共线铁路，指旅客列车设计速度；对于重载铁路，指货物列车设计速度；对客运专线铁路，指线路设计速度。

（2）高、低速列车共线运行铁路。从列车运行安全、旅客乘车舒适度和内外轨磨耗均匀要求来看，列车通过曲线时产生的欠超高 h_q 和过超高 h_g 不能超过允许值，则有

$$R_{\min} \geqslant 11.8 \frac{v_{\max}^2 - v_{\min}^2}{h_{qy} + h_{gy}} \quad (\text{m}) \tag{12-13}$$

式中　　$v_{\min}$——列车最低行车速度，km/h。对于高速铁路和城际铁路，指低速旅客列车设计速度；对于客货共线铁路，指货物列车设计速度。

2. 曲线半径的选用

最小曲线半径的选用应因地制宜、由大到小合理选用。在工程经济性影响不大的情况下优先选用推荐值（表12-5），使线路具有较好的舒适度与适应性，为运营维护提供较好的基础条件。表12-5由式（12-12）和式（12-13）计算得来。其中，高速铁路的限速地段指车站两端减速、加速地段或受环境、地质条件控制而采用低于线路设计速度的地段。

重载铁路上小曲线半径地段的钢轨使用寿命短。因此，从使用经济性和减少换轨施工对运营的干扰考虑，重载铁路最小曲线半径一般不应小于 800 m，困难条件下不应小于 600 m。

小曲线半径应集中使用，以免频繁限速，损失列车动能，增大能时消耗，恶化运营条件。在规定的曲线半径范围内，为了测设、施工和养护的方便，曲线半径必要（困难）时可取 10 m，50 m，100 m 的整数倍。另外，曲线半径的选用还应与线路纵断面设计配合。对于建在平原或低丘地区的客运专线铁路，平面曲线一般不受地形限制，双方向行车速度较高，应

表 12-5　　　　　　　　　　　　铁路推荐曲线半径

高速铁路	一般地段	速度/(km·h⁻¹)	350/250	350/200	300/200	300/160	250/200
		曲线半径/m	10 000~8 000	10 000	8 000~6 000	8 000	7 000~4500
	限速地段	速度/(km·h⁻¹)	200	180	160	140	120
		曲线半径/m	2 500	2 000	2 000	1 400	1 200
城际铁路		速度/(km·h⁻¹)	200/120	200/100	180/110	180/100	160/100
		曲线半径/m	3 000	4 000	2 500	3 000	2 000
客货共线铁路		速度/(km·h⁻¹)	200/100	160/90	120/70	100/60	80/50
		曲线半径/m	3 500~2 800	2 000~1 600	1 200~800	800~600	600~500

注：速度中分母/分子分别指混行条件下的高、低速列车速度。

采用较大曲线半径；坡道平缓地段或凹形纵断面坡底地段，行车速度较高，也应选用不限制行车速度的较大曲线半径；当曲线位于长大坡段凸形纵断面的坡顶或停车站的站外引线上时，由于行车速度较低，为减少工程量，可选用较小曲线半径。最小曲线半径标准见本书第三章轨道交通线路设计技术标准相关内容。

部分国家高速铁路平面设计技术参数见表 12-6。

表 12-6　　　　　　　　　　　部分国家高速铁路线路技术参数

国家	线路或区段	运营模式	设计速度/(km·h⁻¹)	h_{max}/mm	h_q/mm	R_{min}/m
日本	东海道新干线	客	220	180	60	2 500
	山阳新干线	客	260	180	30	4 000
	东北新干线	客	260	155	45	4 000
法国	TGV 东南线	客	270	180	90	4 000
	TGV 大西洋线	客	300	150	90	6 000
德国	曼海姆—斯图加特	客货	250	50	60	7 000
	科隆—莱茵	客	300	180	140	3 500
意大利	罗马—佛罗伦萨	客货	250	125	120	3 000
	米兰—博洛尼亚	客货	300	105	91	5 417

四、缓和曲线设计

（一）缓和曲线的作用

为使列车安全、平稳、舒适地由直线过渡到圆曲线或由圆曲线过渡到直线，在直线和圆曲线之间必须设置一定长度的缓和曲线。其主要作用如下：

（1）在缓和曲线范围内，其半径由无限大渐变到圆曲线半径（由直线过渡到圆曲线），从而使车辆产生的离心力逐渐增加,有利于行车平稳。

(2) 在缓和曲线范围内,外轨超高由零增加到需要的超高量,使向心力逐渐增加,与离心力的增加相配合。

(3) 对于小曲线半径(如 $R<350$ m),轨距需要加宽时,在缓和曲线范围内,可由标准轨距加宽到圆曲线需要的加宽量。

缓和曲线的设计主要解决两个问题:线型和长度。

(二) 线型选择

缓和曲线线型一般可形象地用外轨超高的顺坡形式表示。在缓和曲线起讫点,超高顺坡的变化越平滑,则骤然产生的竖直加速度越小,车辆的冲击和振动也越轻微。目前国内外具有代表性的缓和曲线线型有:三次抛物线、S 形、五次抛物线、七次抛物线、半波正弦、一波正弦和七次四项式等。如日本在东海道新干线采用半波正弦型超高顺坡缓和曲线;法国巴黎东南线上的缓和曲线采用三次抛物线改善型,即在缓和曲线起终点处的立面上分别插入一段长度为 40 m 的半波正弦曲线,而中间仍保持直线形,平面上仍为三次抛物线。

一般方程式的次数越高,满足线型条件越全面。超高顺坡和缓和曲线线型需要相应的轨道构造保持其稳定性;线型越高级,其长度往往会增加,从而引起工程量和养护工作量的增加。由于缓和曲线起终点引起车辆的冲击和振动是随着行车速度的提高而加剧的。所以,一般根据行车速度来选择缓和曲线的线型。我国各类铁路线路和地铁线路的缓和曲线线型规定采用三次抛物线,超高为直线顺坡式,其优点是线型简单,长度短而实用,便于测设和养护维修。

(三) 长度计算

缓和曲线长度应保证列车运行安全和满足旅客舒适度要求。一般按下列条件与方法计算并取较大者。

1. 超高顺坡不致使车轮脱轨

机车车辆通过缓和曲线时,因内外轨不在同一平面上,而使内侧前轮悬空,转向架上的车辆可能形成图 12-6 所示的三点支承。为了保证安全,不使车轮轮缘爬越内轨的顶面,要对外轨超高顺坡值 i_0 加以限制。即满足:

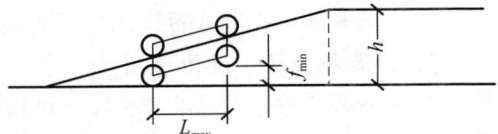

图 12-6 内轮悬空示意图

$$i_0 \leqslant \frac{f_{\min}}{l_{\max}} \tag{12-14}$$

式中 $f_{\min}$ ——轮缘最小高度,mm;

$l_{\max}$ ——机车车辆最大固定轴距,m。

由图 12-6 可知,直线超高顺坡的缓和曲线长度 $l_0 \geqslant h/i$。考虑到轨道变形的允许误差,以及必要的安全系数,我国规定外轨超高顺坡坡度 $i \leqslant 2‰$,则受外轨超高顺坡限制的缓和曲线长度为

$$l_0 \geqslant 0.5h \quad \text{(m)} \tag{12-15}$$

2. 超高时变率不使旅客不适

旅客列车通过缓和曲线，外轮在外轨上逐渐升高，外轮的升高速度（即超高时变率）不应大于保证旅客舒适的允许值 f（mm/s），即

$$f \geqslant \frac{h}{t} = \frac{h \cdot v_{\max}}{3.6 l_0} \quad (12\text{-}16)$$

$$l_0 \geqslant \frac{h \cdot v_{\max}}{3.6 f} \quad (\text{m}) \quad (12\text{-}17)$$

根据我国的经验，f 的取值见表 12-7。

表 12-7　　　　　　　　　超高与欠超高时变率取值

线路种类	f /(mm·s^{-1})			b /(mm·s^{-1})	
	优秀条件	一般条件	困难条件	一般条件	困难条件
高速铁路	25	28	31	23	28
城际铁路	—	28	35	23	38
客货共线铁路	—	32	36	40	45

3. 欠超高（或未被平衡离心加速度）时变率不使旅客不适

按此条件计算的缓和曲线长度为

$$l_0 \geqslant \frac{h_q \cdot v_{\max}}{3.6 b} \quad (\text{m}) \quad (12\text{-}18)$$

式中　h_q——旅客列车以最高行车速度通过曲线时的欠超高，mm；

　　　b——旅客舒适度容许的欠超高时变率容许值，mm/s，取值见表 12-7。

（四）缓和曲线长度的选用

缓和曲线长度应根据曲线半径、超高设置、路段旅客列车设计最高行车速度和工程条件合理确定。优先选择一般长度，困难条件下不宜小于最小长度。表 12-8—表 12-10 为《线规》中 150 mm 实设超高条件下的缓和曲线长度的建议值。

表 12-8　　　　　　　　　高速铁路缓和曲线长度　　　　　　　　　（单位：m）

设计速度/(km·h^{-1})		350			300			250		
缓和曲线长度		(1)	(2)	(3)	(1)	(2)	(3)	(1)	(2)	(3)
曲线半径	12 000	370	330	300	220	200	180	140	130	120
	11 000	410	370	330	240	210	190	160	140	130
	10 000	470	420	380	270	240	220	170	150	140
	9 000	530	470	430	300	270	250	190	170	150
	8 000	590	530	470	340	300	270	210	190	170

续 表

设计速度/(km·h^{-1})		350			300			250		
缓和曲线长度		(1)	(2)	(3)	(1)	(2)	(3)	(1)	(2)	(3)
曲线半径	7 000	670	590	540	390	350	310	240	220	190
	6 000	670	590	540	450	410	370	280	250	230
	5 000	—	—	—	540	480	430	340	300	270
	4 500	—	—	—	570	510	460	380	340	310
	4 000	—	—	—	570	510	450	420	380	340
	3 500	—	—	—	—	—	—	480	430	380
	3 000	—	—	—	—	—	—	480	430	380

注:1. 表中(1)、(2)、(3)分别对应超高时变率 $f=25$ mm/s,28 mm/s,31 mm/s。
2. 在受地形、地物等各种条件限制的困难地段及位于车站两端减速和加速的限速地段,可采用与行车速度、曲线半径相匹配的缓和曲线长度。

表 12-9　　城际铁路缓和曲线长度　　(单位:m)

路段设计速度/(km·h^{-1})		200		160		120		100	
		(1)	(2)	(1)	(2)	(1)	(2)	(1)	(2)
曲线半径	12 000	40	40	40	30	20	20	20	20
	11 000	50	40	40	30	20	20	20	20
	10 000	60	50	40	30	30	20	20	20
	9 000	70	60	40	40	30	20	20	20
	8 000	90	80	40	40	30	20	20	20
	7 000	100	80	60	50	30	30	20	20
	6 000	120	100	70	60	30	30	30	20
	5 000	140	120	80	70	40	30	30	20
	4 000	180	150	100	80	50	40	30	20
	3 000	250	200	130	110	60	50	40	30
	2 000	300	250	190	150	90	70	50	40
	1 500	—	—	230	180	110	90	70	60
	1 000	—	—	—	—	170	140	100	80
	900	—	—	—	—	170	140	110	90
	800	—	—	—	—	180	150	120	100

注:1. 表中(1)、(2)分别对应超高时变率 $f=28$ mm/s,35 mm/s。
2. 对于限速地段,可采用与行车速度、曲线半径相匹配的缓和曲线长度。

表 12-10　　　　　　　　　客货共线铁路缓和曲线长度　　　　　　　　　（单位：m）

路段旅客列车设计行车速度/(km·h⁻¹)		200		160		120		100		80	
		一般条件	困难条件	一般条件	困难条件	一般条件	困难条件	一般条件	困难条件	一般条件	困难条件
曲线半径	12 000	40	40	40	40	20	20	20	20	20	20
	10 000	50	50	50	40	20	20	20	20	20	20
	8 000	70	60	60	50	30	20	20	20	20	20
	7 000	80	70	70	50	30	20	20	20	20	20
	6 000	90	80	70	50	30	20	20	20	20	20
	5 000	90	80	70	60	40	30	20	20	20	20
	4 500	100	90	70	60	40	30	30	20	20	20
	4 000	120	110	80	70	50	30	30	20	20	20
	3 500	140	130	90	70	50	40	40	20	20	20
	3 000	170	150	90	80	50	40	40	20	20	20
	2 800	180	170	100	90	50	40	40	30	20	20
	2 500	—	—	110	100	60	40	40	30	30	20
	2 000	—	—	140	120	60	50	50	40	30	20
	1 800	—	—	160	140	70	60	50	40	30	20
	1 600	—	—	170	160	70	60	50	40	40	20
	1 400	—	—	—	—	80	70	60	40	40	20
	1 200	—	—	—	—	90	80	60	50	40	30
	1 000	—	—	—	—	120	100	70	60	40	30
	800	—	—	—	—	150	130	80	70	50	40

注：当采用表列数值间的曲线半径时，其相应的缓和曲线长度可采用线性内插值，并取整至 10 m。

【例 12-1】 某既有客货共线铁路计划提速改造。已知该线路的客货列车对数、列车牵引质量、设计速度。客货列车设计资料分别为：$N_K = 32$ 列 /d，$G_K = 900$ t/ 列，$v_K = 160$ km/h；$N_H = 60$ 列 /d，$G_H = 4\ 500$ t/ 列，$v_H = 100$ km/h。若某路段曲线半径 $R = 2\ 000$ m，要求：

(1) 计算确定一般条件下该曲线的实设外轨超高、欠超高和过超高；

(2) 计算确定该曲线应设置的缓和曲线长度（假定超高时变率容许值 $f = 28$ mm/s，超高顺坡率取 $i = 1‰$）和合理的设置范围。

【解】 该线路的均方根速度 $v_{JF} = \sqrt{\dfrac{32 \times 900 \times 160^2 + 60 \times 4\ 500 \times 100^2}{32 \times 900 + 60 \times 4\ 500}} = 107.3$ km/h

(1) 超高参数计算（$R = 2\ 000$ m 的曲线）

外轨实设超高 $h = 11.8 \times \dfrac{107.3^2}{2\ 000} = 67.93$ mm，取 70 mm

欠超高 $h_q = 11.8 \times \dfrac{160^2}{2\,000} - 70 = 81.0$ mm

过超高 $h_g = 70 - 11.8 \times \dfrac{100^2}{2\,000} = 11.0$ mm

(2) 缓和曲线设置

按超高顺坡要求计算：$l_{01} = 70/1 = 70$ m

按超高时变率容许值计算：$l_{02} = \dfrac{70 \times 160}{3.6 \times 28} = 111.1$ m

缓和曲线：$l_0 = \max\{l_{01}, l_{02}\} = 111.1$ m，取 120 m（取整为 10 m 的整数倍）

查表 12-10 可知，该曲线一般条件下缓和曲线长度为 140 m，因此，该曲线的合理设置范围为 140 m（一般）～120 m（困难）。

五、夹直线和两缓和曲线间圆曲线的最小长度

（一）夹直线和圆曲线

在地形困难、曲线毗连路段，两相邻曲线间的直线段，即前一曲线终点（HZ_1）与后一曲线起点（ZH_2）之间的直线，称为夹直线（图 12-7）。两相邻曲线，转向相同者称为同向曲线 [图 12-7(a)]，转向相反者称为反向曲线 [图 12-7(b)]。同一曲线的 HY—YH 之间则是两缓和曲线间的圆曲线。

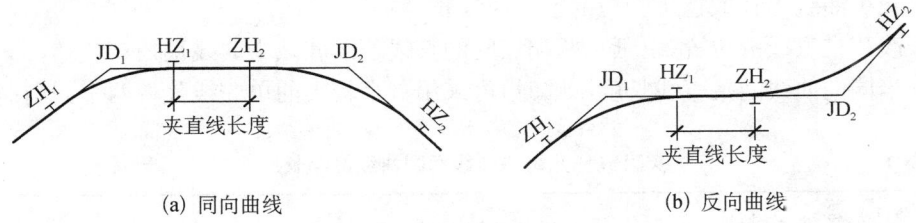

图 12-7 夹直线示意图

（二）夹直线和圆曲线长度确定原则

夹直线长度应为行车和维修创造有利条件，尽量长一点，但有时为了适应地形，节省工程量，需要设置较短的夹直线时，其最小长度受下列条件控制。

1. 线路养护要求

（1）夹直线太短，特别是在反向曲线路段，列车运行时，因频繁转换方向，车轮对钢轨的横向推力加大，夹直线的正确位置不易保持。因此，干线铁路夹直线长度不宜短于 2～3 节钢轨长（50～75 m），困难时，至少有一节钢轨（25 m）在直线上。

（2）线路维修中拨正曲线一般采用绳正法，即每 10 m 要测出一个正矢。为保持圆曲线圆顺，圆曲线上至少应有两个正矢桩，以便绳正曲线。故两缓和曲线间的圆曲线长度不应小于 20 m。

2. 行车平稳要求

旅客列车从前一曲线通过夹直线进入后一曲线的运行过程中，因外轨超高和曲线半径不同，未被平衡的横向加速度频繁变化，引起车辆左右摇摆；反向曲线路段则更为严重。即

使同一曲线,若圆曲线过短,旅客列车因同时跨越圆弧两端的缓和曲线,也会引起振动加剧。为了保证行车平稳、旅客乘坐舒适,应使列车在缓和曲线的出入口(即夹直线或圆曲线的起终点)产生的振动不叠加。列车在缓和曲线出入口产生的振动在1.5~2个周期内基本衰减完。那么,夹直线和圆曲线的最小长度L_j按式(12-19)计算:

$$L_j \geqslant \frac{n \cdot t \cdot v_{max}}{3.6} = \tau \cdot v_{max} \quad (m) \tag{12-19}$$

式中 n——振动消失所经历的振动周期数,个,可取1.5~2;

t——车辆振动周期,s,试验表明,车辆振动周期约为1.0 s;

τ——确定夹直线长度的时间量纲,$\tau = \frac{n \cdot t}{3.6}$。

综合考虑线路养护维修质量和车辆技术状态影响,各国对τ的取值略有不同,国际铁路联盟和德国为0.5;日本为0.42;美国为0.58~0.86。

(三)夹直线和两缓和曲线间圆曲线最小长度取值

《线规》规定:夹直线和两缓和曲线间圆曲线最小长度一般按表12-11取值。设计时,应尽量采用较长的夹直线,尤其是反向曲线间。当曲线偏角较小,设置缓和曲线后,圆曲线长度不足20 m时,则首先考虑加大半径,增加圆曲线长度。

当夹直线长度不够时,应修改平面设计。常见的做法如下:

(1)减少曲线半径或选用较短的缓和曲线长度;

(2)改移夹直线的位置,以延长两端点间的直线长度和减少曲线偏角;

(3)当同向曲线间夹直线长度不够时,可采用一个较大的单曲线代替两个同向曲线。

表12-11 夹直线和两缓和曲线间圆曲线最小长度 (单位:m)

客货共线铁路	路段旅客列车设计行车速度/(km·h⁻¹)	200		160		120		100		80	
	工程条件	一般	困难	一般	困难	一般	困难	一般	困难	一般	困难
	τ	0.8	0.6	0.8	0.5	0.6	0.4	0.6	0.4	0.6	0.4
	L_j	160	120	130	80	80	50	60	40	50	30
城际铁路	路段旅客列车设计行车速度/(km·h⁻¹)	200				160				120	
	一般 $L_j \geqslant 0.6 v_{max}$	120				100				80	
	困难 $L_j \geqslant 0.4 v_{max}$	80				70				50	
高速铁路	路段旅客列车设计行车速度/(km·h⁻¹)	350				300				250	
	一般 $L_j \geqslant 0.8 v_{max}$	280				240				200	
	困难 $L_j \geqslant 0.6 v_{max}$	210				180				150	

六、桥隧平面设计

桥梁设在曲线上会限制行车速度,并产生列车运行不平稳、线路易产生变形、钢轨磨耗加剧、养护工作增加等弊病,而且还会给桥梁结构的设计和架桥施工增加困难,尤其是明桥面桥因桥梁未铺道砟,线路难固定,轨距、超高也不易保持。我国客运专线(高速)铁路常采用高架(桥)形式。所以线路设计规范规定:特大桥、大桥、连续梁、钢梁及较大跨度的桥梁宜设在直线上。困难条件下,经技术经济比选,也可设在曲线上,但宜采用较大的曲线半径。明桥面桥不应设在反向曲线上,也不宜设在缓和曲线上。跨度大于 40 m 或桥长大于 100 m 的明桥面桥设在半径小于 1 000 m 的曲线上时,应有充分的技术经济依据。

隧道的施工、运营、养护和通风等条件均差于空旷的明线,小半径曲线隧道条件更为恶劣。所以,隧道宜设在直线上,如因地形、地质等条件限制必须设在曲线上时,曲线宜设在洞口附近并采用较大曲线半径。隧道不宜设在反向曲线上。

第三节 车站正线平面设计

一、站坪长度

在铁路正线的纵断面上设计车站配线的地段称为站坪。其长度(L_x)由远期到发线有效长度(L_{yx})和两端车站道岔汇的咽喉区长度(L_{yh})决定(图 12-8),客货共线铁路一般可采用不小于表 12-12 中规定的数值。困难条件或其他特殊情况(如有其他铁路接轨、采用多机牵引、中间站或区段站站型复杂等)下,站坪长度可按实际需要计算确定。

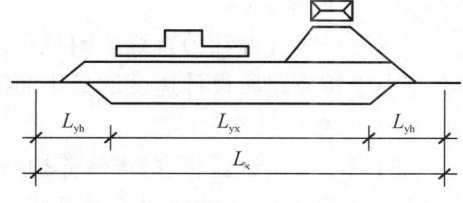

图 12-8 站坪长度示意图

表 12-12　　　　　　　　站坪长度　　　　　　　　(单位:m)

车站种类	车站布置形式	路段设计速度/(km·h^{-1})	远期到发线有效长度						
			1 050		850		750		650
			单线	双线	单线	双线	单线	双线	单线
中间站	横列式	200	—	2 150 (2 600)	—	1 950 (2 400)	—	1 850 (2 300)	—
		≤160	1 550	2 050	1 350	1 850	1 250	1 750	1 150
会让站、越行站	横列式	200	—	1 750 (2 200)	—	1 550 (2 000)	—	1 450 (1 900)	—
		≤160	1 400	1 700	1 200	1 500	1 100	1 400	1 000

注:1. 表中括号前的数值为正线上按 12 号道岔布置时的数值;带括号的数值为正线上按 18 号道岔布置时的数值。
　　2. 有其他铁路接轨、采用其他站型或多机牵引情况下的站坪长度,以及编组站、区段站、复杂中间站(组合分解站)的站坪长度应根据需要计算确定。
　　3. 中间站、会让站和越行站的站坪长度,路段旅客列车设计速度为 200 km/h 时,越行站、双线中间站正线上道岔采用 18 号或 12 号确定,旅客列车进路上的其他道岔采用 12 号确定。路段旅客列车设计速度为 160 km/h 及以下时,正线及旅客列车进路上道岔采用 12 号确定。当采用其他型号道岔时应另行计算确定。

二、站坪的线路平面

车站应设在直线上。曲线车站在运营管理、维修养护等方面存在诸多缺点,如:站内瞭望视线不良,使接发车、调车及列检作业复杂化,行车人员间信号联系条件恶化,增加列车起动曲线附加阻力和轮轨磨耗等。

(一)客货共线铁路

《线规》规定:区段站的正线应设计为直线;中间站、越行站、会让站的正线宜设计为直线。困难条件下,如有充分的技术经济依据,车站可设计为曲线,但其曲线半径不得小于表12-13中规定的数值。

表 12-13　　　　　　　　车站平面最小曲线半径　　　　　　　　(单位:m)

路段旅客列车设计行车速度/(km·h^{-1})		200	160	120	100	80
最小曲线半径/m	区段站	2 000	1 600	800		
	中间站、会让站、越行站 一般条件	3 500	2 000	1 200	800	600
	中间站、会让站、越行站 困难条件	2 800	1 600	800	600	600

(二)城际铁路

车站正线宜设计为直线。困难条件下设计为曲线时,曲线宜采用较小的偏角,曲线半径不应小于相应路段设计速度的最小曲线半径,且不得小于 600 m。

(三)高速铁路

曲线车站在运营管理、维修养护、列车进出站的平稳性等方面存在诸多缺点。对于高速铁路来说,较小半径的曲线车站还将限制不停站列车的通过行车速度。因此,《线规》规定:始发站的正线宜设计为直线。困难条件下设计为曲线时,站内正线最小曲线半径不应小于相应路段设计速度的最小曲线半径,且不得小于 600 m。高铁中间站、越行站的正线应设计为直线。

第四节　线路设计平面图

线路平面图是轨道交通线路设计的基本文件之一。一般有概略和详细线路平面图。前者一般用于线路方案研究或(预)可行性研究,后者一般用于技术或施工设计。对于确定的线路方案,在大比例尺带状地形图上,进行详细的平面设计形成详细线路平面图。图 12-9 为某段普速铁路单线设计平面图。图中表示的主要内容如下:

(1)线路里程和百米标。整千米处注明线路里程,符号初步设计用 CK,技术设计用 DK。千米之间的百米标要注上百米标数。数字一般位于线路的右侧。

(2)曲线要素及起终点里程。曲线交点应注明曲线编号,曲线偏角应加脚注 Z 或 Y,表示左偏角或右偏角。曲线要素标注在曲线内侧,曲线起点 ZH 和终点 HZ 要标注里程。

(3)线路上各主要建筑物。沿线的车站、大中桥、隧道、平立交道口等建筑物,应以规定的图例符号表示。

（4）初测导线和水准点。图中连续的折线表示初测导线。导线符号为 C，脚注为导线的编号。图 12-9 还给出了水准基点的位置、编号及高程，其符号为 BM。

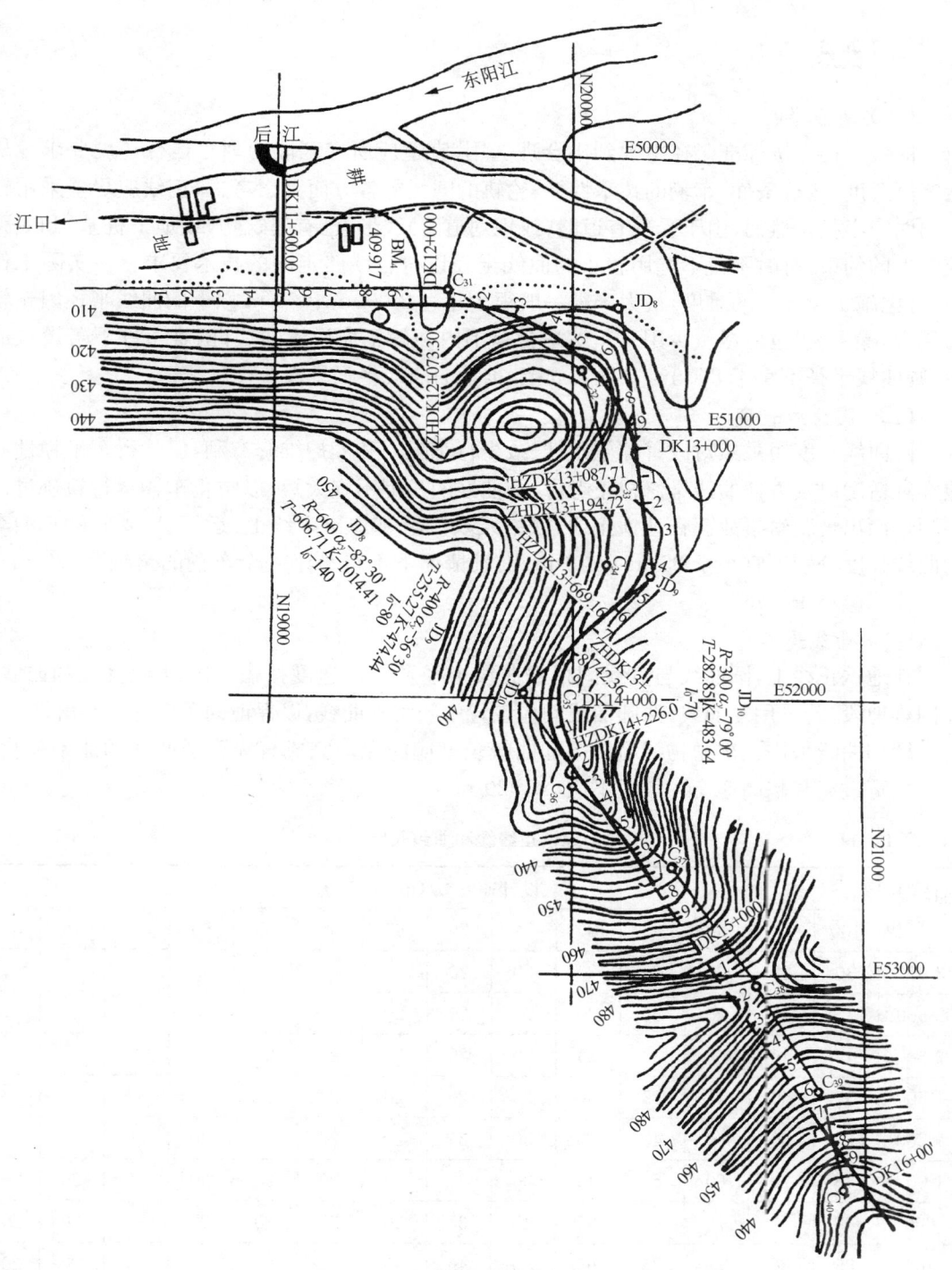

图 12-9　线路设计平面图

第五节　城市轨道交通线路平面设计

一、曲线

（一）曲线半径

曲线半径宜按标准半径由大到小合理选用，宜适应所在区段的列车运行速度要求。从乘客舒适度、运行条件、车辆的技术性能、轮轨的磨耗等各方面因素考虑，正线应尽量采用较大的曲线半径。然而，由于受现有道路（或规划道路）线形、已有建筑物（或地下桩基）和线路控制点的约束，有时不得不选用较小的曲线半径以符合线路走向的技术要求。在实际工作中，考虑施工及养护的难度，最大半径一般很少超过 3 000 m；400 m 以下的曲线半径因轮轨磨耗大、噪声大，也应尽量少用。车站站台范围内一般不应设置曲线，困难条件下若设置曲线，则曲线半径不小于 800 m。《地铁规范》推荐的曲线半径见表 3-7。

（二）圆曲线长度

圆曲线长度短虽然对改善瞭望条件、减少行车阻力和养护维修有利，但从行车平稳性和旅客舒适度以及方便曲线维修校正考虑，圆曲线的长度不宜太短，以防止车辆运行轨迹过渡不顺畅而出现脱轨事故。在地铁正线、联络线及车辆基地出入线上，运行 A 型车和 B 型车的曲线长度分别不宜小于 25 m 和 20 m；困难情况下不得小于一个车辆的全轴距（20 m）。车场线不应小于 3 m。

（三）曲线连接

在地铁正线上，圆曲线与直线间根据曲线半径及行车速度按表 12-14 设置缓和曲线。在困难地段，若采用复曲线，两圆曲线间应设置中间缓和曲线，以保证列车运行的平滑性。

缓和曲线采用三次抛物线型。缓和曲线长度应能保证完成直线至圆曲线的曲率变化、轨距加宽过渡和超高递变。最短不应小于 20 m。

表 12-14　　　　　　地铁正线缓和曲线长度　　　　　　（单位：m）

曲线半径 R/m	设计速度 $v/(\text{km}\cdot\text{h}^{-1})$													
	100	95	90	85	80	75	70	65	60	55	50	45	40	35
3 000	30	25	20	20	20	20	20	—	—	—	—	—	—	—
2 500	35	30	25	20	20	20	20	20	—	—	—	—	—	—
2 000	45	40	35	30	25	20	20	20	20	20	—	—	—	—
1 500	55	50	45	35	30	25	20	20	20	20	20	—	—	—
1 200	70	60	50	40	40	30	25	20	20	20	20	20	—	—
1 000	85	70	60	50	45	35	30	25	20	20	20	20	20	—
800	85	80	75	65	55	45	35	30	25	20	20	20	20	20
700	85	80	75	75	65	50	45	35	25	20	20	20	20	20
600	—	80	75	75	70	60	50	40	30	25	20	20	20	20

续表

曲线半径 R/m	设计速度 v/(km·h^{-1})												
	100	95	90	85	80	75	70	65	60	55	50	45	40	35
550	—	—	75	75	70	65	55	40	35	25	20	20	20	20
500	—	—	—	75	70	65	60	45	35	30	25	20	20	20
450	—	—	—	—	70	65	60	50	40	30	25	20	20	20
400	—	—	—	—	—	65	60	55	45	35	30	20	20	20
350	—	—	—	—	—	—	60	55	50	40	30	25	20	20
300	—	—	—	—	—	—	—	55	50	45	35	30	20	25
250	—	—	—	—	—	—	—	—	50	50	45	35	25	20
200	—	—	—	—	—	—	—	—	—	50	45	40	35	25

（四）夹直线

位于城区的城市轨道交通线路布线受限较多，考虑行车平稳的要求，《地铁规范》规定：无超高的正线、联络线及车辆基地出入线上，两相邻曲线间的夹直线最小长度应按表 12-15 确定。

表 12-15　　　　　　　　　　夹直线最小长度

正线、联络线、出入线	一般条件/m	$\geqslant 0.5v$	
	专用车辆	A 型车	B 型车
	困难条件/m	25	20

注：v 为列车通过夹直线的运行速度，km/h。

二、道岔

正线上道岔不应小于 60 kg/m-1/9 号；车场线道岔不大于 50 kg/m-1/7 号。道岔应设在直线上。道岔端部至曲线端部的距离，正线不宜小于 5.0 m，车场线可减少至 3.0 m。在车站端部接轨道岔宜采用 9 号，其道岔前端、道岔中心至有效站台端部距离不宜小于 22 m；其道岔后端、道岔警冲标或出站信号机到有效站台端部距离不应小于 5.0 m。

三、车站站台

（一）站台形式

站台形式应根据城市轨道交通各自特点和运营要求确定。地铁站台形式可采用岛式、侧式和岛侧混合式（如一岛一侧、一岛两侧等）。

（二）站台长度

地铁站台的计算长度应采用列车最大编组数的有效长度与停车误差之和。

（1）有效长度。对于无站台门的站台，应为列车首末两节车辆司机室门外侧之间的长度；对于有站台门的站台，应为列车首末两节车辆尽端客室门外侧之间的长度。

(2) 停车误差。无站台门时,应取 1~2 m;有站台门时,应取±0.3 m之内。

(三) 站台宽度

地铁站台宽度应根据预测的远期客流量的大小、站台形式及各设备工种的要求综合考虑,按式(12-20)—式(12-22)计算确定。但最小宽度岛式站台不小于 8 m,长向范围内设电梯或垂直于侧站台开通道口设梯的侧站台分别不小于 2.5 m 或 3.5 m。

侧式站台宽度：
$$B_c = b + z + t \tag{12-20}$$

岛式站台宽度：
$$B_d = 2b + n \times z + t \tag{12-21}$$

$$b = \frac{Q_s \times \rho}{L} + b_a \text{ 或 } b = \frac{Q_{sx} \times \rho}{L} + M \tag{12-22}$$

式中　b——侧站台宽度,m,取式(12-22)两式计算结果的较大者；
　　　n——横向柱数,个；
　　　z——纵梁宽度(含装饰层厚度),m；
　　　t——每组楼梯与自动扶梯宽度之和(含与纵梁间所留空隙),m；
　　　Q_s——远期或客流控制期每列车超高峰小时单侧上车设计客流量,人；
　　　Q_{sx}——远期或客流控制期每列车超高峰小时单侧上、下车设计客流量,人；
　　　ρ——站台上人流密度,取 0.33~0.75 m²/人；
　　　L——站台计算长度,m；
　　　M——站台边缘至站台门立柱内侧距离,m,无站台门时,取 0；
　　　b_a——站台安全防护带宽度,m,取 0.4 m,采用站台门时用 M 替代 b_a 计算。

四、配线

(一) 折返线

折返线应根据行车组织交路设计确定。起点站、终点站和中间折返站应设置列车折返线。折返线采用站前折返或站后折返布置形式应结合车站站台形式并能满足列车折返能力要求来确定。列车折返线长度应根据远期列车编组长度、信号制式、列车制动距离要求及车挡形式等综合考虑,并应保证列车折返的安全和折返能力的需要。折返线的有效长度需要考虑以下主要因素：

(1) 停车线端距道岔基本轨端留有必要的距离,如该距离太短,将影响列车加速,从而影响列车折返能力。

(2) 列车进入折返线通过最后一组道岔时,不希望降低速度以便尽快给其他线路开通进路,为此折返线的长度不能太短。

综合上述因素,《地铁规范》规定：尽端式折返线有效长度(不含车挡长度)为远期列车计算长度+50 m 安全附加距离；贯通式折返线有效长度为远期列车计算长度+60 m 安全附加距离。

(二) 停车线

停车线的基本功能是为故障车临时待避,一般正线应每隔 5~6 座车站或 8~10 km 设置停车线。考虑停车线也应具备临时列车折返功能,其有效长度应与折返线相同。

复习思考题 12

[12-1] 线路平面的(夹)直线段长度为什么要规定下限值？

[12-2] 何谓缓和曲线？它设置的主要作用是什么？

[12-3] 摆式列车为什么能提高既有线路的列车运行速度？

[12-4] 不同速度列车共线运行的线路超高设置的难点是什么？

[12-5] 已知某Ⅰ级铁路的设计速度 $v_K = 160$ km/h，$v_H = 120$ km/h。若某曲线设计半径 $R = 2\,000$ m，给定的超高设置参数 $h_{max} = 150$ mm，$h_{min} = 5$ mm。一般条件下：

(1) 试确定曲线外轨超高范围；

(2) 当外轨实设超高 $h = 90$ mm 时，h_q 和 h_g 分别为多少？

[12-6] 线路采用小曲线半径的主要缺点是什么？

[12-7] 某Ⅰ级铁路，已知：$i_x = 6‰$，$v_{max} = 120$ km/h，曲线左端 ZH 点里程标为 K180+310。试按一般条件推算图 12-10 中 HY，YH，HZ 的里程标（注：线路里程标起讫方向自左向右）。

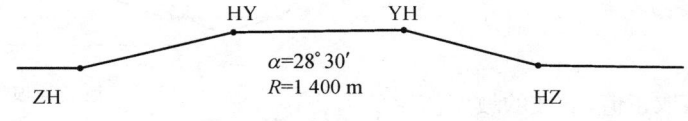

图 12-10　复习思考题[12-7]图

第十三章 线路纵断面设计

第一节 区间线路纵断面设计

线路纵断面由坡段及连接相邻坡段的竖曲线组成。坡段的特征用坡段长度和坡度值表示(图 13-1)。坡段长度 L 为该坡段前后两个变坡点间的水平距离(m)。坡段坡度 i 为该坡段两端变坡点的高差 H (m)除以坡段长度 L,即 $i = \dfrac{H}{L} \times 1\,000(‰)$。

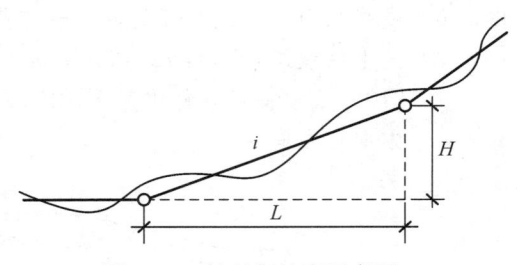

图 13-1 坡长与坡度示意图

上坡的坡度值取正值,下坡的坡度值取负值。如某坡度值为 5‰,即表示每千米高差为 5 m。

线路纵断面的设计,主要涉及坡度、坡长、坡段连接和坡度折减等问题。

一、线路坡度

(一)最大坡度

最大坡度是指一条线路上所限定的最大设计坡度。在一定自然条件下,线路的最大坡度对线路的走向、长度、工程投资、运营费用、牵引质量及输送能力等有较大的影响。高速铁路和城际铁路的动车组具有良好的牵引和制动性能,能适应大坡道运行,故采用最大坡度作为铁路纵断面的主要技术标准。国外高速铁路最大坡度设计标准值在 15‰~40‰范围内,常用 25‰~35‰。我国高速铁路和城际铁路最大坡度具体数值见本书第三章第二节相关内容。最大坡度不考虑曲线和隧道坡度减缓。

(二)限制坡度

对于客货共线铁路,限制坡度是按货物列车牵引要求确定的。限制坡度对设计线的输送能力、工程量与造价以及列车牵引质量与费用等有直接影响,并且关系到线路走向、长度和车站分布。选择合适的限制坡度是客货共线铁路设计中较为复杂的问题。

1. 影响限制坡度选择的主要因素

(1)铁路等级:普速铁路等级不同,线路的意义与输送能力要求不同。对于客运输量大的线路,从安全与舒适的角度考虑,宜采用小限制坡度。

(2)牵引种类和机车类型:设计的线路必须满足要求的输送能力。电力牵引比内燃牵引的计算牵引力大,计算速度高,牵引质量大,满足相同运能要求时可采用的限制坡度比内燃牵引的大。同样,大功率的机车可选用较大的限制坡度。

(3)地形条件:这是选择限制坡度最主要和最基本的依据。一般情况下,运量一定时,限制坡度减小,工程费增大而运营费减小。地形越复杂,工程费占的比重也越大。我国是多山国家,山区占国土总面积的56％,西南地区为地形复杂的典型地区。通过对西南地区经济限制坡度(换算工程运营费最小的坡度)的研究表明,不同地区条件下,如将经济限制坡度减小1‰,工程费将增加1％~5％;如若导致线路更长的展线,则工程费增加更多,相对应的运营费减小幅度却有限,甚至会因线路展长过多而增加。因此,对地形陡峻的山区不宜选用偏小的限制坡度。

(4)邻线的牵引质量:限制坡度选择还应考虑使设计线与邻接铁路的牵引质量尽量统一,以方便组织直达运输,提高运营效率。

2. 限制坡度的最大值

由于限制坡度在线路建成后不易改动,故《线规》规定:设计线(或区段)的限制坡度应根据铁路等级、地形类别、牵引种类和运输需求比选确定,并应考虑与邻接铁路的牵引质量相协调。客货共线铁路限制坡度最大值的具体规定见本书表3-3。

(三)加力牵引坡度

在客货共线铁路中,加力牵引坡度是一台以上机车牵引普通货物列车在持续上坡道上最后以机车计算速度等速运行的坡度。它是加力坡度路段的最大坡度。但该路段的货物列车牵引质量仍是按相应限制坡度上一台机车牵引的条件计算确定的。

1. 加力牵引的采用

在客货共线铁路中,当一条较长线路所经过地区的地形条件变化很大,全线统一采用较小的限制坡度往往会引起线路大量展长或出现较长的越岭隧道,额外增大工程量,使工期延长;若用较大的限制坡度,又会产生不满足运输能力需要的问题。在这种情况下,可考虑采用多机加力牵引,以保持在限制坡度上的单机牵引质量不变。

采用加力牵引坡度的优点有:可较好地适应地形,缩短线路长度,减少工程量,降低工程造价,缩短施工工期;局部采用加力牵引,可保持列车牵引质量不变,提高线路输送能力或降低全线的限制坡度;对于一定的运输需求,减少列车对数,提高行车速度,可在一定程度上改善全线运营条件。但是加力牵引也存在一些缺点,如:需要增加运用机车台数,运输管理的难度加大,如在加力牵引的起讫车站要增加补机摘挂作业;要延长车站到发线的有效长度,增加部分补机整备设备;对双向运行的单线铁路,加力牵引坡度较大时,对下坡行车安全将产生不利影响。因此,是否采用加力牵引坡度,应从地形、工程和运输需求等方面全面分析,比选确定。

2. 加力牵引坡度的计算

加力牵引坡度 i_{jl} 应根据列车牵引质量、机车类型、机车台数及加力牵引方式按式(13-1)计算确定:

$$i_{jl} = \frac{\sum \lambda_y \lambda_k F_{jk} - (\sum P_k \cdot w'_{0k} + G \cdot w''_0)g}{(\sum P_k + G)g} \quad (‰) \tag{13-1}$$

式中 i_{jl}——加力牵引坡度,‰,以0.5‰为单位取值;

λ_k——第 k 台机车牵引力取值系数,有关取值规定见第五章第一节相关内容;

F_{jk}——第 k 台机车在本务机车计算速度运行时的牵引力,N,多机牵引时的各台机车牵引力取值规定见本书第五章第一节相关内容；

P_k——第 k 台机车的质量，t；

G——列车牵引质量，t，取 50 t 的整数倍；

w'_{0k}——第 k 台机车在本务机车计算速度运行时的单位基本阻力，N/kN。

采用相同类型机车加力牵引时，各种限制坡度相应的加力牵引坡度可采用表 13-1 中的数值。

3. 采用加力牵引坡度的注意事项

（1）加力牵引坡度应集中使用，使补机能在较长的路段上行驶，提高其利用率，便于运营组织。

（2）加力牵引坡度的起讫站，最好有一个为区段站或其他有机务设备的车站，以利于补机进行必要的整备作业，减少补机整备设备的投资。

（3）加力牵引在车钩强度允许的条件下，尽量采用重联牵引，方便各台机车配合与同步操纵，充分发挥机车的牵引力。

表 13-1　　　　　　　　　　　加力牵引坡度

限制坡度/‰	双机牵引坡度/‰		三机牵引坡度/‰	
	电力	内燃	电力	内燃
4.0	9.0	8.5	14.0	13.0
5.0	11.0	10.5	16.5	15.5
6.0	13.0	12.5	19.0	18.5
7.0	14.5	14.5	21.5	21.0
8.0	16.5	16.0	24.0	23.5
9.0	18.5	18.0	26.5	
10.0	20.0	20.0	29.0	
11.0	22.0	21.5		
12.0	24.0	23.5		25.0
13.0	25.5		30.0	
14.0	27.5	25.0		
15.0	29.0			
16.0	30.0			

注：内燃牵引的加力牵引坡度值是按机车牵引力未进行海拔与气温修正计算得到。

重载铁路的限制坡度、加力牵引坡度应根据地形条件、牵引种类、机车类型、牵引质量和运输需求比选确定。

二、坡段长度

两个坡段的连接点，即坡度变化点，称为变坡点。相邻两变坡点间的水平距离为坡段长度。从列车运行的平稳性要求出发，纵断面坡段长度宜设计为较长的坡段；但就工程量而言,采用较短的适应地面起伏变化的坡段长度所设计的纵断面(图 13-2 中粗实线),可以更好地适应地形的起伏(图 13-2 中细实线),减少路基、桥隧等工程量。

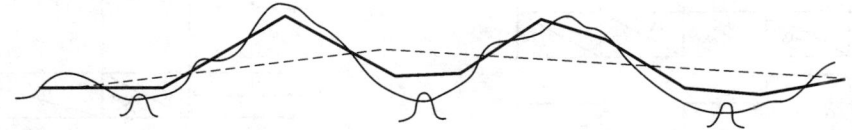

图 13-2 不同坡段长度对工程的影响

(一) 客货共线铁路

随着客货共线铁路设计速度提高至 200 km/h 后,设计坡段越长,列车运行越平稳,旅客舒适度越高。列车通过变坡点时,列车前后运行阻力不同,局部列车的受力状态发生变化,从而产生车钩的附加纵向力。这种附加纵向力主要与纵断面形式、相应的机车运行工况及列车牵引质量密切相关。按我国货车车钩强度计算,在列车牵引质量≤6 500 t(或到发线有效长度≤1 050 m)的条件下,由最大坡度差组成的凸凹形纵断面上,列车的最大纵向力均满足安全要求。所以最小坡段长度只要保证竖曲线不重叠即可,按列车长度的 1/3~1/2 设置较为有利。

线路纵断面设计时,应尽量设计较长坡段。《线规》规定如下:

(1) 旅客列车设计速度为 200 km/h 的路段,坡段长度一般条件下不宜小于 600 m,且不宜连续使用;困难条件下不应小于 400 m,且不应连续使用。

(2) 旅客列车设计速度为 160 km/h 的路段,坡段长度不应小于 400 m,且不应连续使用两个以上。

(3) 旅客列车设计速度小于 160 km/h 的路段,同一列车不能同时位于两个以上的变坡点,由此确定最小坡段长度不小于半个列车长度,见表 13-2。

表 13-2　　　　　　　　　　　最小坡段长度

远期到发线有效长度/m	1 050 及以上	850	750	650
最小坡段长度/m	400	350	300	250

在不影响列车运行平稳的前提下,为了因地制宜节省工程量,新建客货共线铁路的旅客列车设计速度在 160 km/h 以下的路段,在下列情况下坡段长度允许缩短至 200 m。

(1) 因最大坡度折减而形成的坡段[图 13-3(a)],指曲线折减、隧道坡度折减坡段及其中间无需折减的坡段,这些坡段间的坡度差一般不大,坡段长度可以缩短为 200 m。

(2) 在两个同向坡段之间或平坡与上坡坡段之间,为缓和坡度代数差而设置的缓和坡段,包括为保证内燃机车进入隧道时需达到规定速度而设置的加速缓坡[13-3(b)],缓和坡段使纵断面上坡度逐步变化,对列车运行平稳有利,所以坡段长度允许缩短为 200 m。

(3) 两端货物列车以接近计算速度运行的凸形纵断面顶部为缓和坡度差而设置的分坡平段的长度[图 13-3(c)],一般宜为 200 m,以使分坡两端的竖曲线不致相互重叠。

(4) 长路堑内,为利于侧沟排水,应将长度为 400 m 及以上的平坡段以不小于 2‰坡度的向中间凸起的人字坡段[图 13-3(d)]代替,该坡段的长度可缩短至 200 m。

(5) 枢纽疏解引线范围内的线路纵坡,因行车速度较低,且一般区跨线需要迅速升高

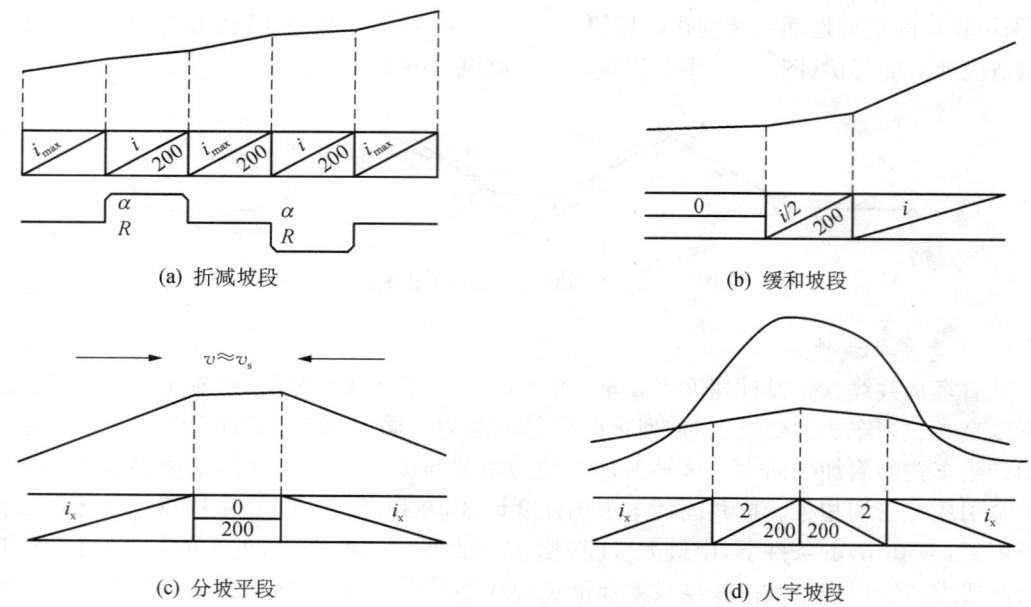

图 13-3　200 m 坡段设计示例

（或降低）纵断面高程，可设计较短的 200 m 坡段。

（二）客运专线铁路

从列车运行平稳性和旅客乘车舒适度考虑，正线宜设计为较长的坡段。最小坡段长度除应满足两竖曲线不重叠外，还应考虑两个竖曲线间有一定的夹直线长度，以确保旅客列车在前一竖曲线上产生的振动在夹坡段长度范围内完成衰减，不与下一个竖曲线上产生的振动形成叠加。根据运营经验，夹直线长度可按式(13-2)计算，并取整为 50 m 的整数倍。

$$l_p = \frac{\Delta i_1 \times R_{sh1}}{2\,000} + \frac{\Delta i_2 \times R_{sh2}}{2\,000} + (0.4\ 或\ 0)v \quad (m) \tag{13-2}$$

式中　l_p——最小坡段长度，m；

$\Delta i_1, \Delta i_2$——坡段两端坡度差，‰；

v——设计速度，km/h，一般条件下乘以系数 0.4，城际铁路个别条件下乘以系数 0；

R_{sh1}, R_{sh2}——相邻两个竖曲线半径，m。

综合上述要求，《线规》规定最小坡段长度：高速铁路和城际铁路一般条件下分别不应小于 900 m 和 400 m，困难条件下分别不应小于 600 m 和 200 m，且不宜连续使用。列车全部停站的高铁枢纽站两端坡段长度不应小于 400 m。

三、坡段连接

在坡段连接方案确定中，主要解决两个问题：相邻坡度的代数差和竖曲线半径设置。

（一）坡度代数差

相邻坡度差的大小用代数差的绝对值 Δi 表示。如前一坡段的坡度 i_1 为 4‰ 的下坡，后一坡段的坡度 i_2 为 2‰ 的上坡，则坡度的代数差 $\Delta i = |i_1 - i_2| = |(-4‰)-(+2‰)| = 6‰$。

坡度差的最大值可按不断钩的条件确定,即列车通过变坡点因坡度变化产生的附加纵向力与机车牵引纵向力的总和不得大于车钩强度允许值。客货共线铁路,相邻坡段的坡度主要受货物列车制约。《线规》规定的普速铁路坡度差的最大值见表 13-3。

表 13-3　　　　　　　普速铁路相邻坡段最大坡度差

远期到发线有效长/m		1 050 及以上	850	750	650
最大坡度差 /‰	一般条件	8	10	12	15
	困难条件	10	12	15	18

坡度代数差的大小对列车运行有下列影响:

(1) 列车通过变坡点时,会产生车辆局部加速度,并且随坡度差的增大而增大,会造成旅客的不适和货物的位移等不利影响。

(2) 在凸形纵断面的坡顶,若坡度差过大,会使司机的通视距离缩短。从安全上考虑,司机的通视距离一般不应小于紧急制动距离。

因此相邻坡段的连接宜设计为较小的坡度差。

由于旅客列车(包括动车组)的质量远低于货物列车,高速铁路和城际铁路相邻坡段的坡度差不受限制。

(二) 竖曲线

1. 设置竖曲线的意义

在纵断面上,若各坡段直接连接则是一条折线,它有以下缺点:

(1) 列车通过变坡点产生的车辆振动和局部加速度,将引起旅客不适和货物位移;另外,固定轴距长的机车重心未过变坡点而使前轮悬空[图 13-4(a)],若悬空的高度超过前轮轮缘高度,就可能脱轨。

(2) 当相邻车辆的连接处位于变坡点近旁时,车钩要上下错动[图 13-4(b)],若超过允许值,就可能引起脱钩。

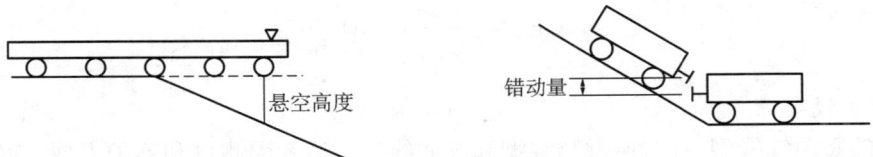

图 13-4　前轮悬空和车钩错动示意图

因此,为了缓和变坡点坡度的急剧变化,使列车通过变坡点时不脱轨、不脱钩和行车平稳,相邻坡度差大于一定限度时,应在变坡点处采用圆曲线型竖曲线连接。

2. 竖曲线几何要素(图 13-5)

(1) 竖曲线切线长 T_{sh}

$$T_{sh}=R_{sh}\tan\frac{\alpha}{2}\approx\frac{R_{sh}}{2}\tan\alpha=\frac{R_{sh}}{2}\tan|\alpha_1-\alpha_2|$$

$$= \frac{R_{sh}}{2}\left|\frac{\tan\alpha_1 - \tan\alpha_2}{1+\tan\alpha_1\cdot\tan\alpha_2}\right| \approx \frac{R_{sh}}{2}|\tan\alpha_1 - \tan\alpha_2| \quad (13-3)$$

$$T_{sh} = \frac{R_{sh}}{2}\left|\frac{i_1}{1\,000} - \frac{i_2}{1\,000}\right| = \frac{R_{sh}\Delta i}{2\,000} \quad (m) \quad (13-4)$$

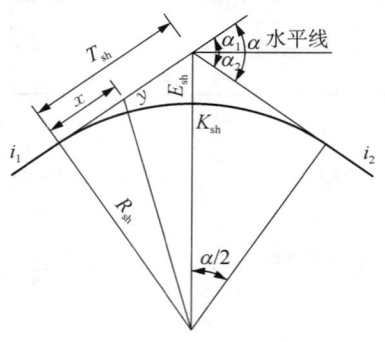

图 13-5 竖曲线几何图

式中 R_{sh} ——竖曲线半径，m；
α ——竖曲线的转角，(°)；
α_1, α_2 ——前、后坡段与水平线的夹角，(°)，上坡为正值，下坡为负值；
i_1, i_2 ——前、后坡段的坡度，‰；
Δi ——坡度代数差的绝对值，‰。

(2) 竖曲线长度 K_{sh}

$$K_{sh} \approx 2T_{sh} \quad (m) \quad (13-5)$$

(3) 竖曲线纵距 y

$$(R_{sh}+y)^2 = R_{sh}^2 + x^2 \quad (13-6)$$

由于 $2R_{sh}\cdot y = x^2 - y^2$（$y$ 值很小，y^2 可略去不计），则

$$y = \frac{x^2}{2R_{sh}} \quad (m) \quad (13-7)$$

式中 x ——切线上计算点至竖曲线起点的距离，m。

(4) 外矢距 E_{sh}

变坡点处的纵距称为竖曲线的外矢距 E_{sh}，其计算式为

$$E_{sh} = \frac{T_{sh}^2}{2R_{sh}} \quad (m) \quad (13-8)$$

3. 竖曲线半径

常见的竖曲线线型有两种：抛物线型和圆曲线型。后者因测设和养护方便，为线路设计规范规定的竖曲线线型。

竖曲线半径的选择主要考虑以下两个因素：

(1) 旅客舒适条件。列车通过变坡点时产生的竖直离心力和离心加速度不应大于旅客不舒适要求的允许值 a_{sh}，则有

$$R_{sh} \geq \frac{v_{max}^2}{3.6^2 a_{sh}} \quad (m) \quad (13-9)$$

国外经验显示，当 $a_{sh} = 0.3 \sim 1.0$ m/s² 时，不至于引起旅客的不舒适感。对于 160 km/h 的客货共线铁路，按 $a_{sh} = 0.15$ m/s² 和 0.2 m/s² 计算的 R_{sh} 分别为 13 200 m 和

9 880 m。国外高速客运铁路一般取 $a_{sh}=0.2\sim0.35$ m/s²。我国高速铁路,一般取 $a_{sh}=0.4$ m/s²;困难条件下取 $a_{sh}=0.5$ m/s²。若路段设计速度为 350 km/h,则相应的满足行车平稳要求的 R_{sh} 分别为 23 630 m 和 18 910 m。

(2) 运行安全条件。车辆经过变坡点时车钩错动对行车安全的影响,普速铁路的《技规》规定,车钩允许的上下活动量货车为 75 mm,客车为 60 mm。考虑车辆新旧和轨道水平养护误差可能造成的相邻车辆中心线上下位移值 64 mm(货车)和 44 mm(客车),变坡点处相邻车辆相对倾斜引起的车钩中心线上下位移允许值 f_R 为 11 mm(货车)和 16 mm(客车)。保证不脱钩要求下的竖曲线半径的近似计算公式为

$$R_{sh}=\frac{(L+d)d}{2f_R} \quad (\text{m}) \tag{13-10}$$

式中　L——车辆两转向架中心距,m;
　　　d——转向架中心至车钩中心距,m。

按式(13-10)计算出的保证车辆不脱钩的最小竖曲线半径为 1 750 m(货车)~2 850 m(客车),大大低于旅客舒适条件的要求值。

综上所述,竖曲线半径大小的选择主要应从行车平稳要求考虑,见表 13-4。考虑施工及线路养护难度,竖曲线半径不应大于 30 000 m。

4. 竖曲线的设置条件

(1) 需要设置竖曲线的坡度差。保证列车通过变坡点时不脱轨是竖曲线设置与否的重要依据。实践经验表明,当竖曲线外矢距在 10 mm 左右时,施工和养护过程中变坡点也会自然形成竖曲线。随着列车运行速度的提高,列车运行的平稳性、旅客舒适度的要求也提高。为此《线规》规定的竖曲线设置条件及相应的 R_{sh} 取值见表 13-4。

表 13-4　　　　　　　　　　铁路最小竖曲线半径

铁路种类	高速铁路		城际铁路		客货共线铁路	
$v/(\text{km}\cdot\text{h}^{-1})$	≥300	≥250,<300	200	160	≥160	<160
正线相邻坡段的坡度差/‰	≥1	≥1	≥1	≥1	≥1	≥3
R_{sh}/m	25 000	20 000	一般条件下 15 000	一般条件下 15 000	15 000	10 000
			困难条件下 10 000	困难条件下 8 000		

(2) 对竖曲线设置位置的要求如下:

① 竖曲线不应与缓和曲线重叠。竖曲线范围内,轨面标高以一定曲率在变化;缓和曲线范围内,外轨标高也以一定的坡度在升高。二者重叠极不利于轨道铺设与养护,会影响行车平稳。因此,纵断面设计时,变坡点离开缓和曲线起终点的距离,不应小于竖曲线的切线长(图 13-6),高速铁路和城际铁路,不宜小于 20 m。

② 竖曲线不应与道岔重叠,以免影响道岔的正常使用和增加养护难度。

③ 竖曲线不应设在无砟的明桥面上。明桥面上设置竖曲线时,其曲率要通过特殊办法(如在木枕上加木楔的方式)调整高度,施工养护难度大。

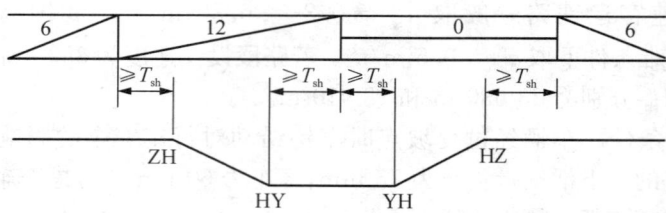

图 13-6 变坡点距缓和曲线起终点的距离

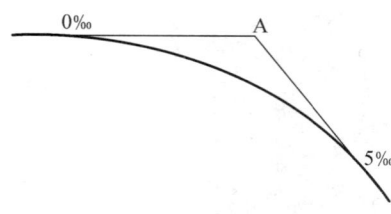

图 13-7 变坡点纵断面设计图

【例 13-1】 某高速铁路(设计最高行车速度 250 km/h)的变坡点的纵断面设计图如图 13-7 所示。若变坡点 A 的设计高程为 100.54 m,试进行该坡段连接的竖曲线设计,并且自左向右从竖曲线起点开始,每隔 20 m 确定该竖曲线的施工高程。

【解】 该变坡点的坡度差 $\Delta i = |0‰-(-5‰)| = 5‰ > 1‰$,应用竖曲线连接。查表 13-4,有:

当 $v=250$ km/h 时, $R_{sh}=20\,000$ m

竖曲线的切线长:
$$T_{sh}=\frac{20\,000\times 5}{2\,000}=50\text{ m}$$

竖曲线的曲线长:
$$K_{sh}=2\times 50=100\text{ m}$$

从左端开始,由式(13-7)确定竖曲线的施工高程分别为

0 m: $H_0=H_A=100.54$ m

20 m: $H_{20}=100.54-\dfrac{20^2}{2\times 20\,000}=100.53$ m

40 m: $H_{40}=100.54-\dfrac{40^2}{2\times 20\,000}=100.50$ m

60 m: $H_{60}=100.54-\dfrac{60^2}{2\times 20\,000}=100.45$ m

80 m: $H_{80}=100.54-\dfrac{80^2}{2\times 20\,000}=100.38$ m

100 m: $H_{100}=100.54-\dfrac{100^2}{2\times 20\,000}=100.29$ m

四、最大坡度的减缓

客运专线铁路由于平面曲线半径较大,经计算,曲线附加阻力占总阻力(基本阻力和坡道阻力之和)的比重很小(约为 1%),可以忽略不计。因此,在确定高速铁路和城际铁路的最大坡度时,可以不考虑平面曲线阻力和隧道阻力的坡度折减。

对于需要用足最大坡度(包括限制坡度和加力牵引坡度)设计的客货共线铁路,当该路段平面上出现曲线和遇到长于 400 m 的隧道时,线路设计时需要将最大坡度减缓,以保证满轴的货物列车以不低于计算速度或规定速度通过该路段。此项工作称为最大坡度的减缓。

（一）曲线阻力引起的坡度减缓

1. 曲线地段坡度减缓计算

设该线路的最大坡度为 $i_{\max}$（‰），由于曲线阻力引起的相应坡度减缓值为 Δi_r（‰），则最大设计坡度 i 应为

$$i = i_{\max} - \Delta i_r \quad (‰) \tag{13-11}$$

计算 i 时要注意以下几点：

（1）Δi_r 的计算分两种情况。

当曲线长度（指未加缓和曲线前的圆曲线长度）大于或等于货物列车长度时，有

$$\Delta i_r = \frac{600}{R} \quad (‰) \tag{13-12}$$

当曲线长度小于货物列车长度时，有

$$\Delta i_r = \frac{10.5 \sum \alpha}{l} \quad (‰) \tag{13-13}$$

式中 $\sum \alpha$——坡度长度（或货物列车长度）内平面曲线偏角总和，(°)；

l——通常为设计坡段长度，m，当 l 大于货物列车长度时采用货物列车长度。

（2）坡度减缓时涉及的货物列车长度，应取较短的近期货物列车长度。

（3）折减后求得的设计坡度值，取至小数点后一位，第二位舍去。

2. 曲线地段坡度减缓设计原则

（1）两圆曲线间不小于 200 m 的直线段，可设计为一个坡段，不进行坡度减缓。

（2）折减坡段应不短于且尽量接近于曲线长度，取 50 m 的整数倍，且不应短于 200 m。

（3）若连续有两个或两个以上长度小于货物列车长度的圆曲线，其间直线段长度又小于 200 m，则可将小于 200 m 的直线段分开，并入两端曲线分别进行减缓；也可将两三个曲线与该直线段合并减缓，但减缓长度不宜大于货物列车长度。

（4）当一个曲线位于两个坡段上时，每个坡段上分配的曲线偏角度数，应按两个坡段上曲线长度的比例计算。

【**例 13-2**】 设计线为电力牵引 II 级铁路，限制坡度为 6‰，近期货物列车长度为 660 m，最高行车速度为 100 km/h，线路平面图如图 13-8 所示。该地段需要用足限制坡度上坡；线路右端设置车站，设计左端站坪坡段为 600 m 的平坡；站坪外为长 200 m、坡度为 4.5‰ 的缓坡（上坡）。

【**解**】 坡度减缓过程如下：

（1）将长度不小于 200 m 的两个直线段，分别单独设计为 250 m（坡段 1）和 300 m（坡段 4）的坡段，坡度取限制坡度 6‰，不减缓。

（2）将长度大于近期货物列车长度的 JD_1 圆曲线，设计为一个坡段，坡段长取 750 m（坡段 2），设计坡度为：$i = i_{\max} - 600/R = 6 - 600/2\,000 = 5.7‰$。

（3）将长度小于近期货物列车长度的 JD_2 圆曲线，设计为一个坡段，坡段长取 400 m（坡段 3），设计坡度为：$i = i_{\max} - 10.5 \sum \alpha / l = 6 - 10.5 \times 21.5/400 = 5.44‰$，取 5.4‰。

(4) 将长度小于近期货物列车长度的 JD$_3$ 和 JD$_4$ 两圆曲线，连同中间小于 200 m 的直线段，设计为一个坡段，坡段长度取 450 m（坡段 5），设计坡度为：$i = i_{max} - 10.5 \sum \alpha/l = 6 - 10.5 \times (13.62 + 14.32)/450 = 5.35‰$，取 5.3‰。

(5) 根据设计要求，JD$_5$ 被划分在两个坡段上。其中，站坪外 200 m（坡段 7）的 4.5‰ 缓坡内，因坡度值显然小于缓坡计算值，故无需曲线减缓；另一 300 m（坡段 6）的长坡段内曲线长度为 153.27 m，则分配的曲线偏角为

$$26° \times \frac{153.27}{272.27} = 14.64°$$

设计坡度为：$i = i_{max} - 10.5 \sum \alpha/l = 6 - 10.5 \times 14.64/300 = 5.49‰$，取 5.4‰。

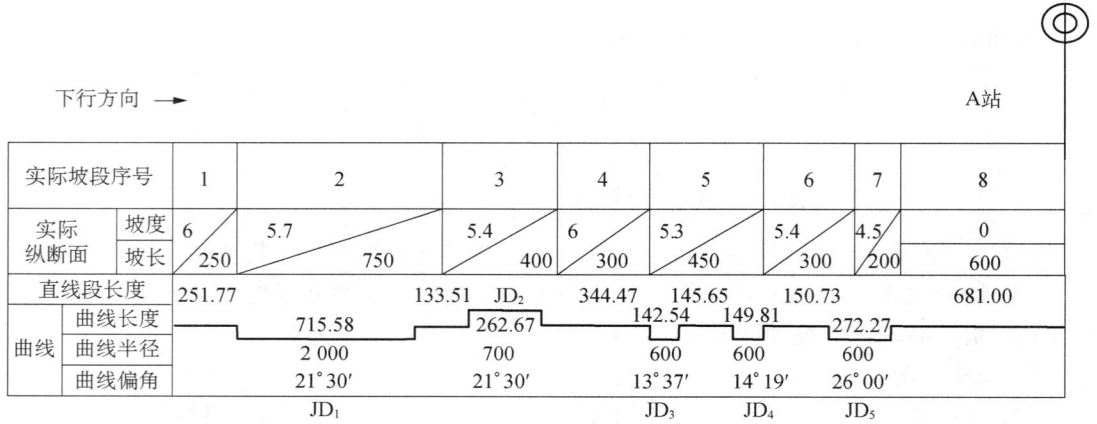

图 13-8　路段（下行方向）最大坡度折减结果图

（二）隧道内的最大坡度减缓

当普速铁路位于长大上坡道且隧道长度大于 400 m 时，由于列车在隧道内运行要克服增加的空气阻力，需要考虑隧道附加阻力的坡度减缓 Δi_s。为了简化计算，一般采用隧道内线路最大坡度系数 β_s 来进行隧道坡度折减，其设计坡度为

$$i = i_{max} - \Delta i_s = \beta_s i_{max} \quad (‰) \tag{13-14}$$

β_s 值可参照表 13-5 中《线规》规定的条件选取。位于曲线地段的隧道，应先进行隧道减缓，后进行曲线减缓。

表 13-5　　　　　　　　　　隧道内线路最大坡度系数

隧道长度 L/m	$400 < L \leqslant 1000$	$1000 < L \leqslant 4000$	$L > 4000$
电力牵引	0.95	0.90	0.85
内燃牵引	0.90	0.80	0.75

注：电力牵引指 ≤160 km/h 和重载铁路单洞单线铁路。

为避免内燃机车排出的废气进入司机室和机车的柴油机汽缸，降低机车功率，并影响机车乘务员的身体健康，《线规》规定：内燃机车牵引列车通过隧道的最低速度不得小于机车的

计算速度（v_{min}）；隧道长度大于 1 000 m 时不得小于（v_{min}+5 km/h）。若达不到上述要求，应在隧道外设计加速缓坡。

五、桥隧涵纵断面设计

涵洞和有砟桥面桥可设在任何纵断面上。但明桥面桥因钢轨爬行的影响以及锁定线路和维持轨距标准难，所以明桥面桥宜设在平道上。

隧道内的线路纵断面可设置为单面坡或人字坡。单面坡有利于运营通风和争取高程，宜在内燃牵引或需要用足最大坡度路段的长隧道中采用；人字坡便于施工出砟和排水，地下水发育的长隧道宜采用人字坡，坡度不宜小于 3‰。必要时，长隧道应采取人工通风措施。

第二节 车站正线纵断面设计

一、站坪坡度

为确保车站作业的方便和安全，站坪宜设在平道上。

（一）普速铁路的站坪坡度

若为了节省工程量或争取线路高度，将站坪设在坡道上，需满足下列坡度设计要求：

(1) 保证车站停放的车辆不致溜逸和站内调车作业的安全。考虑到我国绝大多数车辆装有滚动轴承，普速铁路在困难条件下，站坪可设在不大于 1.0‰坡道上；特殊困难条件下，有充分的技术经济依据时，无站内调车作业的会让站、越行站的站坪，可设在不大于 6‰的坡道上，但不应连续设置。

(2) 咽喉区的正线坡度，宜与站坪坡度相同。特殊困难条件下，可将咽喉区设置在限制坡度减 2‰的坡道上，但区段站、客运站不得大于 2.5‰，中间站、会让站、越行站不得大于 10‰。

(3) 保证停站列车的顺利起动。站坪设计坡度应不大于最大起动坡度。起动坡度的计算见本书第七章第三节有关内容。

（二）客运专线铁路的站坪坡度

由于动车组起动牵引力和制动力都比较大，列车的起动、停车以及站内作业安全都不成问题，站坪坡度主要考虑车辆防溜。国外高速铁路站坪坡度通常为 2.5‰～3‰。我国《线规》规定：高速铁路和城际铁路车站到发线有效长度范围内的正线坡度应为平坡；若设在坡道上时，坡度不应大于 1‰；车站咽喉区的正线坡度宜与到线有效长度范围内的坡度一致；困难条件下，始发站坡度不宜大于 2.5‰，中间站坡度不宜大于 6‰。

二、站坪的坡段

站坪到发线有效长度范围内一般设计为一个坡段。因为当站坪设计为多个坡段时，竖曲线不能与道岔重叠，会增加道岔铺设和养护难度，坡度过大，甚至会影响列车停车后的顺利起动。

三、站坪两端的线路平面、纵断面

(一) 竖曲线和缓和曲线不应伸入站坪

在纵断面上,竖曲线不应伸入站坪,站坪端点至站坪外变坡点的距离不应小于竖曲线的切线长度 T_{sh},如图 13-9 中右端咽喉所示。

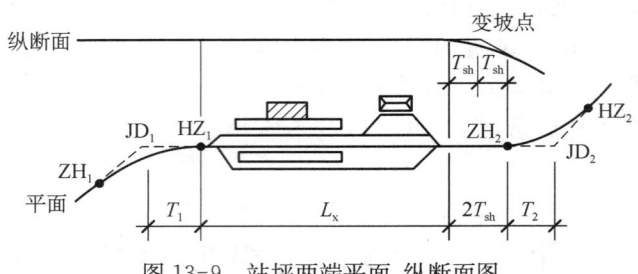

图 13-9 站坪两端平面、纵断面图

在平面上,缓和曲线不应伸入站坪,站坪端点至站坪外曲线交点的距离不应小于曲线的切线长度 T_1,如图 13-9 中左端咽喉所示。

若站坪两端的线路在平面上有曲线、在纵断面上有竖曲线,则应考虑竖曲线不与缓和曲线重叠的要求(如图 13-9 中右端咽喉所示),曲线交点 JD_2 距站坪端点的距离不应小于 $(2T_{sh}+T_2)$。

(二) 进站起动缓坡

由于技术站内作业繁忙,往往易造成进站列车在进站信号机前方临时停车。为此《线规》规定:限制坡度小于或等于 6‰ 的内燃牵引普速铁路,编组站、区段站和接轨站进站信号机前的线路坡度,不能保证货物列车顺利起动时,应设置起动缓坡。其他车站除地形困难者外也宜设置起动缓坡。起动缓坡的坡度值按列车运行计算方法检算。

第三节 线路设计纵断面图

线路纵断面图也是轨道交通线路设计的基本文件之一。线路纵断面图多用于方案的技术或施工设计。对于确定的方案,在大比例尺带状地形图上,进行详细纵断面设计形成详细纵断面图。图 13-10 为图 12-9 所示设计线路的纵断面图,主要用于表示线路各坡度的长度及坡度设计情况。横向表示线路长度,竖向表示高程。

(一) 图的上半部分——纵断面图示意图

纵断面图示意图主要表示线路纵断面概貌和沿线建筑物特征。细线表示地面线,粗线表示设计的路肩标高线。图的左方,标注线路的主要技术标准。车站符号的左右侧,标注距前后车站的距离。设计路肩标高线的上方,有线路各主要建筑物的里程、类型和大小。设计路肩标高线上、下方数字分别为填方高度和挖方高度,单位为米。

(二) 图的下半部分——线路资料和数据

线路资料和数据一般标注在图的下方,自上而下依次为:

(1) 工程地质特征。扼要表明沿线各路段重大不良地质现象、主要地层构造、岩性特

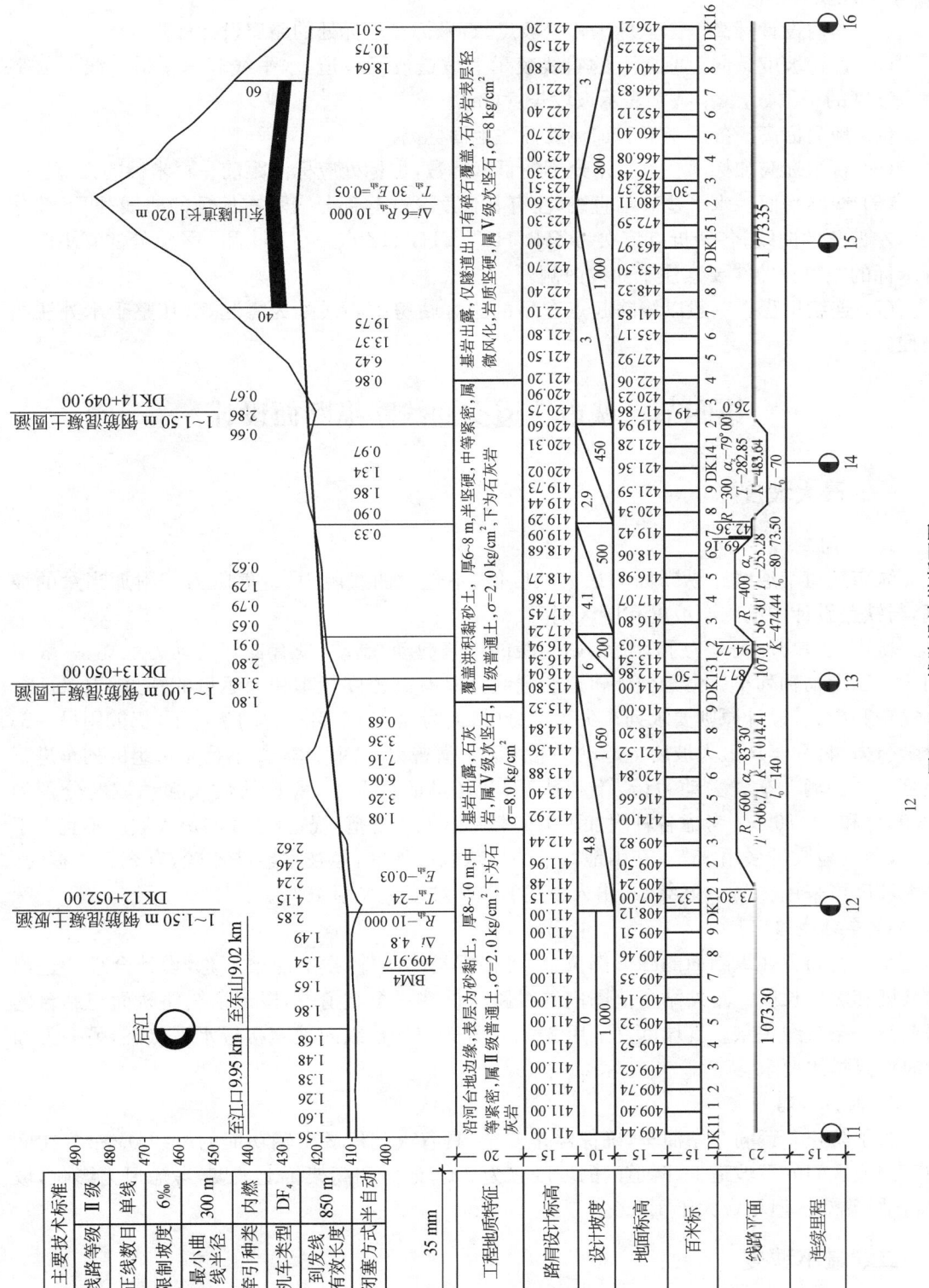

图 13-10 线路设计纵断面图

征、水文地质等情况。

（2）路肩设计标高。图上标出各变坡点、百米标和加标处的路肩设计标高。

（3）设计坡度。向上或向下的斜线表示上坡道或下坡道，水平线表示平道。线上数字表示坡度的千位数，线下数字表示坡段长度(m)。

（4）地面标高。各百米标和加标处标注地面标高。

（5）百米标与加标。在整百米处标注百米标数，加标处应标注距前一百米标的距离。

（6）线路平面。水平线表示直线，注有其长度。凸起部分表示右偏角的曲线；凹下部分表示左偏角的曲线；各转折点依次为ZH，HY，YH，HZ点。在ZH和HZ点处注有距前一百米标的距离。曲线要素注于曲线内侧。

（7）连续里程。一般以线路起点车站的旅客站房中心线处为零起算，在整千米处注明里程。

第四节　城市轨道交通线路纵断面设计

一、最大坡度

1. 区间线路

城市轨道交通线路纵断面的最大坡度值，不包含曲线阻力、空气阻力等附加当量的坡度，与铁路设计中的限制坡度有所区别。

城市轨道交通列车为了适应小站间距的频繁起动、制动，具有良好的动力性能，一般采用2/3以上动轴列车。由于城市轨道交通线路具有高密度行车和大运量的特点，为保证行车安全和准点，设计原则要求列车失去部分（最大为50%）牵引动力的条件下，仍能用另一部分牵引力，将列车从最大坡度上起动。北京和上海曾以2辆动车+2辆拖车编组的列车进行检算。在一辆动车失去动力（最不利情况）和超员的情况下，检算的最大起动坡度分别为43.95‰和41.76‰。考虑各种附加阻力的影响，《地铁规范》规定：正线的最大坡度不宜大于30‰，困难地段可采用35‰；在山地城市的特殊地形地区，经技术经济比较，有充分依据时，最大坡度可采用40‰。联络线、出入段线的最大坡度宜采用40‰。

2. 车站线路

车站宜布置在纵断面的凸形部位上，可根据具体条件，按节能坡理念，设计合理的进出站坡度和坡段长度。车站站台范围内的线路应设在一个坡道上，以保证线路轨面与站台的高差是一条直线关系。其坡度宜采用2‰，一方面使站台纵向坡度接近水平状态，另一方面同时满足排水要求。

3. 其他线路

为了防止车辆向车站溜车，确保停车安全，具有夜间停放车辆功能的配线，应布置在面向车挡或区间的下坡道上，隧道内的坡度宜为2‰；地面和高架桥上坡度，考虑风力影响，坡度可适当减缓，但不应大于1.5‰。

二、最小坡度

当区间地面线和高架线可以有效排水时，可以采用平坡。隧道内和路堑地段线路由于排水的需要，宜采用 3‰ 的坡度，困难地段在确保排水的条件下，可采用 2‰ 的坡度。

三、坡段长度

线路纵向坡段长度不宜小于远期列车长度，并应满足两相邻竖曲线间的夹直线长度不小于 50 m。城市轨道交通线路不要求坡段长度取 50 m 的整数倍，通常个位取整即可。

四、坡段连接及竖曲线

为了保证行车安全，同时考虑城市轨道交通线路多为混凝土整体道床，其弹性变形量小，坡段连接的要求比普通铁路高。当坡度代数差≥2‰时，就应考虑在变坡点处设置竖曲线。视工程难易程度，区间正线的竖曲线半径可取 5 000 m（一般条件）～3 000 m（困难条件）；联络线、出入线等竖曲线半径取 2 000 m。车站站台有效长度内和道岔范围内不得设竖曲线。竖曲线离开道岔前（后）端部距离不应小于 5 m。

复习思考题 13

[13-1] 什么铁路限制坡度？动能闯坡地段一定为限制坡度吗？为什么？

[13-2] 铁路线路为什么要规定最短坡段长度？

[13-3] 铁路线路平面缓和曲线和纵断面竖曲线重叠的主要弊端是什么？

[13-4] 某 Ⅰ 级铁路，限制坡度 i_x＝6‰，线路设计最高行车速度 v_{max}＝160 km/h，平面曲线半径 R＝2 000 m。如图 13-11 所示，试求一般条件下 X_{min} 应为多少米？

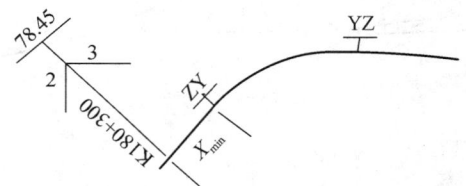

图 13-11　复习思考题[13-4]图

[13-5] 如图 13-12 所示，某 Ⅰ 级铁路，i_x＝6‰，v_{max}＝120 km/h，要求：

(1) 变坡点 B，C 的桩号里程。

(2) 求第二段（BC）坡长。

(3) 验证一般条件下 B，C 变坡点设计的合理性。

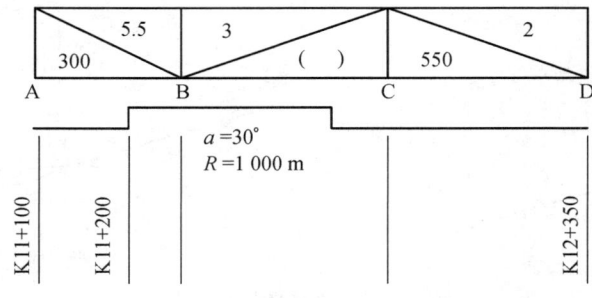

图 13-12　复习思考题[13-5]图

第十四章 线路横断面设计

第一节 线路横断面组成

线路横断面指垂直于铁路中心线的线路断面在铅垂面上的投影,它包括上部结构(轨道部分)和下部结构(路基、桥梁、隧道等)。路基是轨道交通线路的重要组成部分。它贯穿于整条线路,与桥梁、隧道相连,共同组成了线路整体。

一、路基本体形式

路基工程主要由基本体和附属设施两部分建筑物组成。路基根据所处地形条件的不同,有路堤(即填土形成)和路堑(即开挖形成)两种基本形式,并由这两种基本形式,衍生了其他多种形式,如图14-1所示。

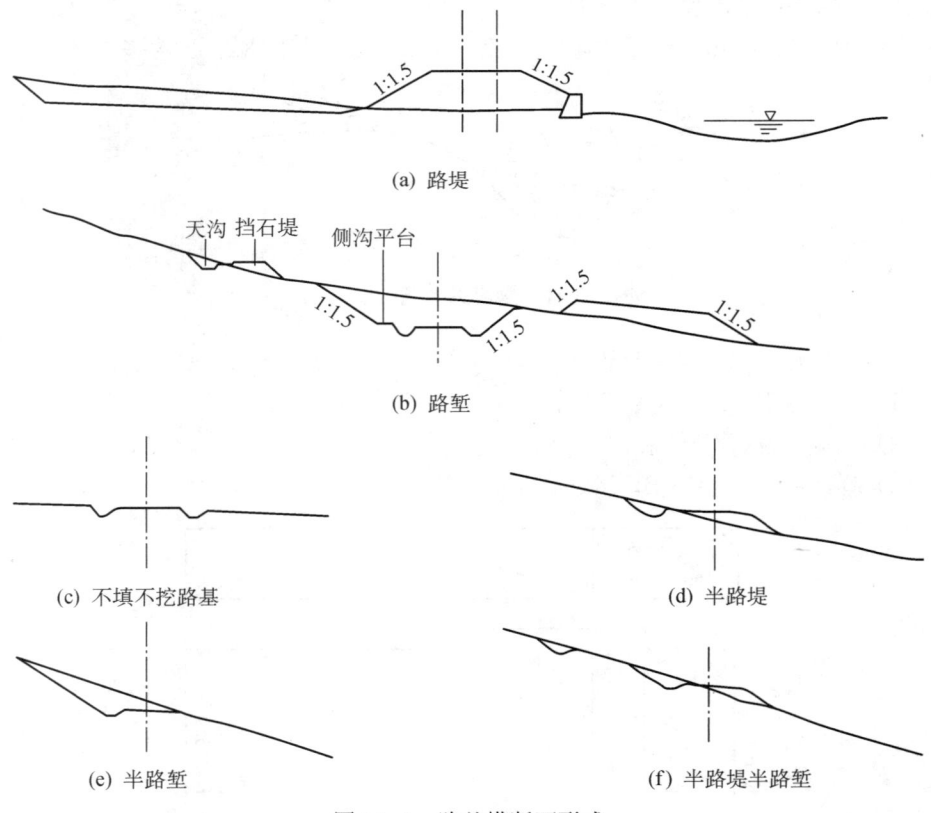

图 14-1 路基横断面形式

二、路基本体构成

1. 路堤式路基

如图 14-2(a)所示,路堤主要由以下要素构成:

(1) 路基面。指路基的顶部,供铺设轨道的工作面。

(2) 路肩。指轨道(道床)外缘至路基边缘具有一定宽度的带状部分,起到路基横向支承作用。

(3) 边坡。路肩边缘以外两侧的斜坡称为路基边坡,在路基两侧设置一定坡度的坡面,有助于保持路基的稳定。必要时还需要通过其他措施加固边坡的稳定。

(4) 护道。位于边坡外侧,为保证填土路基稳定所筑起的一定宽度和厚度的土体,对填筑的路基起到反压护道作用。

(5) 取土坑。为填筑路堤取土形成的坑道,一般作为路基侧的排水沟。

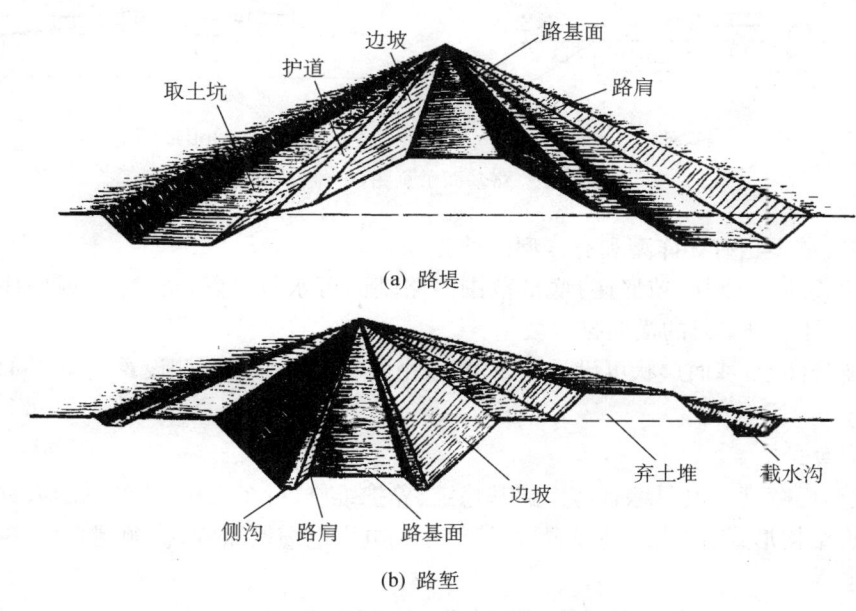

图 14-2 路基横断面型式

2. 路堑式路基

如图 14-2(b)所示,路堑与路堤不同的要素有以下几种:

(1) 侧沟。为路基排水需要而沿线路修建的排水沟。

(2) 边坡。为稳定路堑两侧的侧壁而修建的斜坡。对于不稳定的土体,有时还需要修建起保护作用的挡土墙。

(3) 弃土堆。开挖路堑的余土堆积带,以减少土石方运输工作量。

(4) 截水沟。用于引导山体高处流水流入集水井或急流槽,避免落水对路基的不利影响。

第二节 路基横断面设计

一、路基面形状和宽度

1. 路基面形状

路基顶面的形状分为有路拱和无路拱两种形式。对于一般非渗水路基,为迅速排出地表水,以免使路基浸湿而降低其强度,都要设置路拱。我国单线铁路一般采用梯形断面[图 14-3(a)],梯形上部宽度为 2.1 m,路拱高为 0.15 m;双线铁路路基,采用三角形断面[图 14-3(b)],路拱高为 0.2 m。对于岩石和渗水性土质路基,因为排水性能好,并且其强度不会受水的影响而降低,故不设路拱,路基顶面可做成水平。

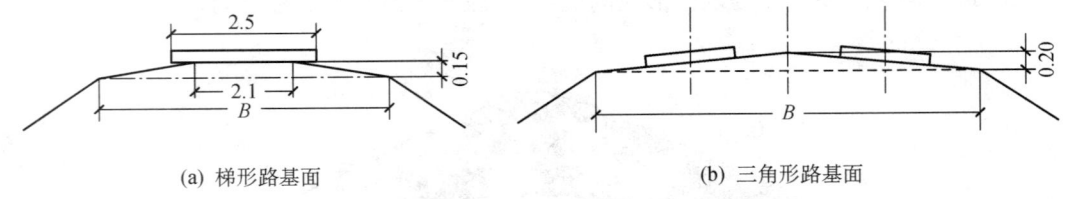

(a) 梯形路基面　　　　　　　　　(b) 三角形路基面

图 14-3　路基面示意图(单位:m)

铁路的轨道类型有无砟型和有砟型两种。

(1) 无砟轨道支承层(或底座)底部范围内路基面可水平设置,支承层(或底座)外侧路基面两侧设置不小于 4% 的横向排水坡。

(2) 有砟轨道路基面形状可设计为三角形,由路基面中心向两侧设置不小于 4% 的横向排水坡。

2. 路基面宽度

路基横断面宽度一般要综合考虑路基稳定、养护维修、行车安全、正线数目及线间距、路肩宽度、轨道结构形式、曲线超高设置、通信信号和电力电缆槽布置、接触网立柱基础位置等因素的影响。

图 14-4 所示的非电气化单线铁路路基横断面宽度 B 可按式(14-1)、式(14-2)计算:

$$B_{单} = A + 2x + 2c \tag{14-1}$$

$$x = \frac{h + \left(\dfrac{A}{2} - \dfrac{1.435 + g}{2}\right) \times 0.04 + e}{\dfrac{1}{m} - 0.04} \tag{14-2}$$

式中　$B_{单}$——单线路基面宽度,m;

　　　A——单线地段道床顶面宽度,m;

　　　m——道床边坡坡率,正线道床一般取 1.75;

　　　h——钢轨中心的轨枕底以下的道床厚度,m;

e —— 轨枕埋入道砟的深度，m；
g —— 轨头宽度，m；
c —— 路肩宽度，m；
x —— 砟肩至砟脚的水平距离，m。

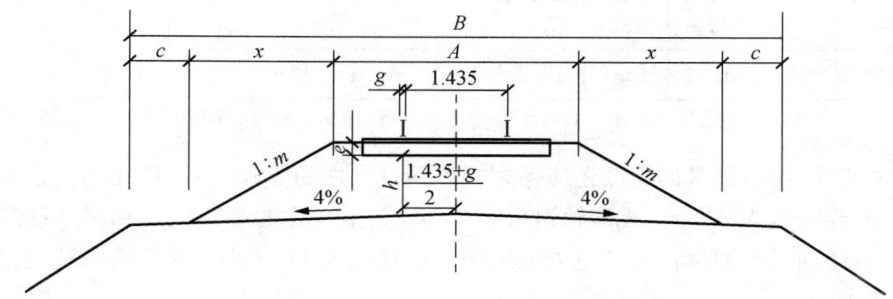

图 14-4　非电气化单线铁路直线地段标准横断面示意图

图 14-5 的非电气化双线铁路路基横断面宽度 B 可按式(14-3)计算：

$$B_{双}=A+2x+2c \tag{14-3}$$

式中　$B_{双}$ —— 双线路基面宽度，m；
　　　D —— 双线线间距，m；
　　　h —— 靠近路基面中心侧的钢轨中心处轨枕底以下的道床厚度，m。

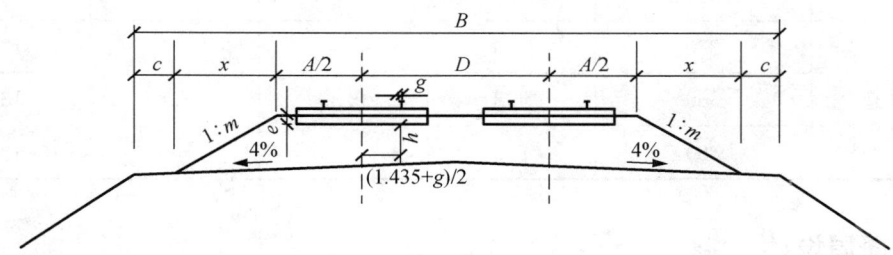

图 14-5　非电气化双线铁路直线地段标准横断面示意图

不同的道床厚度和道床边坡对路基面尺寸起决定作用。单线曲线地段的路基面应加宽，以满足外轨超高道砟加厚和道床坡脚外移的需要。双线同路基曲线地段的路基面宽度，除以上加宽外，还应考虑两条线路线间距的加宽。表 14-1 为铁路路基设计规范的路基面宽度取值参照表。

表 14-1　　客货共线非电气化铁路直线地段标准路基面宽度

项目	单位	Ⅰ级铁路			Ⅱ级铁路
设计速度	km/h	200	160	120	≤120
双线线间距	m	4.4	4.2	4.0	4.0
单线道床顶面宽度	m	3.5	3.4	3.4	3.4

续 表

项目	单位	Ⅰ级铁路								Ⅱ级铁路	
道床结构	层	单	双	单	双	单	双	单	双	双	单
道床厚度	m	0.35	0.30	0.50	0.35	0.30	0.50	0.35	0.30	0.45	0.30
路基面宽度 单线	m	7.7	7.5	7.8	7.2	7.0	7.8	7.2	7.0	7.5	7.0
路基面宽度 双线	m	12.3	12.1	12.2	11.6	11.4	12.0	11.4	11.2	11.7	11.2

注:表14-1中计算条件:①无缝线路轨道,60 kg/m钢轨;②Ⅰ级铁路和Ⅱ级铁路分别采用Ⅲ型和Ⅱ型混凝土枕。

对于电气化铁路,路基面宽度还应考虑接触网设支柱的要求,一般接触网支柱侧至线路中心距离,有砟轨道为3.1 m,无砟轨道可取2.5 m。电气化的高速铁路和城际铁路除考虑上述因素外,还须考虑通信信号和电力电缆槽的布置。表14-2为高速铁路路基设计规范宽度取值参照表。

表 14-2 高速铁路标准路基面宽度

轨道类型	设计最高速度/(km·h^{-1})	双线间距/m	道床厚度/m	路基面宽度/m	
				单线	双线
无砟轨道	250	4.6	—	8.6	13.2
	300	4.8	—		13.4
	350	5.0	—		13.6
有砟轨道	250	4.6	0.35	8.8	13.4
	300	4.8			13.6
	350	5.0			13.8

二、路肩设计

(一)高程设计

路肩最外侧的端部高程称为路肩高程(图14-3)。路肩高程必须适合线路纵向坡度的要求,而各段线路坡度的最低路肩高程应满足以下要求:

(1)在洪水期间不致被淹而影响行车;

(2)在地下水或地面积水达到最高水位时,不至于上升到基床,使土的含水率增加而降低基础的强度和承载力,或者发生冻胀、翻浆冒泥等病害。

因此,路肩的最小设计高程应比设计洪水频率的水位连同波浪侵袭高和雍水高在内,再加0.5 m的富余量。其中,设计洪水频率采用1/100标准。

(二)宽度设计

考虑通行阔大货物时路肩上行人的安全要求,我国有砟轨道两侧路肩宽度应根据线路设计速度、边坡稳定、养护维修、路肩上设备设置要求等条件综合确定。铁路路基设计规范规定的路肩取值如表14-3所示。

表 14-3　　　　　　　　　　铁路路肩宽度

客货共线铁路	设计速度/(km·h^{-1})	$v=200$	$v<200$
	路肩宽度/m	≥1.0	≥1.2
高速铁路	线路种类	单线	双线
	路肩宽度/m	≥1.5	≥1.4
城际铁路	路肩宽度/m	≥0.8	
重载铁路	路基形式	路堤式	路堑式
	路肩宽度/m	≥1.0	≥0.8

三、路基边坡

路基边坡的坡度应根据构成路基本体的土或岩石的性质、工程地质条件、边坡高度、列车荷载等众多因素，按有关规范要求确定。对于客货共线有砟轨道的铁路有下列规定。

1. 路堤边坡

路堤边坡应根据填料的物理力学性质、边坡高度、路堤基底的工程地质条件等确定。如20 m 高的边坡，细粒土的边坡设计值为 1∶1.5（上部）～1∶1.75（下部）；硬块石边坡设计值为 1∶1.5。

2. 路堑边坡

路堑边坡应根据土的物理力学性质、岩层状态（风化程度）、当地的工程地质和水文条件，以及路堑的开挖方式（人工开挖、机械开挖或爆破）等多种因素，综合分析确定。如对于卵石土和碎石土（中密），边坡设计值为 1∶1～1∶1.5。

四、路基结构强化

（一）路基排水

路基的塌落、滑坡、翻浆冒泥、冻害等病害，大多是由于路基排水不良引起的。因此，路基的排水设施是确保路基稳定的重要措施之一。路基排水设施分为地面排水设施和地下排水设施两大类。地面排水设施包括纵向排水沟、侧沟、天沟、急流槽等，用以汇集地表雨水，并引到路基以外。地下排水设施一般用来截断、疏导地下水，将地下水排出路基以外，降低地下水位，使基底不受地下水的浸润，提高路基的稳定性和承载能力。地下水位较浅时，一般采用水沟、水槽、渗水沟等设施；地下水位较深或具有含水层时，可采用渗水井、渗水隧道等设施。

（二）路基防护设施

路基的防护设施，按其使用性质，可以分为坡面防护和冲刷防护两大类。坡面防护用于路肩边坡土质松软、岩层表面风化以及具有剥落、裂隙发育的地段。其方法有：种草、种树、勾缝、喷浆、抹面、土工纤维布护坡、砌石护坡、修造护墙等。冲刷防护用于滨河、河滩及水库路基地段。根据地形、地质及河流情况，可采用种草、砌石、抛土、修建浸水挡土墙以及河流调节建筑物等方法。为进一步保障路基边坡的稳固，必要时可实施挡土墙、护堤、抗滑桩以及扶壁等路基加固工程。

复习思考题 14

[14-1] 铁路横断面由哪几部分组成？各组成部分的主要作用是什么？

[14-2] 确定铁路路基的路肩标高的主要原则是什么？

第十五章 线路计算机辅助设计

第一节 概 述

铁路线路是一条由曲线和直线组成的空间三维线状构造物,传统设计中它被分解为平面、纵断面、横断面分别进行设计,且以人工图板为主,经过人工采集地形图,纸上定线,人工点绘线路平面、纵断面、横断面图,描图员描图等一系列工作过程,完成线路设计。传统设计不仅劳动强度大,而且生产效率低、设计周期长,不能满足铁路建设与设计优化的要求。

线路设计现代化就是基于计算机工具,以当代工程测量、遥感(RS)、全球定位系统(GPS)、地理信息系统(GIS)、数字地形模型(DTM)、互联网(WEB)、虚拟现实技术(VR)等新技术为支撑,实现线路勘测设计的一体化与智能化。

随着计算机技术的高速发展,铁路线路设计手段发生了革命性变化。利用航测和其他测绘手段采集数据,建立数字化测图系统和用于选线设计的带状数字地形模型;通过开发计算机软件系统实现线路平面、纵断面、横断面三维一体化设计,使线路设计成果更加具有科学性、经济性和可行性(图15-1)。其中具有代表性的为 CARD/1 软件、KorFin 软件以及 AutoCAD Civil 3D 软件。这三类软件功能比较见表 15-1。

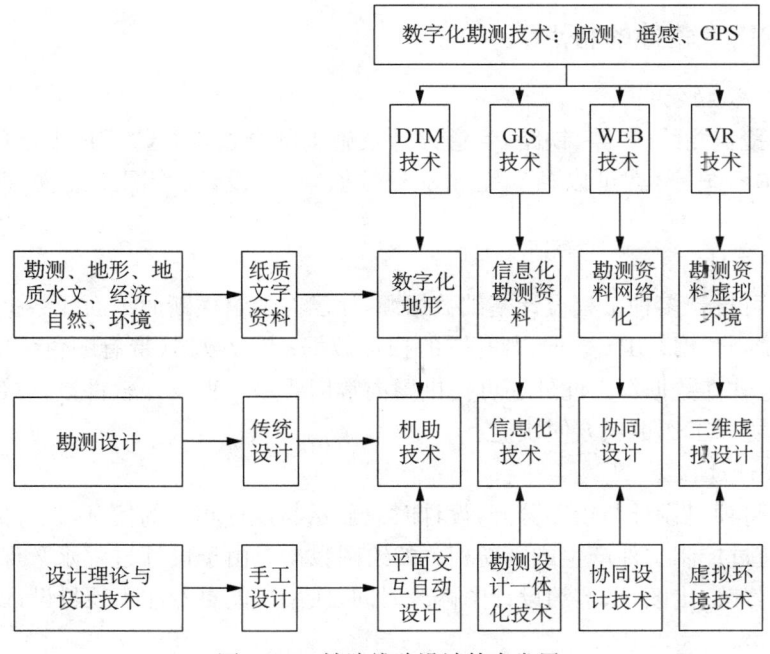

图 15-1 铁路线路设计技术发展

表 15-1　　　　　　　　　　三维设计软件功能对比

功能	CARD/1	KorFin	AutoCAD Civil 3D
测绘数据处理	能	能	能
铁路线路设计	能	能	能
独立平台	能	能	能
数字地面模型	能	能	能
仿真空间视图	能	能	能
线路模拟驾驶	能	能	不能
二次开发平台	能	不能	能
几何规范自动验算	能	能	能
填挖方量计算	能	能	能
成本造价分析	不能	能	不能
平纵横联动设计	能	能	不能
数据本地化导出	能	能	能

第二节　CARD/1 软件简介

CARD/1 是一款可用于测绘、道路设计、铁路设计和管道设计等工程领域的计算机辅助设计专业软件。

一、CARD/1 软件的特点

1. 高度集成,功能强

CARD/1 覆盖测绘、道路、铁路、管道设计及施工的全过程。CARD/1 不依赖于其他任何软件(除操作系统外)就可以独立完成基础数据采集、设计、绘图全过程,拥有各种功能 1 000 多项。

2. 数据兼容性好

CARD/1 可接受多种工程设计基础数据源,如已有的纵横断面地面线数据及设计资料;全站仪数据;航测数据;GPS 数据;既有图的扫描数据;点云数据(带有颜色值的三维激光扫描数据)和其他软件数据等。此外还可提供国内常用线路工程设计软件数据接口,使设计单位各专业间的协同工作更加方便快捷。

3. 优化设计过程

CARD/1 将项目设计与绘图分开,设计时只显示与设计相关的信息,设计完成或设计方案调整后,可通过控制文件产生或刷新相关的绘图数据。由于设计过程永久保留,能够根据用户需要批量修改、出图,以节约设计图修改时间,使用户能更专注于项目设计工作本身。

4. 智能化及个性化

CARD/1 系统基于数字地形模型,融合了许多模拟、回归分析、自动设计等智能化功能,可方便地进行二维、三维空间的切换,辅助用户构思出更优、更合理的设计方案,并且可进行 3D 动画设计,在生成的 3D 动画中可以看到沿着铁路的地形,实现真正的铁路全景动画,形象化地展示设计成果。

二、CARD/1 软件主要功能

1. 海量数据快速建模

CARD/1 提供了全新的快速建模功能,可以将高程点及高程线分别作为约束点及约束线来考虑,采用全新的数据处理算法,可以处理近 1 000 万个点的数字地形模型。

2. 项目资料管理集成化

CARD/1 的线路设计参数实行集中管理,使得基础数据的准备变得更为方便和直观;采用树形菜单,让用户一目了然。

3. 提供三维空间视图

CARD/1 可以在三维空间视图中显示设计中的点、线、面以及点云数据、建筑物对象等,从而使设计成果的场景视图更加逼真。

4. 具有铁路/地铁/磁浮多类设计模块

CARD/1 拥有独立铁路核心设计模板,用户可以依靠模板启动对应的项目设计或道路、铁路组合操作,满足公路与铁路设计相互渗透的实际需要。可以轻松完成任意形式的平面设计、纵断面设计、横断面设计,并能按规范出图。

5. 强大的功能扩展工具——二次开发语言 cardscript

CARD/1 除自带丰富的功能模块外,还鉴于项目的差异性以及可能遇到的特殊问题,为用户提供基于 cardscript 的二次开发语言,实现设计功能的扩展。

6. 丰富的数据接口

CARD/1 提供了丰富的数据接口。如 CARD/1 设计成果能无缝导出为 AutoCAD 格式图纸;可以将设计或统计数据方便地导出为 Excel 电子表格。此外,它还提供各种测量仪器的数据接口,如 GPS、全站仪、激光扫描仪等;提供与纬地、EICAD、DGROAD 等设计软件的数据接口。

参 考 文 献

[1] 中国铁路总公司.普速铁路线路修理规则:TG/GW 102—2019[S].北京:中国铁道出版社有限公司,2019.
[2] 国家铁路局.铁路线路设计规范:TB 10098—2017[S].北京:中国铁道出版社,2017.
[3] 国家铁路局.铁路轨道设计规范:TB 10082—2017[S].北京:中国铁道出版社,2017.
[4] 国家铁路局.铁路车站及枢纽设计规范:TB 10099—2017[S].北京:中国铁道出版社,2017.
[5] 国家铁路局.重载铁路设计规范:TB 10625—2017[S].北京:中国铁道出版社,2017.
[6] 国家铁路局.铁路路基设计规范:TB 10001—2016[S].北京:中国铁道出版社,2016.
[7] 国家铁路局.城际铁路设计规范:TB 10623—2014[S].北京:中国铁道出版社,2014.
[8] 国家铁路局.高速铁路设计规范:TB 10621—2014[S].北京:中国铁道出版社,2014.
[9] 中国铁路总公司.铁路技术管理规程(普速铁路部分)[S].中国铁道出版社,2014.
[10] 中国铁路总公司.铁路技术管理规程(高速铁路部分)[S].中国铁道出版社,2014.
[11] 中华人民共和国住房和城乡建设部.地铁设计规范:GB 50157—2013[S].北京:中国建筑工业出版社,2013.
[12] 中华人民共和国铁道部.铁路无缝线路设计规范:TB 10015—2012[S].北京:中国铁道出版社,2013.
[13] 中华人民共和国住房和城乡建设部.城市轨道交通技术规范:GB 50490—2009[S].北京:中国建筑工业出版社,2009.
[14] 中华人民共和国建设部.城市公共交通分类标准:CJJ/T 114—2007[S].北京:中国建筑工业出版社,2007.
[15] 中华人民共和国铁道部.列车牵引计算规程:TB/T 1407—1998[S].北京:中国铁道出版社,1998.
[16] 中华人民共和国铁道部.时速 200 和 300 公里动车组主要技术条件(铁运函〔2006〕462号)[Z].2006.
[17] 饶忠.列车牵引计算[M].北京:中国铁道出版社,2010.
[18] 周立新.有轨交通线路工程[M].上海:上海交通大学出版社,2002.
[19] 张志尧,周立新.铁路设计方案比选[M].成都:西南交通大学出版社,1995.
[20] 周庆瑞,金锋.新型城市轨道交通[M].北京:中国铁道出版社,2006.
[21] 张志荣.都市捷运:发展与应用[M].天津:天津大学出版社,2002.
[22] 彭俊彬.动车组牵引与制动[M].北京:中国铁道出版社,2009.
[23] 贾元华.铁路项目评估与管理[M].北京:中国铁道出版社,2010.
[24] 魏庆朝,孔永建.磁悬浮铁路系统与技术[M].北京:中国科学技术出版社,2003.

[25] 叶霞飞,顾保南.城市轨道交通规划与设计[M].北京:中国铁道出版社,1999.

[26] 李远富.铁路选线设计[M].北京:中国铁道出版社,2011.

[27] 陈应先.高速铁路线路与车站设计[M].北京:中国铁道出版社,2001.

[28] 刘华.高速铁路车站合理站间距探讨[J].西南交通大学学报,2001,36(3):245-249.

[29] 肖宣明.兰州至重庆铁路线路走向方案研究[J].四川建筑,2006(3):51-52.

[30] 肖彦君,杨润栋,俞展猷.日本城市新交通系统车辆技术考察[J].现代城市轨道交通,2008(5):9-12.

[31] 邹振民.新世纪城市理想的交通工具——介绍日本 HSST 磁悬浮列车系统[J].铁道通信信号,2001,37(11):37-39.

[32] 范瑜,李国国,吴命利.自动导轨交通系统的发展现状[J].都市快轨交通,2004,17(2):54-57.

[33] 铁道第三勘察设计院集团有限公司.京沪高速铁路工程建设项目可行性研究[R].2006.

[34] 虹桥综合交通枢纽建设指挥部.虹桥综合交通枢纽规划[R].2006.

[35] 中德合资西安开道万软件有限公司.德国 CARD/1 道路勘测设计一体化系统(8.2 中文版)[Z].2011.

[36] 宋永丰,陆阳,张波,等.动车组牵引计算规程编制研究[J].铁道机车车辆,2014,34(4):79-81.

[37] 陆阳,贾冰.浅谈动车组牵引计算[J].铁道机车车辆,2016,36(3):103-106.

[38] 朱颖,吕希奎,许佑顶.动车组牵引计算与仿真系统[M].北京:中国铁道出版社,2015.

[39] 曹霞.CRH2-300 型动车组的牵引/制动性能研究[D].成都:西南交通大学,2010.

[40] 何桥.高速动车组牵引计算仿真系统设计与开发[D].成都:西南交通大学,2013.

[41] 韩国兴.对客运专线车站到发线有效长的再认识[J].铁道标准设计,2007(8):1-4.

答 案 提 示

复习思考题 1

[1-1] 从"引进、吸引、消化、创新"的技术路线出发,回顾与总结我国高铁从无到有、直至雄立世界前列的主要成果及成长阶段。

[1-2] 自动导轨交通在我国属于新生代。建议通过分析 PMS 的上海浦江线,了解该交通系统的技术特征与适用的场景。

[1-3] 德国和日本为常导型和超导型磁浮列车技术开发鼻祖。但常导型磁浮技术真正商业化应用却在中国。分析二者的技术构成和中国实际应用效果,阐述二者的优劣和发展前景。

复习思考题 2

[2-1] 以铁路为例,项目的规划、设计、施工、验收四大阶段,阐述各阶段的主要工作内容。

[2-3] 交通建设的主要目的是解决交通需求与交通供给的矛盾。采用需求推算法确定交通线网规模是从需求出发,而密度推算法更多的是针对交通需求区域的差异性考虑交通服务的运能与便利性,据此展开两种方法的适用性评判。

复习思考题 3

[3-3] 有轨交通的运输能力和列车运行速度及其安全保障是影响技术标准的最主要影响因素,可以此为要点,展开两类铁路相关技术标准的差异分析。

[3-5] 城市客运需求较为复杂,且与城市布局和建筑存在较大的矛盾冲突。因此,发展至今出现了地铁、轻轨系统、单轨、有轨电车、磁浮列车等多种形式。应结合城市与有轨交通关系,分析各类系统的主要适用场景。

[3-6] 可主要从速度差异、位置差异、需求差异等方面展开论述。

复习思考题 4

[4-1] 路堤式路基和路堑式路基,从协调铁路线路的设计标高与行经地区的地形、地貌之间的矛盾出发阐述两类路基的使用条件。

[4-5] 自轨道结构从上(钢轨)至下(道床),简述各主要部件的功用。

[4-6] 主要阐述高速道岔与低速道岔在结构与性能上的区别。

[4-7] 理解铁路机车车辆的转向架存在"固定轴距"的概念,进而论述轨距与轮对间保留"游间"的必要性。

[4-8] 列车行驶在曲线地段会自生横向离心力。如何平衡此横向力对列车运行安全的

不利影响则是设置曲线超高的根源。

［4-9］为确保使列车的行驶安全,有必要对线路的横断面尺寸有一个明确的规定,为行驶的机车车辆制造、周边的建筑物设置和车辆装载条件限定一个轮廓尺寸线。

［4-10］钢轨的热胀冷缩是维持无缝线路稳定要解决的核心问题。通过分析引发钢轨热胀冷缩的温度力内在原因,阐述无缝线路理论成立的原因。

［4-13］当车辆通过小曲线半径时,刚体的车辆中心线会偏离线路中心线,据此阐述线间距需要加宽的必要性。

［4-14］根据曲线地段的加宽要求,计算相关设施设备距线路中心线的间距。参考答案:
(1) 信号机与线路中间距离 2 670 mm;
(2) 信号楼左侧外缘与线路中心线距离 2 675 mm(计算结果取 5 mm 的整数倍)。

［4-15］轨温变动范围指最大升温和最大降温幅度。参考答案:最大升温 46.5 ℃,温度压应力 892.8 kN;最大降温 44.4 ℃,温度拉应力 852.5 kN。

复习思考题 5

［5-1］解释轮周牵引力产生的条件与机理。

［5-2］轨道交通的动轮在轨道上滚动的运动状态是"滚动中有滑动",据此阐述二者的区别所在和"黏着"概念的引出。

［5-3］从轮轨黏着状态被破坏的可能后果讨论黏着牵引力存在的原因。

［5-4］查表 5-4 和表 5-5,分别确定海拔修正系数和温度修正系数,进而计算牵引力。如 50 km/h 的牵引力为 58.0 kN。

［5-6］从机车车辆五大类基本阻力产生的原因来分析 A,Bv,Cv^2 分别反映了何类阻力。

［5-7］仔细审题,查表明确相关计算条件,计算列车总质量(4 381.5 t)、单位阻力(1.23 N/kN)、单位牵引力(14.06 N/kN)。计算列车单位基本阻力时,注意公式(5-16)的应用。

［5-8］根据线路单位加算阻力组成,推算出单位曲线附加阻力值,进而由公式(5-21)导出曲线半径大小(1 500 m)。

［5-9］原因与思考题［5-3］基本相同,明确列车制动力也受轮轨黏着状态的影响。

［5-10］根据思考题［5-9］的分析,空车因车辆总重轻,通过重空车手柄位的使用解决了施加比重车更小制动力的途径,避免出现不利的行车后果。

［5-12］查表 5-6 和表 5-7 确定相关计算参数,应用公式计算该列车的换算制动率(0.179)和列车单位制动力(如 80 km/h 时,42.78 N/kN)。

［5-13］主要从制动耗能的利用和制动力是否受轮轨黏着制约来论述异同点。

复习思考题 6

［6-1］如图 6-1 所示,通过速度纵轴左或右移动,来判断不同附加阻力添加条件下,列车单位合力 C 的状态,进而判断列车行进状态的变化。如:$C>0$,列车将加速运行;$C<0$,列车将减速运行;$C=0$,列车将均速运行。

[6-3] 根据思考题[6-1]的结论,展开分析为什么列车在制动工况下,无论是在上坡道还是下坡道上,列车运行速度变化总背离其均衡速度。

[6-6] (1) 参考表6-1,编制本题的单位合力表。注意:本题为双机重联牵引;速度$v=0$时,DF_4型机车的牵引力取起动牵引力(401.7 kN)。

(2) A站—B站间的设计线路化简中,注意化简坡段长$l_i \leqslant \dfrac{2\,000}{\Delta i}$判断合理性条件的运用。

(3) 根据化简后的线路纵断面,采用分析计算法,参考表6-2的格式,求算列车自A站起动到B站停车的运行时间(结果约21 min)。注意:列车运行的限速为80 km/h;列车进入站坪限速45 km/h;列车进B站停车前采用"二次制动法"(图6-2),且制动前机车需要有1 min左右的"缓解"工况过渡,即:牵引→缓解→制动→缓解→制动。

复习思考题7

[7-2] 根据列车制动的空走时间计算经验公式(7-2)—式(7-5)解释空走时间与坡度的关系。

[7-3] 应用列车制动距离等效一次计算法,先推算出列车有效制动距离,再根据式(7-8)变换计算列车换算制动率(0.338)。

[7-4] 本题要求解在-20‰长大下坡道上允许的最高行车速度(即制动初速)。在安全制动距离800 m的条件下,通过试凑法,反推制动初速(大于70 km/h)。

[7-5] 首先由表7-15中的16手柄位的燃油消耗指标值乘以0.9计算确定燃油消耗指标,然后根据思考题[6-6]的计算结果,按已计算确定的速度间隔及其运行耗时,分次累加计算机车的燃油消耗量。注意双机的燃油消耗量需要在单机基础上乘以2(结果约195 kg)。

复习思考题8

[8-4] 从列车拥有的制动系统方式和制动施加的机理分析异同点。

[8-5] 以250 km/h为速度初始值,应用第六章的列车运行时分的"分析计算法",取10 km/h的速度间隔,推算列车行驶距离和时间(约130 s)。注意动车组的单位合力=单位牵引力-单位运行阻力。

复习思考题10

[10-3] 从充分发挥两种定线方法长处的角度阐述二者相结合的有利性与具体做法。

[10-4] 先明晰紧坡定线和缓坡定线的适用场合,再论述具体定线时的不同工作要点。

[10-5] 通过站间距对区间运行时分和线路通过能力的影响原因进行分析。

[10-6] 根据展线的概念,讨论它可能应用的几种典型场景。

[10-7] 同思考题[10-6],阐述套线、灯泡线、螺旋线的主要特征。

[10-8] 主要针对紧坡地段选线情形,从线路工程和运营的不同角度分析减少拔起高度的优点。

[10-9] 根据题意,分别计算A、B方案的不同年度发生的投资、机辆费、运营费、货延费、回收余值等现值,费用少的方案优先推荐(结论:B方案优于A方案)。

复习思考题 11

[11-1] 城市轨道交通线网一般从树枝形(放射形)开始,随着城市建成区的扩大乃至城市副中心的建设,城市交通出行半径不断扩大,从而出现多种轨道交通线网布局。结合具体的城市布局形式讨论各类线网的适用性。

[11-2] 城市交通出行在人们心理上有一个"时限"影响。据此讨论不同速度标准的城市轨道交通线路合理长度的问题。

[11-3] 结合城市客运需求特点,讨论城市不同区域城市轨道交通站合理站间距的问题。

复习思考题 12

[12-1] 铁路线路是由直线和曲线构成的。曲线间的夹直线长短对列车运营的平稳性影响大。据此讨论直线段合理长度(下限值)。

[12-3] 曲线是限制列车行驶速度的主要因素之一。因曲线的实设超高有限制,了解摆式列车增加曲线附加超高的原因,再从工程和运营两种角度,分析采用摆式列车的提速优点。

[12-4] 一条线路的曲线只能有一个实设超高,不可能同时满足低速、高速列车的运营安全、舒适的要求。

[12-5]《线规》规定,一般条件下客货共线铁路的允许欠超高和过超高分别为 70 mm 和 30 mm。由此计算最大过超高条件下低速货物列车可允许的超高和最大欠超高条件下高速旅客列车可允许的超高,从而得到外轨超高设置范围([81 mm, 115 mm])及在 $h = 90$ mm 时的 h_q (61 mm) 和 h_g (5 mm) 的值。

[12-7] 查表 12-10,确定缓和曲线长度,再根据曲线的几何关系,依次推算 HY,YH,HZ 的里程标(K180+390,K181+006.39,K181+086.39)。

复习思考题 13

[13-1] 动能闯坡是应对局部地形复杂地段的一种技术组织措施,坡度及其长度与在坡前底可积蓄的动能大小有关,从而理解它与限制坡度的区别。

[13-3] 主要从工程上轨道铺设与养护和运营上的行车平稳分析。

[13-4] 先查表 12-10 确定一般条件下应配置的缓和曲线长度,再根据平面缓和曲线不应与坡段连接的竖曲线重叠的要求,计算确定 X_{min} 值(107.5 m)。

[13-5] (1) 变坡点 B、C 的桩号里程分别为 K11+400 和 K11+800;

(2) BC 段坡长为 400 m;

(3) 根据平面缓和曲线不应与坡段连接的竖曲线重叠的要求,计算验证变坡点 B、C 设置的合理性(结论:满足设计要求)。

复习思考题 14

[14-1] 主要从上部的轨道部分和下部的路基部分阐述各自的作用。

[14-2] 除设计标高要求外,重点分析极端气候情况(如洪水期间)为什么要保持路基不被淹埋。

附录　铁路选线作业任务书

(一) 原始资料

(1) 地形图及比例尺:附图为 1∶25 000 的地形图(以附图的实际比例尺为准)。其中,向阳镇(人口 15 万)、东风镇(人口 20 万)分别位于地形图左、右端较为平缓地带,且分别近向阳河和浏河;沿途群山林立(高程差 30~40 m),还分布有程家湾、王店、滕家、李庄、葛庄、宋村、铁山屯、孙庄等 8 个自然村落。

(2) 本选线作业起讫点分别为向阳车站和东风车站。其中,向阳车站中心(A 点)里程为 K10+000,设计标高为 35.0 m,站坪为平道,站坪长 950 m;东风车站中心为 B 点,站坪长 1 000 m,其站场位置、坡度及标高根据选线结果按规范要求自行确定。

(3) 线路等级、主要技术标准(如限制坡度、平面最小曲线半径、牵引种类和机车类型等)、旅客列车对数等设计参数由指导老师视设计工作要求指定。

(二) 作业任务

依据地形图和确定的线路主要技术标准,完成以下设计任务。

1. 基本任务

(1) 在地图上确定向阳车站(A 点)至东风车站(B 点)的站坪位置及线路走向的导向线;

(2) 完成 A 点—B 点间的线路平面和纵断面设计;

(3) 绘制 A 点—B 点间的纵断面图(平面比例 1∶25 000,高程比例 1∶1 000);

(4) 编写设计说明书(包括线路平面图和纵断面图)。

2. 选做任务

(1) 确定货物列车牵引质量及上、下行货物列车运行时分,进而检算该区间的通过能力;

(2) 绘制线路横断面图(供填挖方工程量概略计算用),并且计算本次线路设计方案的填挖方数量。